海外中国研究丛书 —— 到中国之外发现中国

革命与历史

中国马克思主义历史学的起源，1919—1937

Revolution and History

Origins of Marxist Historiography in China, 1919–1937

[美] 阿里夫·德里克 著
翁贺凯 译

江苏人民出版社

图书在版编目(CIP)数据

革命与历史:中国马克思主义历史学的起源,1919—1937/
[美]阿里夫·德里克著;翁贺凯译.
——南京:江苏人民出版社,2004(2023.6重印)
(海外中国研究丛书/刘东主编)
ISBN 978-7-214-03881-4

Ⅰ.革… Ⅱ.①德… ②翁… Ⅲ.马克思主义－史学史－中国－1919—1937 Ⅳ.B27

中国版本图书馆 CIP 数据核字(2004)第 106799 号

Revolution and History:Origins of Marxist Historiography in China, 1919—1937
Copyright © 1978 by the Regents of the University of California
Chinese translation rights © 2004 by JSPPH
Published by arrangement with the University of California Press
All right reserved
江苏省版权局著作权合同登记:图字 10-2003-083

书　　名	革命与历史:中国马克思主义历史学的起源,1919—1937	
著　　者	[美]阿里夫·德里克	
译　　者	翁贺凯	
责任编辑	周文彬　金书羽	
装帧设计	陈　婕	
责任监制	王　娟	
出版发行	江苏人民出版社	
地　　址	南京市湖南路1号A楼,邮编:210009	
照　　排	江苏凤凰制版有限公司	
印　　刷	江苏凤凰通达印刷有限公司	
开　　本	652毫米×960毫米　1/16	
印　　张	17　插页4	
字　　数	219千字	
版　　次	2018年8月第1版	
印　　次	2023年6月第7次印刷	
标准书号	ISBN 978-7-214-03881-4	
定　　价	52.00元	

(江苏人民出版社图书凡印装错误可向承印厂调换)

序"海外中国研究丛书"

中国曾经遗忘过世界,但世界却并未因此而遗忘中国。令人嗟讶的是,20世纪60年代以后,就在中国越来越闭锁的同时,世界各国的中国研究却得到了越来越富于成果的发展。而到了中国门户重开的今天,这种发展就把国内学界逼到了如此的窘境:我们不仅必须放眼海外去认识世界,还必须放眼海外来重新认识中国;不仅必须向国内读者迻译海外的西学,还必须向他们系统地介绍海外的中学。

这个系列不可避免地会加深我们150年以来一直怀有的危机感和失落感,因为单是它的学术水准也足以提醒我们,中国文明在现时代所面对的绝不再是某个粗蛮不文的、很快就将被自己同化的、马背上的战胜者,而是一个高度发展了的、必将对自己的根本价值取向大大触动的文明。可正因为这样,借别人的眼光去获得自知之明,又正是摆在我们面前的紧迫历史使命,因为只要不跳出自家的文化圈子去透过强烈的反差反观自身,中华文明就找不到进入其现代形态的入口。

当然，既是本着这样的目的，我们就不能只从各家学说中筛选那些我们可以或者乐于接受的东西，否则我们的"筛子"本身就可能使读者失去选择、挑剔和批判的广阔天地。我们的译介毕竟还只是初步的尝试，而我们所努力去做的，毕竟也只是和读者一起去反复思索这些奉献给大家的东西。

刘　东

目 录

译者的话 1

中文版序 1

序言 1

第一章 问 题 1

第二章 背 景 17

  五四时期的马克思主义理论 19

  20世纪20年代中期的社会政治、社会学和马克思主义理论 32

  马克思主义史学家与社会史论战的起源 42

第三章 革命和社会分析 48

  1927年以前的革命分析 49

  共产国际的领导和中国革命 53

  关于中国革命的论战 58

  论战及其意义 76

第四章 中国历史上的封建社会 80

  陶希圣、朱佩我和中国的封建社会 87

  封建制度、商业和社会变革 109

第五章　郭沫若与中国历史上的奴隶社会　*117*
　　郭沫若的中国历史分期　*120*
　　奴隶制问题　*125*
　　对于郭沫若的批评及郭对其早期中国历史观的修正　*134*
　　摩尔根、恩格斯和郭沫若　*147*

第六章　中国历史分期　*155*
　　中国社会和亚细亚生产方式　*163*
　　社会史论战　*170*
　　论战的消退　*185*
　　马克思主义史学的学院化　*189*

第七章　革命、马克思主义和中国历史　*193*

第八章　结论：历史和社会变革　*221*

参考书目　*229*

译后记　*246*

译者的话

阿里夫·德里克先生所著《革命与历史：中国马克思主义历史学的起源，1919—1937》一书是在其1973年提交美国罗彻斯特大学的博士论文基础上修订而成的，1978年由美国加州大学出版社初版。本书以1920—1930年代的"社会史论战"为中心，对于马克思主义史学在中国的兴起做了较为全面、深入的分析和探讨，至今仍然是该领域的一部重要的研究专著。而且，由中国研究起家的德里克在这部著作中已经展示出他关注的不仅仅是中国的问题，同时还有马克思主义理论本身的问题——德里克后来以西方马克思主义为主要理论资借，跻身于美国社会科学学界重量级学者的行列，其深远的理论视野和理论雄心，在三十年前的这部稍显青涩的"处女作"中其实已经初露端倪。

我们首先应该注意本书的酝酿、写作和出版是在1960—1970年代，当时美国的中国学研究所关注的重要问题之一就是：马克思主义和唯物史观是如何征服中国和中国知识分子的？著名学者列文森（Joseph R. Levenson）对此提出了一种富有刺激性和启发性的解释，他在其具有广泛影响力的三卷本巨著《儒教中国及其近代命运》的第三卷《历史意义问题》中指出：马克思主义的历史主义和唯物史观是中国知识分子用以解决自19世纪西方冲击传统中国以来,令他们困扰不已的"历史"与"价值"("情感"与"理智",对于中国历史的情感依恋与对于西方价值的智识向往)之间矛盾的凭借与方法——一方面,马克思主义对于中国历史的分期,通过表明中国历史自身也发展出了一条并不仅限于其自身的发展道路,通过展示出现代西方的价值(布尔乔亚价值)同样受时间限制这一性质,有效地减轻了中国知识分子在面对西方时的自卑感,满足了他们想使中国历史与西方历史平等化的渴望;另一方面,唯物史观认为,思想是社会经济各个不同发展阶段的反映,儒家思想并非整个中国历史的属性,而只是中国封建时期历史的属性,可以将其视为一种与现实无关的历史遗迹送进博物馆中陈列和维护,这种对中国传统的基本价值暨儒家思想的历史化,使得中国知识分子能够在现实中勉强接受抛弃传统价值的要求,达致一种心理上的平衡和妥协。①

《革命与历史》一书对列文森的上述解释提出了反驳。德里克认为:马克思主义对于中国知识分子的感召力主要并不在于它舒缓了列文森所谓的"历史"与"价值"之间的张力,而在于它对中国革命的问题提供了答案。中国知识分子对于思想与价值的压倒一切的关注或许是20世纪头20年尤其是新文化运动前后的情况,但是将这二十年作为整个现代中国历史的范式却是一种误导;列文森在就思想而论思想上走得太远了,他对于思想价值的过分强调遮蔽了中西冲突的物质的基础与结果——中国社会在西方资本主义冲击下所发生的革命性变化。德里克强调:1925—1927年的国民革命才是理解马克思主义和唯物史观在中国兴起的钥匙——1925年五卅运动之后群众运动在城市和乡村的快速发展,改变了中国知识分子对于变革的观

---

① Joseph R. Levenson, *Confucian China and Its Modern Fate*, vol. 3. Berkeley and Los Angeles: University of California Press, 1968.

念认识,取代此前的"政治问题"和"文化问题","社会问题"和整体性的激进的社会革命成为中国知识界的中心关注点,中国知识界的这一转向,使得马克思主义和唯物史观通过"社会学"这一媒介得到了广泛传播——因为马克思主义正是源自19世纪欧洲的一种最为全面的"变革的社会学",唯物史观"比其时任何一种历史理论程度更甚地将社会置于历史研究的中心"。而1927年国共分裂、大革命失败所引发的对于革命前途的思考与探索,进一步促使中国的马克思主义者开始摆脱共产国际教条指令的束缚,运用马克思主义和唯物史观对中国的社会结构和历史问题进行严肃的分析——在随之而来的"社会性质论战"和"社会史论战"(亦可笼统地合称为"社会史论战")中,马克思主义的基本范畴成为论战各派成员所共享的理论前提和知识背景,由此也初步奠定了唯物史观在中国历史研究中的主导地位。《革命与历史》一书的主体部分正是对"社会史论战"中的史学撰著和争论的仔细检视:国民党反对派("新生命派")、中共("新思潮派")和"托派"("动力派")对于中国社会性质的不同分析,陶希圣、朱佩我关于中国封建社会的争论,郭沫若的《中国古代社会研究》及其所引发的批评,关于中国历史分期的各派争论,等等。德里克在行文中非常注意去展示中国马克思主义者对于中国前途的关注是如何影响他们历史写作和理论选择的。

那么,究竟应该如何评估中国马克思主义史学的成绩和贡献呢?德里克在对于全书具有"点睛"意义的第七章中,做了宏富、精彩但又带有些许暧昧色彩的探讨:一方面,在世纪之交中国史学宏观演进的脉络下,德里克肯定中国马克思主义史学创造了新的研究"范式"——"最优秀的马克思主义史学家,无论他们的历史分期方法多么机械,亦是为他们寻求中国历史进程的社会经济分界线的理论预设所驱使。在探索的过程中,他们阐明了那些被早前的史学家所忽视或低估的中国历史的重要方面的意义"(英文原书,页250),刺激中国史学进行更为深入的、系统的和更富批判性的研究,深刻地改变了中国人的历史意识。另一方面,德里克却明确宣告中国马克思主义史学在将马克思主义理论与中国历史有效结合上的失败:"那些把源于欧洲经验的马克思主义理论模式直接运用于中国历史的人,要么使得马克思主义的社会经济概念简化为一些不能与中国历史的实质产生有机关联的有名无实的范畴,要么虽强调普遍性,却掩盖了中国社会发展中最显著的一些细节。而在另一方面,那些以确定中国历史的复杂性而见长的史学家,却使得马克思主义理论模式变形走样……"(页230)德里克发现:贯穿整个社会史论战,在革命激进主义与对马克思主义历史发展普世法则的捍卫之间,在反对阶级斗争、激进革命与为中国社会的复杂性辩护之间,有着清晰的对应关系。在此,德里克关注的不仅仅是马克思主义史学在中国的经验,还有这种经验对于马克思主义理论本身的启示与涵义。德里克认为,中国马克思主义史学家的困境很大部分是源于马克思理论本身的复杂性和含混性,马克思的关注点摇摆于革命与历史之间,他实际上构造了两种社会模式:一是社会由动态的相互关联的成分所构成的一个复杂系统的"构造性模式"(structural model);一是阶级斗争决定所有社会构成配置并为历史变革提供终极推动力的"两极性模式"(bipolar model):构造性模式更能说明"正常的"历史状态——此时不仅是政治的、意识形态的甚至是社会的、经济的关系都表现出更大的复杂性(如马克思本人在《资本论》中的分析);而两极性模式最适于革命的情势之下(如《共产党宣言》所描述),这时复杂的社会在其内在矛盾运动和革命实践的作用下,分解为两大敌对的阶级阵营。德里克认为,正是由于阶级在马克思的历史和政治理论中的特殊作用,在激进革命的大背景下,中国的马克思主义者对于否定历史发展普遍性的负面意义格外敏感,这使得他们大多倾向接受关于历史发展的普遍性的断言,以确保阶级斗争在历史上的中心地位。德里克根据战后西方马克思主义研究的新近成果指出：将社会作为一个各个部分组成的彼此关联的系统进行处理的时候，马克思主义的历史分析是最有效力的；而若将社会作为一个由经济关系所决定的刻板结构，辩称一个社会的生产方式产生了特定的生产（阶级）关系并反过来塑造了整个社会结构，从而将历史唯物主义简化为一套普世的社会发展形式，不啻于取消马克思主义历史理论自身的有效性、使其简化为一种无用的初级的历史方法——因此，无论从理论和革命的角度而言多么正当，现实的政治考量对于马克思主义史学本身是无益的——相当程度上正是这种考量的干扰使得绝大多数中国马克思主义者先入为主地将普世模式强加于中国历史，造成了对于理论概念和中国历史解释的双重简化，阻碍了中国马克思主义历史研究的深入发展。到此为止，德里克的论述逻辑都还是自洽的和富有说服力的。然而，他最后又指出：1920—1930 年代的中国马克思主义史学甚至"对于革命事业也鲜有帮助"，最终引领中国革命走向胜利的毛泽东的整套革命策略"并没有从历史中获益多少"（页 257）。德里克似乎全然不知 1920—1930 年代的中国马克思主义史学对于 1930—1940 年代毛泽东思想的成熟有颇多的助益，他一方面强调中国马克思主义史学的兴起是对中国革命问题的回答，另一方面却又认为中国马克思主义史学对于中国革命几无助益——最后这一刻，他就史学而论在史学上似乎走得太远了，以至于开始背离了自己的初衷，这着实令人有些不解。

不管怎样，对于想要了解马克思主义史学在中国的兴起以及这种经验对于马克思主义理论本身的含义的读者而言，《革命与历史》都是值得一读的。中译本出版短短三年来，已经第三次重印并被收入"凤凰文库"，也证明了这本著作的生命力。在此我要向德里克先生表示祝贺！

翁贺凯
2008 年 6 月于北京清华园

中文版序

对于一位作者而言,自己的著作被译为另一种语言,得以与另一群读者谋面,总是一件乐事。而这一次,快乐是双倍的:《革命与历史》一书初版于1978年,近30年后,此书仍有其学术价值,能再次出版,作为作者,我无疑感到非常振奋。

再版本来也提供了一次修订的机会,但这次我们并没有对这个中译本做任何修订。在这篇小序中,我想略述其缘由。

过去的20年间,中国史学发生了很多变化。在我写作《革命与历史》一书时,中国的历史学仍然处于革命史学所提出的问题框架之内;而在美国,尽管不少学者对于革命兴趣盎然,但马克思主义史学和政治,在遭受了第二次世界大战之后近20年的鄙弃之后,也不过刚刚开始复苏。当时,美国、中国大陆以及中国台湾的学者,基本上还是在一种相互隔绝的状态下工作。最为重要的是,海外的学者们根本无法接触和使用那些藏在中国大陆图书馆中的丰富的史料文献。

今天这一切都改变了——除了对马克思主义政治和史学的冷落——特别在后革命的气氛实际上令学界对马克思主义理论兴趣减弱的时候,这种冷落更甚于前了。不过反过来,这也使得《革命与历史》中

1

译本在中国大陆的出版,别有一番意义。

当翁贺凯先生决定翻译此书的时候,我确曾考虑过对它略作调整和修订。我倒并不认为有任何的理由去改变此书所提出的解释,因为关于中国马克思主义史学这一课题,在英语学界和汉语学界,都没有出现太多新的值得我去修订的东西。尽管自20世纪80年代以来,无论马克思主义还是历史学,都经受了后现代主义的再解释,但我认为,后现代主义的挑战,令保持革命与史学写作之间的紧密联系更加具有必要性——这种联系也为本研究提供了解释性的根基。当然,如果今天来写这本书的话,我也许不会那么自信地指出"中国农民们在他们赖以为生的土地上阅读马克思主义史学的普及读物"①——尽管我现在对此也还不是非常确定,不过无论如何不一定是农民。

关于修订,也确曾有过以下一些考虑。首先,关于本书所讨论的中国"社会史论战"中的一些人物,近年来有一些新材料出现,不过并不是很多。中国大陆的读者无疑很容易看出:对于一些(但肯定不是全部)论战的参与者,例如严灵峰,我在20世纪70年代写作此书时所能找到的资料是很有限的。一个更为重要的考虑,是此书所涵盖的范围。最初写作本书时,我总是遗憾我未能更多涉及战时(抗日战争和国共内战)的中国史学——它可以将20世纪30年代和1949年之后的中国史学发展连接起来。现在,随着越来越多新材料的出现,有关战时中国史学的研究更具可能性了。不过我同时也意识到,这将是一项独立的研究,它需要将那些非马克思主义的中国史学家纳入考量的视野,同时也要注意那些有关马克思主义史学制度化(institutionalization)的问题。

还有一个修订的方案,是将我在《革命与历史》发表之后所写的有关1949年之后中国马克思主义史学中关于封建主义问题、资本主义"萌芽"问题以及历史解释中的阶级问题的讨论等几篇相关的论文纳入本书。

---

① 参阅本书第八章倒数第三段。

不过，缺少了关于战时中国史学的讨论，这几篇文章的加入，很可能会破坏原著叙事(narrative)的连贯性，它们看起来会更像附录，而不是全书整体的一部分。同时，翁贺凯作为译者也认为，这几篇文章的加入，会令全书的篇幅偏长，并影响原著的一致性。最后，我们决定放弃。

所以，现在大家看到的这个版本，完全是1978年初版的中译本。诚然，一些细节还有商榷的余地。但是作为作者，我觉得本书的基本论点时至今日仍然是有效的。我当时的一个重要论断是拒斥目的论——无论是革命的目的论，还是历史的目的论。历史学在后社会主义中国的嬗变和发展，已然证实了我在全书最后所作的预言："只要革命的问题继续，历史的问题也仍将继续下去。"1978年之后中国政治情势的改变，导致了史学的重写——不仅是中国革命史的重写，而且是中国过往历史的重写——随着"中国性"(Chineseness)本身都成为聚讼纷纭的问题，后者更显得越发复杂难解了。尽管今日，革命已成遥远的往事，也确实存在着一种贬低马克思主义史学的趋向，但是，马克思主义史学家们的发现，已然成为当代史学主流(无论是自由的还是保守的)的一部分。而马克思主义史学本身，在凸显政治和历史之间无可消解(irrevocable)的关系上，仍然保有其批判的力量。

最后，感谢翁贺凯承担了这项艰辛的翻译工作，感谢我的朋友刘东将本书纳入其主编的"海外中国研究丛书"。

阿里夫·德里克
2004年2月于俄勒冈大学
（翁贺凯译）

序　言

在这本书中,我对于一些中国马克思主义史学家的批评间或显得尖锐了一些。但是应该注意,这些批评纯属思想性的或是关乎史学本身的,是建立在我对他们著作的相对优劣的评估之上的。我尽量不遗漏他们著作中的每一个闪光之处;我寄予了最多个人之"同情的了解"的,并不一定是那些史学造诣最令我钦佩的学者。在那个仅仅提及马克思主义就会引起反感或敌意的年代,当权者会毫不犹豫地用暴力来镇压思想异端,仅是从事这样的史学活动往往就需要极大的个人勇气。马克思主义者们被搜捕、被审查、被监禁,甚至仅仅因为发表了在本书中所讨论的一些观点而被拷打和折磨。我在书中忽略了中国马克思主义史学家生命经历的这些方面,并不是因为我认为这无足轻重,而是因为那将会是另一项完全不同类型的研究。在本研究中,我按照我所认为的评估一切史学著作的一般方法,来评估这些马克思主义史学著述的贡献——因为它们本身就是作为史学著作而被撰作出来的,这是对其使命给予严肃赞赏的唯一的方式。如果马克思主义思想的启迪是这些著作在历史解释上有所贡献的主要原因,那么它同样无法承受一些马克思主义者这样的托辞——由于马克思主义史学著作具有超史学的(extrahistoriographical)

意涵，它们可以被免于按照史学批评的标准进行评估。

本书之所以能问世，首先要感谢罗彻斯特大学(University of Rochester)历史系的师友们。1964年我被录取为那里的研究生，如果不是他们对于课程设置的开放思想，如果不是他们愿意给一个此前在历史学和中国研究领域几乎没有什么训练基础的外国学生机会，这本书，无论它可能有多少的优点，都不可能产生。我要特别感谢前历史系的两位老师：哈利·哈鲁图年(Harry Harootunian)和悉尼·莫纳斯(Sidney Monas)，是他们引领我进入历史这门学科。当学校的条件满足不了我的学习需求时，历史系总是慷慨地给予我资助，使我得以四出外游、顺利地开展我的研究。对于拉尔夫·克罗兹尼尔(Ralph Croizier)这位后来加入历史系，并以其独到的眼光向我推荐这一论文课题(它最初本是一项关于陶希圣的研究)的老师，我怀有的不仅是一位研究生对于导师的感情，更有一份朋友般的欣赏与感激。

我的朋友拉利·施耐德(Larry Schineider)，是本书出版之前唯一通读全稿的人，我非常感谢他毫不吝惜时间，并对我给予了热情的鼓励。史华慈(Benjamin Schwartz)从百忙之中抽时间阅读了我的论文，并鼓励我将其出版。我同样要感谢爱德华·弗里德曼(Ed Friedman)和张灏(Hao Chang)，他们通读了本书最初的导论，并提出了意见和建议。北卡大学的塞缪尔·巴朗(Samuel Baron)慨然向我提供了当代苏联关于亚细亚社会问题讨论的资料。

我要感谢杜克大学历史系的萨普(Dorothy Sapp)和我的研究生汉普希尔(Particia Hampshire)为我打印了本书的文稿。最后，我要由衷地感谢我的妻子卡罗尔(Carol)和我的两个孩子内迪姆(Nedim)和穆拉特(Murat)对我个性的包容——这种个性在我写作的时候表露得尤为明显，谢谢你们！

第一章 问 题

"马克思主义",正如一个挑剔的诠释者所言,"代表了一种历史学上的转折点,其革命的影响我们才刚刚开始意识到"。① 当"唯物史观"(或者如马克思在描绘其历史观时所用的——"历史的唯物主义概念")在20世纪二三十年代进入中国思想界的时候,它对于中国历史学产生了深远的影响,这种影响并不因其在起源上外在于中国思想而有丝毫的减弱。在马克思主义的理论系统中,中国知识分子面对的也许是源于19世纪欧洲思想的最为全面的"变革的社会学",② 它毫不含糊地断定社会是历史研究的出发点,并在社会的发展过程中寻求历史发展的动力。在中国这个新的语境中,马克思主义的历史编纂将"中国的过去"的概念革命化,代表了一种将历史根植于社会结构之上的前所未有的使命。20世纪30年代,一个明显的马克思主义社会经济历史倾向的增长导致了唯物史观在中国历史研究中的优势地位。这种趋势在今天的中华人民共和国仍然在持续着,在官方的支持下,唯物史观垄断了历史学术领域;而且同样意义

---

① G. Leff(莱夫), *History and Social Theory*《历史学和社会理论》(New York: Doubleday Anchor, 1971), pp. 141—142.
② L. Bramson(布拉姆森), *The Political Context of Sociology*《社会学的政治背景》(Princeton, N. J.: Princeton University Press, 1961), p. 21.

重大的是，它使广大中国人民沉浸于历史的意识之中。简言之，唯物史观代表了20世纪中国社会的共产主义革命剧变在思想领域的对应物。

1919年之后，马克思主义理论传入中国，使得关于中国历史的根本性的重新解释成为可能，这也为本研究提供了主题。在此，我主要致力于探讨1927年之后马克思主义的历史学家们所提出的关于中国历史的最初的马克思主义的分析。尽管中国知识分子早在20世纪头10年就开始熟悉马克思主义的历史理论，但是一开始他们鲜有兴趣将其运用于中国的历史分析。到20年代初，他们对于唯物史观的掌握仍然是肤浅的，他们的马克思主义理论知识大多是出自一些参差不齐的初级或间接的选本，特别是来自日本的。当时为数不多的几个运用唯物史观分析中国历史的论者，对于唯物史观的使用是非常有选择性的，也未能将其同史学上其他的社会经济方法清楚地区分开来。其原因正如在此所要讨论的：马克思主义史学直至1927年之后才开始成为一种显著的趋向——在所谓的"社会史论战"之后，它作为中国史学中也许是最有活力和刺激性的趋势而迅速地显露出来。这一时期所出现的一些创新性著作对于30年代的史学著作产生了显而易见的影响；他们提出的问题也为其后中国马克思主义史学家所进行的许多研究奠定了基础。事实上，正是马克思主义史学家第一次阐明了这些问题的重要性，这些问题从此就为越来越社会科学导向化的中国历史研究者（无论是中国人还是海外的学者）提供了解决中国历史最根本问题的出发点。

本研究与此前关于中国马克思主义史学研究的不同之处在于：我把这些问题视为马克思主义在中国逐渐引发出的政治意识及其随之而来的历史意识的直接产物，而非偶然性的相关物。在评价这些马克思主义史学家的贡献时，其后的研究是否支持他们的某个特定结论，相比之下并不重要；重要的是这样一个简单的事实：他们运用唯物史观赋予了他们对历史问题复杂性的意识（这种意识远甚于前），将中国的历史概念化了。这种新意识的影响已经超出了史学研究领域。1927年之后的10年间，热烈的马克思主义史学活动广泛地宣传了马克思主义的社会历史概念，由此，历史唯物主义开始塑造中国知识分子关于中国之过去、现在和未来的观念。与之同样重要的问题是理解中国知识分子在 30 年代的心境,不过,这已经超出了本研究的范围——我仅在考察 1927 年之后马克思主义对于中国知识分子的吸引力时简单地论及了这一点。本研究的主要任务是:分析 30 年代中国马克思主义历史解释的起源及其性质,阐明马克思主义史学家在运用马克思主义理论分析中国历史时所面对的问题,并考察他们对当时中国的革命性变革的关注是如何塑造了他们处理理论和历史问题的方式。

在此,我是从现代中国的思想发展这一视角入手对马克思主义史学进行研究的。换言之,我将其视为一个思想史的课题。在采用这一研究方法时,我并不想把这些马克思主义史学家的著作仅仅视为一堆缺乏历史有效性的思想资料。相反,我认为,尽管这些马克思主义史学家在学术上存在着应受责难的瑕疵,尽管他们经常是在粗糙地运用马克思主义的概念,但是他们对于中国史学研究的贡献却是持久的。无论如何,马克思主义史学是由其时的思想和政治背景所塑造和决定的;同理,它也为理解当时中国思想的发展提供了重要的线索:马克思主义史学在其起源和发展上都与新文化运动之后的社会和思想潮流紧密地联系在一起。

正如我想竭力阐明的,其时的史学撰作是以革命大潮为背景的。注意到这一点是极其重要的,由此我们才能充分地理解其时马克思主义史学的复杂性,合理地评价它在现代中国思想中所发挥的作用。对于马克思主义史家来说,历史既不是一种消遣,也不仅是一项学术事业;而是具有明显的功能性和实践性。马克思主义者之所以急切地想了解过去,是因为他们渴望去塑造现代社会的命运,而他们相信现代社会发展动力的秘密就存在于过往的历史进程之中;同理,他们所盼望的未来之变化也会明显地影响他们对于历史问题的看法。在这个特定的意义上,这些马克思主义者与他们的前辈和同时代人的不同之处仅仅在于他们公开地表明了其史学研究努力背后的政治意图。他们代表了 20 世纪早期以来,重写中国历史以使其与现实变革要求相一致的一系列努力的最新发展。毫不奇怪的是,当社会变革的问题呈现出新的维度时,这种变化就通过对历史问题的修正反映出来。20年代晚期马克思主义历史观的兴起及其在中国知识分子中受欢迎程度的增长,又一次表明了这样一种变化。我认为,一方面,唯物史观在这时的中国知识分子中之所以富于感召力,并不是因为它在史学方法上的优点,而是因为它与革命性变革这个在20年代逐渐被认知的问题的关联性。另一方面,马克思主义史学理论,在总体上或者是以某种弱化的形式,在中国史学研究领域的自发普及,又表明其吸引力不仅仅在于其在政治上的涵义。尽管在马克思主义史学中,历史就其自身而言只是居于第二位的兴趣;但是当"现代主义的偶像破坏"毁灭了传统解释的权威性而又没有提供新的替代物时,唯物史观一度为重写中国历史提供了急需的方法论。与它运用于中国历史产生的所有缺陷相伴随的是:它有效地减轻了中国人历史意识的危机。

在本研究中,有三个前提指导着对于中国马克思主义史学的评价,它们是:马克思主义对于中国历史思想的贡献,马克思主义史学中政治与历史的关系,历史唯物主义在现代中国思想中的地位。在此,对于这三个前提作一讨论将为其后进行的论辩提供一个更好的判断标准,同时它也将指明这项研究与先前的关于马克思主义史学的研究有何不同之处。

马克思主义对于历史学的贡献主要是概念上的,尽管这种对于过去的新的概念化在历史研究、方法论以及解释的问题上都有重要的分歧。如果唯物史观被视为一种如托马斯·库恩(T. Kuhn)在解释科学知识的进步时所使用的"范式理论",①那么马克思主义对于史学的影响会更

---

① T. Kuhn(库恩), *The Structure of Scientific Revolutions* 2nd ed(《科学革命的结构(第2版)》)(Chicago: University of Chicago Press, 1970). Sheldon Wolin(沃林)已经指出了"范式"概念与政治社会理论的相关性,他视马克思主义为现代政治理论的范式之一。参见 Wolin(沃林)"Paradigms and Political Theories"(《范式和政治理论》),载于 P. King and B. C. Parekh (eds.)(金和佩雷克编), *Politics and Experience*(《政治学和经验》)(Cambridge: At the University Press, 1968)。

容易被评价。库恩指出,科学研究并不是通过随机的数据积累而进行的,而是依照科学共同体在任何一段时间里,在确切地阐述问题和选择解决这些问题的方式时,所认为的理所当然的典范性理论的指导而有组织地进行的。根据库恩的说法,只有在大量的证据表明,许多重要问题都不能在现有范式的范围内得到解释时,科学共同体才会不情愿地逐渐抛弃旧有的范式。由对于一般公认的范式的反复挑战所产生的科学思想的"危机"最终由一次"科学革命"而解决;当新的范式为科学共同体的大多数人所充分理解和掌握的时候,就是科学革命实现的时候。新范式成功地"重构先前的理论和重估先前的事实",同时为"选择那些当范式被认为是理所当然时,能够假定获得解决的问题"提供标准。① 我认为这就是历史唯物主义在史学领域所取得的成果,无论是在马克思所构想的理论的原初语境之下,还是当其在20年代运用于中国历史的分析之时,都是如此。②

可能需要注意的是,唯物史观的基本要点,甚至其最重要的几个概念,要归功于对于历史变迁的社会基础意识的提升——它反映在19世纪欧洲历史思想不断增长的社会学倾向中。然而,使唯物史观凸显为一种范式的,是它对阐明历史形成的社会学要素的相对意义的大胆定义,

---

① 库恩,《科学革命的结构》,页7。
② 我使用范式这一概念时,并没有忘记在谈到自然科学的范式和社会科学的范式的内在性质及其各自领域的状况时,需要对它们加以区分。在此我想强调的是有关这两类范式在来源和涵义上的区别。根据库恩的看法,自然科学领域的范式转换是为回应科学研究的危机而发生的,而且只与从业的科学家共同体直接相关。然而,社会和政治理论的范式是与他们的社会背景更为紧密地联系在一起。社会和政治思想领域的主要范式转换像是由现存社会系统的危机所引发的,而非只是新的思想问题的挑战所引起的;新范式也不只是旨在减轻思想的危机而是旨在减轻作为整体的社会系统的危机。社会的范式在来源和结果上的"实践的"维度,使得它们更容易受到政治意识形态的影响,这影响了它们的理论表达。至于马克思主义,虽然它代表了对于19世纪欧洲社会思想重新定位的努力的一个部分,但是其在解决社会问题上的革命性立场融入了其理论假定。在当时其他大多数的社会科学思潮认为表现市场社会特征的"实践与信仰的整体(ensemble)"是理所当然的时候,马克思主义却采用了那些和使社会彻底革命化(和消解化)相关的要素作为其理论假定。这些假定对于唯物史观所产生的影响和结果将在第八章作详细地考察。

以及由此而来的对于"什么构成一个重大的历史问题"的观点:历史唯物主义,比其时任何一种历史理论程度更甚地将社会置于历史研究的中心,并断定那些与经济活动最直接相关的社会要素的逻辑优先性。这种历史观的结果是:产生了一种与此前历史观根本不同的对历史现象与历史变革动力的相互关系的看法。

所以,在评价唯物史观对于中国史学思想的冲击的意义时,我们需要牢记历史唯物主义对于此前史学思想方式的背离。中国马克思主义史学家对于其前人的激烈背离,非常明显地表现在他们对于中国历史的概念化与由儒家史学传统所承续下来的历史观的分野——儒家历史观尽管受损于新文化运动时期西化思想的攻击,不过,直至由马克思主义所激发的社会史研究的崛起,它才真正面临致命的挑战。

马克思主义对于中国历史的基本看法倒转了传统的儒家历史观。虽然在对普遍主义的热望和由实践、由政治后果的角度洞察历史这些基础上,把这两种历史观进行比拟是可能的,但是更为重要的考量是:马克思主义的政治及历史概念与儒家是截然相反的,这两种历史观不同的史学编纂结果无疑清楚地体现了这一点。

中国传统的政治理论将政治视为政治领袖美德的一种作用。对于过往政治领袖功过的评价是为了让现在和将来的领袖可以从中"汲取政治和道德教训"的先例——这也是儒家史学的一个中心作用。① 历史在绝大多数情况下都是官修的,而且"发挥着一种帮助政府、指导行政活动、扬善阻恶的最基本的道德用途"。② 由这一假定得出的对于历史的概念,是以个体为中心的。史学并不被视为一个自主的领域,而是一个被

---

① L. A. Struve(施特鲁夫),"Uses of History in Traditional Chinese Society: The Southern Ming in Ch'ing Historiography"(《史学在传统中国社会的运用:清代史学中的南明》),Ph. D. dissertation, University of Michigan, 1974, p. 99.
② J. Needham(尼德汉姆),"Time and Eastern Man"(《时间和东方人》),载于 Needham, The Grand Titration(《伟大的传统》)(London: Allen and Unwin, 1969), p. 241.

置于指导人类行为践履其命运的永恒原则之下的领域:"对历史作为一个先例的储藏室的尊敬"与"从一种永恒性(而不是变化的进程)的角度对于历史的诠释"携手一起。① 作为中国古代少数几个直接从事或可称为历史哲学问题的思想家之一,章学诚将历史视为有关终极原则——"道"的命运的时间记录。道,用尼维森(D. Nivison)的话说,是"一种为了有秩序地、文明地生活的人性的基本潜能,是一种逐渐将其自身写入历史的潜能,是一种在什么是人必须达到的正确与真实的方面实现自我的潜能"。②

与这种态度随之而来的是,儒家传统的对于历史的评价是由对秩序与和谐的渴求和对混乱与冲突的厌恶所指导的。因为冲突代表了一种越轨,代表了道德的崩溃。③ 这些态度交汇而得出的历史观塑造了历史撰作和历史解释的性质。中国史学家并不试图去"分析和划分事实以展现出最能精密地反映因果关系而非单纯时间顺序的逻辑次序"。④ 在不超越这种历史观限制的情况下,传统中国史学家在精确性方面作出了令人敬佩的努力,发展出经验性调查研究的精致方法。在另一方面,将历史视为个体表现其道德成败的领域,这种观念消除了在史学著作之内追求历史解释的需要。即便是一般总论性的政治制度史(而非更为普通的王朝史)的作者,都不会根据历史的进程进一步解释他们对于历史变革的认识。⑤ 在总体上,传统中国史学家在"将事件以一个偶然的联系绑在

---

① J. Levenson(列文森),*China: An Interpretive History*(《中国:一个阐释性的历史》)(Berkeley and Los Angeles: University of California Press, 1971), p. 49.
② D. Nivison(尼维森), *The Life and Thought of Chang Hsueh-ch'eng*(《章学诚的生平和思想》)(Stanford: Stanford University Press, 1966), p. 141.
③ J. P. Harrison(哈里森), *The Communists and Chinese Peasant Rebellions*(《中国共产主义和农民叛乱》)(New York: Atheneum, 1969), p. 77.
④ C. S. Gardner(加德纳), *Chinese Traditional Historiography*(《中国传统编史学》)(Cambridge: Harvard University Press, 1961), p. 69.
⑤ 传统中国主要的制度史学家之一——马端临,认为制度的连续性并不存在于历史之中,而是一时一时的:"每个时期都有自己的历史,能够涵盖从王朝开始到结束的整个时期就已经足够了,无须提及其他朝代并试图找出相关性。"参见 Wm. Theodore deBary(狄培理编), *Sources of the Chinese Tradition*, Vol. 1(《中国传统的源流》第 1 卷)(New York: Columbia University Press, 1964), p. 446.

一起,然后将它们作为一个联系在一起的整体进行处理"①之后就戛然而止了。

马克思主义的历史观念与这种中国传统的历史观是根本不同的。它对于历史发展的动力只有在社会经济结构的内在力量的相互作用中才能揭示出来的假定,改变了历史研究的范围,展现出一种对于历史解释的复杂性的全新的意识。在此前的史学家按照政治的(无论是个人的、王朝的还是制度的)或是思想的变化划分时代之处,马克思主义史学家转向社会经济结构的变化,并将其作为确定具有重大意义的历史变革的标准。这种关于历史时代的崭新观念也改变了史学的范围:它将注意力聚焦于制约和塑造政治和思想现象的社会空间。当长期的社会经济进程在史学家的关注之中获得首要地位的时候,建立于超历史的道德概念之上的历史解释,就让位于根据历史进程自身的对历史的解释;对于马克思主义者而言,历史解释只有在它能够考虑这些基本的进程的时候才是有效的。他们在一连串的动态相连的整体中来看待历史。这不仅产生了一个与儒家完全不同的对于历史的想象,而且将个体的行为和道德降为仅仅是社会整体的一个成分或反应而已。社会现在作为自主的领域而呈现出来,在其中包含着其自身前进的源泉,并塑造着人类行为的所有其他的方面。不仅如此,同样的观念强调甚至是赞扬:矛盾冲突作用是历史前进的首要动力。这种看法产生了一种比儒家的历史编纂更有活力和更为融洽的解释。更重要的是,它赋予社会在历史意识中至高的地位——历史的出发点。

正如我将在下一章指出并将在结论中重申的,上述这些观点在中国思想家对于 20 世纪历史变革复杂性的认识越来越深刻时就已经在中国史学思想中流行了——它早于马克思主义史学在中国的兴起。从 20 世

---

① E. G. Pulleyblank(普利布兰克), "Chinese Historical Criticism"(《中国史学批评》),载 W. G. Beasley and E. G. Pulleyblank (eds.)(比斯利和普利布兰克编), *Historians of China and Japan*(《中国和日本的历史学家》)(London: Oxford University Press, 1971), p. 152.

纪之初的王国维、梁启超到20年代的顾颉刚,都已经或暗或明地开始挑战传统儒家史学的经验基础及其范围的有效性了。无须贬低他们的工作对于20世纪中国史学革命的重要性,然而似乎还是应该持平地指出,他们的贡献仍然局限于揭示此前被遮蔽或忽略的中国历史的方方面面——或如顾颉刚的情形,在于摧毁儒家史学传统对于经验有效性的至关重要的论断。尽管他们的工作为此后的史学家提供了一种可以证明的历史研究模式,但是他们没有提出一套取代儒家观念并能解释历史现象与历史变革动力的相互关系的综合的史学理论。历史唯物主义提供的正是这样一种急需的理论。它不仅以一种视历史为一自主领域的现世的历史观取代儒家的历史幻象,而且为20世纪中国知识分子的持久梦想——"新史学"的创造提供了一个理论出发点。

这一新史观在方法学上的后果不仅明显地表现在它对批判性地处理史学编纂问题的暗示,而且明显地表现在它对于历史的系统研究所提供的潜力。将马克思主义社会经济理论运用于中国历史在中国史学中激起的变化,与马克思关于现代社会学方法发展的明确阐述对于西方史学的影响并无二致。两者的结果都是扩展了对于探究历史形成的力量的意识——这导致了史学问题的根本性重建,并刺激了发明新方法和新概念以解决在先前的史学思想中至多只是受到边缘性关注的一系列基本问题的努力。

从崭新的视角出发,中国的马克思主义史学家重新定义了历史现象的相对意义,并转向对于历史资料来源的再审查,发掘与理解那些曾经作用于中国历史的经济、社会力量相关的史料,以澄清经济和社会制度之间的相互作用,以及它们对于政治和思想现象的暗示意义。他们对历史现象(从基本的经济现象直至文化现象)中的阶级关系的假定,对于历史事实和解释的处理产生了一种批判性的态度(critical attitude)。显然,在他们对于中国历史的阐释(和他们的理论论断)中,他们认为:像传统史学那样简单地确定历史事实的精确性,再依时间的和(或)空间的维度整理它们,以期达至历史的真实,显然是不够的。他们相信,对于与一个历史现象的解释相关的不同事实的相对意义的考察同样是必须的。实际上,他们引入中国史学的,是马克思主义史学理论对于历史事实选择以及历史解释的意识形态决定作用的根本性的敏感。不难发现,正如我将在分析他们的著作时所指出的,这些马克思主义史学家武断地忽略了那些与他们的先入之见不相合的资料,他们是如此地沉迷于自己的新解释,以致根本不考虑运用不同类的资料和概念去解决不同类的历史问题的需要。他们处理历史问题的这些缺陷,部分是由于马克思主义理论自身的含糊性,部分是由于超乎史学之外的考虑的干扰。但是这些缺陷仅仅是马克思主义史学理论及其应用尚需如何加以限制的问题,它们并不能取消这些著作对于历史问题的创新性洞见,以及进行与其基本假定相配合的批判性研究的潜力。而且即便有这些缺陷,马克思主义史学家对于历史解释的复杂性的意识无疑仍要比其同时代的天真的学院派史学家要精密得多。这些实证主义史学家相信——用傅斯年这位当时的中央研究院史语所所长的话说:"我们只是要把材料整理好,则事实自然显明了。"——傅实际上否定了史学中解释作用的地位,而将史学局限于史料的评判与校勘。①

在其积极的一面,历史唯物主义为"通史"的写作提供了一个方法论。从世纪之交的梁启超和章炳麟开始,中国知识分子便视"通史"为创造"新史学"的要点。当然,通史并非中国史学的一种新形式,但是其现代提倡者要求构想出一套因果解释去揭示历史的进程,这将他们的通史观念与他们认为的传统通史仅仅将描述过的事实串在一起的做法区别开来。② 然而,由于梁、章等人处理问题的方法太过归纳化,他们并未能

---

① 参见傅斯年,《历史语言研究所工作之旨趣》,载《国立中央研究院历史语言研究所集刊(第一本第一分册)》(广州:1928年10月),页8—9。
② 有关中国较早的关于通史思想及其兴趣表现的讨论,参见金毓黻,《中国史学史》(1944年初版,台北1968年重印),页296—326。

够为通史的撰作提供一套切实可行的方法论。他们计划优先进行专题性研究的积累,认为这将最终成为通史撰作的坚固基石。① 他们所未能指出的,是一个清晰可辨的出发点和指导研究和解释工作的一套内在一致的组织原则。这一次,又是马克思主义关于历史现象中的等级制度的看法帮忙解决了问题:唯物史观将社会经济现象作为分析的出发点,并揭示出在社会经济进程中将历史广大的不同领域联结在一起的环节,从而提供了一个构建通史的基础。尽管也许很难确定马克思主义的方法论在中国通史撰作的整体成就中应居功几何——因为通史的写作者也包括非马克思主义者;但是在那些最为令人钦佩的通史著作的作者之中,最为杰出的仍然是马克思主义史学家,而且几乎所有的马克思主义的史学著作都采用了通史这一形式。这些著作将林林总总的中国历史资料组织起来,进行系统而连贯的分析,为中国历史研究开辟了新的道路。

与本研究中对于马克思主义史学的分析相关的第二个方法论问题是,马克思主义史学中历史和政治的关系。唯物史观背后的基本的政治动机使得许多人拒斥其作为一种史学理论的有效性。当然,反对唯物史观还有其他理由,尤其是在专业史学家当中——其中最为重要的就是专业史学家鄙视概括性的历史研究方法。以我在此的初步评论,显然可见,只有那些同意卡尔(E. H. Carr)"越是社会的历史学,越是历史的社会学,两者相得益彰"②这个论断的史学家才会愿意考虑马克思主义史学的价值。这个问题涉及有关历史学任务的定义,并不独是源于专业史学家对于唯物史观的反应,而是源于对历史学和其他社会科学的关系这个

---

① 参见梁启超《中国历史研究法》(台北:中华书局编,1968)之附卷。金毓黻在其书中也提及了章炳麟关于通史的计划。
② E. H. Carr(卡尔), *What is History?* (《历史是什么?》) (New York: Alfred A. Knopf, 1964), p. 84.

一般性问题的态度,在此无须赘述。惟需注意的是:当关于历史的社会科学的方法已经表明其在解释历史变革动力方面的无力之时,这种对唯物史观的拒斥已经越发地站不住脚了。

旨在推翻唯物史观的一个更为有力的批评则是聚焦于指导唯物史观对历史问题处理的明显的政治目的。当然,马克思主义者从未否认:政治预设(无论是他们自己的还是其他史学家的)塑造着历史的解释。然而,这并不等于承认唯物史观在政治和历史之间设定了一致的关系。一方面,马克思主义史学简单地视史学为政治的一种延伸,为政治变革甚至是一个短期的政治政策的预定概念的被动继承者——当史学已经服从于政治运动或执政的共产主义政权的需要时,情况尤其是如此。在这些情况下,史学解释也倾向于强调历史的目的论预设和确定性观点——马克思本人也将之加于历史理论之上以支持其政治预设。① 然而,在另一方面,作为对于现实的批判性视角的来源和革命者发现理论指南以纠正其政治行动的相互作用的自主领域,历史本身对于唯物史观是同样重要的。这时,马克思主义的政治观需要这种历史分析具备对现实的审慎明智的判断,以深入历史现象的表面从而把握其发展的动力。在以上两方面之中,政治的动机都是主要的;但是同样重要的是:马克思主义史学家是否从对现存社会的批评出发,转向对其矛盾面的考察以揭示其无可避免的灭亡或变革,或者是否同样寻求证明特定的政治运动或政权的合法性。在前一种情况下,结果是对历史的批判性的理解;而在后一种情况下,导致的则是以政治目标或政治预设的形象来浇铸历史。由于这些问题对于评价马克思主义的历史理论及其在中国的运用都具有非常重要的意义,我将于第七章在 30 年代中国马克思主义史学的背

---

① K. Marx(马克思), Letter to J. Weydemeyer, March 5, 1852[《马克思致约·魏德迈(1952 年 3 月 5 日)》]。关于马克思对自己理论贡献的表述,参见 *Selected Works of K. Marx and F. Engels*, vol. 1(《马克思恩格斯著作选》第一卷)(Moscow: Progress Publishers, 1973), p. 528。

景下对其进行详细的考查。这将为理解马克思主义的政治预设对于历史解释的影响提供一些启示。在此,注意到本研究与此前对马克思主义史学的研究相比,预示了一个更为复杂的政治与历史之间的关系就足够了。此前的研究过分专注于1949年之后的中国史学,并以其在共产主义政权之下的表现来判断马克思主义史学对于中国历史的贡献。这种片面的选择是如何歪曲了中国马克思主义史学的贡献,在以下这个选自西方对中国马克思主义史学最有影响力的研究之一的论断中表现得非常明显:

> 然而须承认在新的方法论中同样也有承诺,因为在极其谄媚的马克思主义意识形态和语言背后很明显是一种对于新思想和历史书写中的新的技术的接受。事实上,很多现代西方发展出来的新的史学技巧和方法论,是通过马克思列宁主义,亦或是以一种难以确定的模糊形式,进入中国的。尽管有其受制约的意识形态界限,马克思主义的的确确在某些方向上近似现代的社会科学,后者的成果违禁地但却又是不可否认地渗入了马克思主义的疆界。①

在这段对于马克思主义史学的描述中,非常吝啬地将马克思主义对于中国历史的贡献作为马克思主义理论的次要事项打发过去。它的语气也许有点出乎寻常,但还是可以标示出许多历史学家在这一问题上的态度。② 在评价这种态度时,我们必须要问:在马克思和恩格斯形成他们的理论论述时究竟有多少"现代社会科学"存在?同样值得注意的是,有多少社会科学的开创性人物同时也是卓越的社会科学家(而不

---

① A. Feuerwerker and H. Kahn(费维恺和康无为),"The Ideology of Scholarship:China's New Historiography"(《学术的意识形态化》),载 History in Communist China(《共产主义中国的历史学》)(Cambridge:M. I. T. Press, 1969), p. 6.
② 同上书,页1,脚注。它指出这篇文章(而非其形式)的观点表达了"中国共产主义史学"研讨会与会者的共识;这次会议于1964年9月6—12日于牛津举行。必须指出:与会者包括了一些在西方最为著名的研究中国历史的专家。

仅仅是左派人士),向马克思关于历史变革的思想对其学科的挑战表示感谢。①

在此,更为直接的问题是关乎唯物史观的意识形态附属性——尽管无可否认这是马克思主义历史理论的一个组成部分,但是它与历史之间的关系,却较上面所引的那个论断所揭橥的更为复杂。唯物史观的政治动机,尽管曾经遭到滥用,同样也是渗透于马克思主义历史理论的批判性态度的一个来源。然而,对于马克思主义史学的研究在总体上却集中于前者——展示马克思主义史学相对于僵硬的政治目标的从属地位以贬低马克思主义对于史学的贡献。在中国的情形下,忽略1949年之前的马克思主义史学,对于评价唯物史观对中国的影响已经产生了两点负面的作用:首先,它遮蔽了唯物史观对于中国历史学的贡献。在时间上,马克思主义史学家对于中国史学最富原创性的贡献要早于1949年之后马克思主义在历史研究中正统地位的确立。马克思主义史学家在1949年之后继续对于中国历史的研究作出贡献,但是此时他们的工作——包括详述、提炼和修正他们早前提出的问题,却呈现出一种更为单调和枯燥的性质。其次,将研究的焦点集中于1949年之后的中国史学还使人产生了这样一种印象:中国马克思主义史学的意义主要在于它所履行的政治功能。1949年之后,一种官方提倡的历史观已经缩窄了史学家所能进行的历史解释的范围。相反,30年代的马克思主义史学研究,不受官方的指导或压迫,在历史唯物主义及其应用于中国历史等问题上,展现出相当大的多样性。虽然马克思主义史学家

---

① 关于马克思对韦伯的影响参见 H. Gerth and C. W. Mills(格斯和米尔斯),*From Max Weber*(《马克斯·韦伯以来》)(New York : Oxford University Press, 1958), pp. 46—50,关于马克思对美国社会学的影响参见 S. M. Lipset(李普塞特),*Political Man*(《政治人》)(New York: Doubleday Anchor, 1963), pp. xx—xxi,关于马克思对社会学影响的全面性的讨论,可以参见 T. B. Bottomore(巴特摩尔)在 *Karl Marx : Select Writing in Sociology and Social Philosophy*(《马克思社会学和社会哲学文选》)(New York: Mcgraw-Hill, 1964)一书中的导论,页29—48。

的政治与意识形态的信仰对塑造其历史分析至关重要,但是其时政治与历史之间的相互作用仍较1949年之后复杂得多,政治对于历史著作的暗示也是如此。

本研究的第三个也是最后一个方法论问题,是关于历史唯物主义对于中国知识分子的吸引力及其对于20世纪中国思想的重要性的评估问题。列文森(J. Levenson)在其对于现代中国历史问题的具有高度刺激性和启发性的研究中,首次指出了唯物史观对于现代中国历史观演进之意义。① 他认为马克思主义的历史主义为中国知识分子提供了解决因西方入侵而产生的"历史与价值"之张力的凭借。在他看来,马克思主义的历史主义,通过使中国传统的基本价值历史化(从而将其视为历史遗迹加以抢救),使得中国人能够勉强接受抛弃这些传统价值的需要;同时,它通过展示出现代西方的价值(他化约为布尔乔亚价值)同样受时间限制这一性质,减轻了中国人在面对西方时的自卑感。

本研究通过强调历史唯物主义的社会的、革命的含意,提供了与列文森不同的解释。尽管列文森发现的问题是极其重要的,但是他在就思想而论思想上走得太远了。他将思想从它们的历史背景中抽离出来,这反过来也反映出他本人的信念:中西文化的冲突为现代中国历史提供了最根本的资料。然而,唯物史观的功能,并不仅仅是(亦非最重要的是)减轻中西价值冲撞给中国人带来的心理的和思想的危机。这一价值冲突确实非常严重,但是对于思想价值的过分强调,无论是否是有意地,都遮蔽了中西冲突的物质的基础与结果——中国社会在西方资本主义冲击下的革命性的变化。如果唯物史观在中国的唯一作用就是使中国的价值历史化,那就很难解释为什么是马克思主义的历史主义而不是其他

---

① J. Levenson, *Confucian China and Its Modern Fate*, vol. 3(《儒教中国及其近代命运》第3卷)(Berkeley and Los Angeles: University of California Press, 1968).

的替代物被选来扮演这种角色。① 必须记住的是,历史唯物主义,决不仅仅只是一种历史主义,而是一种从基础的社会经济的进程出发对于历史变革,尤其是对市场经济的兴起所促发的历史变革的发展动力的解释。绝非巧合的是,唯物史观在现代中国兴起的社会环境,令人联想起塑造了马克思本人的历史论述的欧洲社会环境——当社会的革命性变革在旧秩序的崩溃和新兴社会力量的出现都日益明显时而呈现的一种急剧变化的社会环境。中国知识分子对于思想与价值的压倒一切的关注可能是20世纪头20年尤其是在1920年前后新文化运动时期的情况;而将这20年作为整个现代中国历史的范式却是一种误导。当中国社会的革命进程向前发展时,产生了一系列转变性的内外问题,中西之间的思想冲突只是其中的一个方面。到20年代中期,当中国政治走向一条社会革命的道路时,社会问题在中国人的意识中已经居于显著地位。事实上,马克思主义史学正是在解释其时的革命变革的社会维度的努力中直接生发出来的;它在史学领域也表现出崭新的革命性的范式变革。值得注意的是,在30年代,除非传统思想和文化已经重要到影响社会分析结论的程度,否则马克思主义史学家在著作中对其的注意是相对较少的。②他们关心的首先是如何解释过去以去执行现实革命任务的问题。

---

① 关于此问题的一个以陶希圣为例的讨论,参见我的论文"T'ao Hsi-sheng: The Social Limits of Change"(《陶希圣:变革的社会限制》),载 C. Furth (ed.)(费侠莉编),*The Limits of Change*(《变革的限制》)(Cambridge: Harvard University Press, 1976)。
② 这一论断的例外是陶希圣、郭沫若、李季对于中国思想和思想家的研究著作,我已详列于参考书目中。然而,这些研究并不代表这些作者的基本关注点,而毋宁说是他们的社会史著作的副产品。

第二章 背 景

20世纪20年代中期,马克思主义政治思想在中国知识分子中的传播,促进了历史唯物主义与中国社会历史思想的融合。20年代早期,马克思主义尽管取得了一些与理论关系密切的重要进展,但是尚未对于中国的思想产生直接的影响;对于历史的唯物主义的概念的理解仍然是公式化的;少数一些人试图将马克思主义的社会分析运用于中国社会,但是他们都忽视了马克思主义历史概念的复杂性,未能掌握其最基本的理论假定。惟有在经过20年代中期中国政治的发展,从而显示出马克思主义理论与中国社会问题的相关性之后,对于马克思主义社会分析的兴趣才显著地高涨了起来。

然而,对于马克思主义理论的接受,并不必然等于对共产主义政治诉求的接受。尽管承认阶级对立决定社会和政治结构这一基本假定的理论有效性是接受唯物主义理论公式的一个前提条件,但是这种承认并不等于要献身于一种特定的政治策略甚至是一个简单的社会变化模式。这一区分,不仅对于阐明理论自身的诉求,而且对于解释为什么从一个共同的起点出发马克思主义的社会分析却引致了大相径庭的结论,都是至关重要的。事实上,中国马克思主义者大多数的意见分歧的确是围绕着这样一个问题——塑造马克思主义的政治预设对于理论的制约是否到了预定理论分析的结论的程度。最初的关于中国社会的严肃的马克思主义分析正是尝试去反驳,而不是去支持共产主义的革命策略——这一策略是建立在中国社会是被近似于(如果不是完全等同)马克思在欧洲所发现的阶级分立所塑造这一假定之上。在 20 年代晚期,由于马克思主义在清楚阐明中国社会问题方面所具有的功效,许多中国知识分子被马克思主义的理论系统所吸引,然而他们仍然反对未经修改的马克思主义的政治前提可以适用于中国的这一命题。

从传播的强度和中国人对于马克思主义的兴趣来看,马克思主义理论介入中国社会思想可以大致分为三个阶段。从 1899 年中国人第一次提及马克思[①]到 1910 年代晚期,中国人对于马克思主义的兴趣是非常有限的,马克思主义对于中国政治与思想也没有什么重大的影响。从 1918 年到 20 年代中期,对于马克思主义的兴趣平稳地上升。这一时期,马克思主义对于中国政治的影响较其对于中国思想的影响更为显著——中国共产党的建立与成长业已改变了其时的政治表达语言,相对而言,马克思主义的理论尚处于酝酿之期。第三阶段始于 20 年代中期的革命运动,它使得马克思主义思想在众多中国知识分子中广泛传播,并为 1927 年之后马克思主义思想的繁荣准备了基础。革命运动使得阶级冲突在中国由一个抽象的概念变为一个现实的具体问题,迫使中国的马克思主义者不得不全面地面对马克思主义理论问题。有趣的是,在 1927 年之后中国共产主义运动处于其命运最低潮的几年中,马克思主义却浮现为中国社会思想中最有活力的潮流。

[①] M. Bernal(伯纳尔), *Chinese Socialism to 1907*(《1907 年之前的中国社会主义思潮》)(Ithaca: Cornell University Press, 1976), p. 37.

五四时期的马克思主义理论

由于本研究的目的,马克思主义理论在中国传播的第一阶段无须过多地阐述。即使 20 世纪头十年那些对社会主义感兴趣的激进分子确实了解作为马克思主义基础的历史观,他们也没有将这些知识用于他们关于中国社会和政治的激烈论战之中。当梁启超与同盟会理论家们辩论社会主义与中国的相关性时,他们甚至根本就没有提及历史唯物主义或辩证唯物主义。① 相反,他们都认为马克思主义分析与中国并不十分相关。② 不过,12 年后,胡汉民,这位 1905—1907 年间同盟会的主要发言人,第一次运用唯物主义对中国历史进行了分析:他对早期中国社会的"原始共产主义"解释,激起了第一次由马克思主义的历史思想所促发的关于中国社会史的论争。③

唯物史观即使在 1918 年之前就已进入中国的史学词汇表,它也没能对中国历史的概念化形成任何重要的影响。就思想的意义而言,它的起源应该回到 1918 年,在俄国革命的唤醒下,中国知识分子就马克思主义理论进行了第一次严肃的讨论。从此以后,他们关于马克思主义理论的知识和兴趣均不断增长。尽管他们的知识仍然有赖于一些二手材料,关于历史唯物主义的出版物的大量增加依旧反映出他们新的兴趣所在。从 20 世纪头十年开始,直到 20 年代中期在苏联和欧洲受教育的学生开始承担马克思主义著作的翻译工作之前,日本作者在马克思主义理论知识(区别于其政治涵义)和中国知识分子之间一直发挥着中介的作用。

---

① Li Yu-ning(李又宁), *The Introduction of Socialism to China*(《社会主义之传入中国》)(New York: Columbia East Asian Institute, 1971), p. 21.
② 关于这些讨论参见上注以及 Bernal(伯纳尔)前引书第七章以及 R. Scalapino and H. Schiffrin(斯卡拉皮诺和史扶邻),"Early Socialist Currents in the Chinese Revolutionary Movement"(《中国革命运动早期的社会主义思潮》), *Journal of Asian Studies*, 16 (1957): 321—342.
③ 关于井田制的争论。参见本书第五章。

一些唯物主义的主要文献即是从其日文译本转译为中文的;日文名字在关于唯物主义理论的解释性讨论以及中国学者的参考书目中都是至为显著。其中最常碰到的名字无疑是河上肇——日本最多产的唯物主义理论家之一。① 河上肇的译著,是其时中国马克思主义文本的一个重要来源,他对这些文本的解释也为众多的中国作者所接受。著作被译为中文的其他日本作者还有山川均(1880—?)、栉田民藏(1874—1946)、桑木严翼(1885—1934)以及高畠素之(1886—1928)——他是《资本论》日文版的译者。②

通过这些日本作者,中国的马克思主义者开始熟悉那些大致涵盖唯物史观正统思想的马克思、恩格斯的著作。马克思最具说服力的历史理论论述——《政治经济学批判导论》(以下简称《批导》)的序言,早在1920年《建设》发表的一篇河上肇的译文中就已出现了。③ 由于这是一篇河上肇认为特别重要的文献,它被收入许多河上肇被译为中文的文集中,同时也被印行于多种期刊上。④《建设》上的河上肇文章还大量引用了《资本论》里与历史相关的论述。曾在20世纪最初的10年被部分译为中文的《共产党宣言》,这时也被全文翻译。中国的马克思主义者也通过《社会主义从空想到科学的发展》(此文曾在1912年被部分地翻译过⑤)接触到恩格斯的马克思主义思想。胡汉民在其1920年的《唯物史观批评的批评》一文中,广泛援引了《神圣家族》、《哲学的贫困》、《共产党宣言》、

---

① 此时,河上肇自己也才刚刚转向马克思主义。尽管他的著作展现出对于唯物主义理论问题的知晓,但是他的解释却缺乏深度。一位传记作者甚至质疑他的马克思主义理论程度。参见 G. Bernstein(伯恩斯坦),"Kawakami Hajime: A Japanese Marxist in Search of the Way"(《河上肇:寻求道路的日本马克思主义者》),载 B. Silberman and H. Harootunian (eds.)(西贝曼和哈鲁特年编),*Japan in Crisis*(《危机中的日本》)(Princeton: Princeton University Press, 1974), p. 89。
② 这些文章大部分都发表在一些并不一定是持马克思主义立场的期刊上,其中比较集中的有《新青年》、《东方杂志》和《学艺》。
③ 河上肇,《见于资本论的唯物史观》,载《建设》2卷6期(1920年8月1日),页1151—1171。
④ 例如可以参看《经济学批评序中之唯物史观》,载于《学艺》4卷1期(1922年7月)。
⑤ 发表于《新世界》,参见张静庐,《中国出版史料(补编)》(北京:中华书局,1957),页442。

《工资、劳动和资本》、《路易·波拿巴的雾月十八日》、《批导》、《资本论》。① 这些著作在这一时期中国知识分子的论述中被反复提及,使得所有对马克思历史思想感兴趣的人都能接触到它们。

到 20 年代中期,唯物主义理论应用的实例和晚近马克思主义理论家关于唯物史观的论文也已经介绍入中国。1920 年左右,恽代英翻译了卡尔·考茨基的《阶级斗争》;戴季陶也依照日文译本转译了考茨基的《马克思的经济学说》,以《马克思资本论解说》为名发表在《建设》上。② 王宜昌(他提供了大量的有关马克思主义在此时的状况的信息)指出恩格斯的《家庭、私有制和国家的起源》也已在 1925 年左右译介入中国。③ 由于俄国马克思主义者对中国唯物主义思想的影响,他们对经典的注释具有更为重要的意义。李又宁通过与早期社会主义者的访谈发现,代表了苏联官方观点的布哈林和普列奥布拉任斯基(Preobrazhensky)所著的《共产主义 ABC》是此时关于马克思主义的知识的一个非常流行的来源。④ 与唯物主义理论尤其相关的是布哈林的《历史唯物主义》,它被瞿秋白以《社会科学概论》为名改编为中文。⑤ 波格丹诺夫的《经济科学大纲》也在 1925—1927 年间部分地被译为中文,一些中国作者还试图将波氏的观点应用于中国,但是这本著作的影响直到 1927 年后才真正地发挥出来。⑥ 在《新青年》1926 年 5 月号中,发表了对卜克洛夫斯基的《俄国简史》的介绍,这是 1927 年之前少数的关于历史构成(historical

---

① 《建设》1 卷 5 期(1919 年 12 月 1 日),重印于胡汉民的著作《唯物史观与伦理底研究》(上海,1925)。
② 《建设》1 卷 4、5、6 期(1919 年 11、12 月,1920 年 1 月)和 2 卷 2、3、5 期(1920 年 3、4、6 月)。
③ 王宜昌,《中国社会史论史》,载于《读书杂志》第 2 卷第 2—3 期合刊,页 19。
④ Li Yu-ning(李又宁), The Introduction of Socialism to China(《社会主义之传入中国》),p. 110. 我所见的最早的涉及这本书的记录是在《新青年》9 卷 5 期(1921 年 9 月 1 日)的一个广告上。
⑤ N. Bukharin(布哈林), Historical Materialism(《历史唯物主义》)(New York：Russell and Russell，1965)。
⑥ 王宜昌,《中国社会史论史》,页 19—20。

formation)的讨论之一。① 最后,有一位非马克思主义的理论家——塞利格曼(E. R. A. Seligman)值得在此提及,他的《历史的经济学解释》(*Economic Interpretation of History*)为此时的中国知识分子提供了丰富的唯物史观解释。

这些广泛的(也许是零碎的)选本传输了一个相当不错的唯物主义理论的纲要性见解。与他们的前人比起来,20年代早期的中国作者,认识到了历史对于马克思主义理论的重要性,并对唯物史观对于社会分析的暗示留下了深刻的印象,尽管他们的兴趣最初是在一种哲学的层次上表现出来。此时中国知识分子可以接触到的马克思主义的材料使他们得以理解历史对于社会分析的中心性。前面所提及的河上肇的那篇文章,就是为了表明经济分析与历史分析的不可分离性,他在全文反复地强调这一点。栉田民藏的一篇文章,在审查了历史在马克思著作中所发挥的作用后,得出了"马克思主义理论与唯物史观相起落"的总结。② 中国作者中,在史学方面最多产的是李大钊。他不仅确定了史学于马克思主义理论中的中心性,而且视唯物史观为马克思最为重要的思想贡献。③ 他指出,马克思,比任何人都更加紧密地将历史学与社会学融合在一起,并以此第一次展明了历史的自主性。在马克思之前,历史被限于对伟人和政治的研究,对政治和神学的关注统治着历史研究。④ 马克思指明了历史变化的社会根基,并将所有的社会生活现象包含于历史学之内。他

---

① 《马克思主义的历史研究观》,王伊维译,载于《新青年》季刊(《新青年》月刊的后继者)。值得注意的是译者简单地视卜克洛夫斯基的观点为"马克思主义的"。20年代中期关于社会结构的其他讨论还有:周佛海,《生产方法之历史的考察》(乃是 H. M. Hyndman 的 *Socialist Economics* 第一章的译本),载于《新青年》季刊第3期(1924年8月1日);蒋光赤(慈),《经济形式与社会关系之变迁》,载于《新青年》季刊第2期(1923年12月20日)。
② 《唯物史观在马克思学上底地位》,施存统译,《东方杂志》第19卷第11期(1922年6月10日),页33—46。引文见页46。
③ 李大钊在其多篇文章中都讨论了这一问题,最早也是最直接的一篇是《唯物史观在现代史学上的价值》,载于《新青年》8卷4期,页515—520。
④ 载于同上注所引期刊,页517。

诗意地描绘了唯物史观在证明生命之统一上的胜利——第一次通过给出真实的历史解释和将过去、现在、未来联系在一起的纽带,承诺了人类的解放。①

中国知识分子对于唯物史观的崭新的兴趣,也在用马克思主义视角来检视中国现实问题的直接的(也许也是短命的)努力中明显地表现出来。第一次明确声称是在马克思主义鼓舞下进行的历史分析,在俄国革命的余波中出现。1919 年 9 月,《建设》发表了戴季陶的《从经济上观察中国底乱源》。② 接下去的几个月中,《建设》又发表了胡汉民关于中国思想史和中国宗族组织演进的两篇长文,这是这一时期将唯物史观运用于中国历史的最具野心也最让人印象深刻的尝试。③ 李大钊发表于 1920 年的一篇文章将马克思主义分析应用于新近的中国思想变化。④ 以上这些论文基本穷尽了新文化运动时期对于中国历史的马克思主义分析。

尽管主旨分歧,作者们也大异其趣,但是这些将唯物史观运用于中国历史分析的最初尝试仍有两个明显的共同点。首先,他们有选择性地使用马克思主义,自由地将马克思主义的概念和来源于其他原始资料的社会经济概念混合在一起。其次,他们主要聚焦于经济混乱和制度、思想变革之间的关系,却都绕过了马克思主义历史理论最根本性的问题,特别是历史上的阶级关系的作用以及它们的结构表现——与特定阶级关系对应的社会结构。

对于概念的选择性使用为以下这个疑问提供了一种解释——为什么这些作者在形式上都公开承认忠于马克思主义,但是他们的理论分析

---

① 载于《新青年》8 卷 4 期,页 518。
② 戴季陶,《从经济上观察中国底乱源》,载于《建设》1 卷 2 期(1919 年 9 月 1 日),页 1—19。
③ 胡汉民,《中国哲学之唯物底研究》,载于《建设》1 卷 3 期(1919 年 10 月 1 日),页 513—543 和 1 卷 4 期(1919 年 11 月 1 日),页 655—691;《从经济的基础观察家族制度》,载于《建设》2 卷 4 期(1920 年 5 月 1 日),页 731—777。
④ 李大钊,《由经济上解释中国近代思想变动之原因》,载于《新青年》7 卷 2 期(1920 年 1 月 1 日)。此处参考的乃是后收入其文的《李大钊选集》(北京:人民出版社,1962),页 295—302。

并不容易被认为是马克思主义的。戴季陶陈明了使用马克思的方法对于理解中国社会危机的必要性,他援引马克思、恩格斯、考茨基的论述以支持其特定的结论,但是他也主张将达尔文的方法与马克思的方法结合在一起。在他的思想大杂烩中,孙中山关于"民生"的论述是最显著的——无论是在戴关于中国混乱的根源的解释上,还是他所提出的减轻苦难的救治之方中,都是如此。① 到1920年已经明确信奉马克思主义的李大钊,在其对概念的运用中,甚至表现得比戴季陶还要兼收并蓄:他自由地将马克思主义与斯宾塞的社会达尔文主义、孟德斯鸠和巴克(Buckle)的地理决定论混合在一起。② 胡汉民也是如此。他清楚地表明其对唯物主义历史观的支持,但是他的分析并不排除对其他社会学理论的使用。特别是在他关于家族的研究中,对于德国社会学家格洛斯(Ernst Grosse)的依赖要更甚于马克思。他大量地应用得自19世纪晚期社会学理论的丰富见解,而只是程度轻微地(如果不是完全不)应用马克思主义。③

这些作者主要也并非对用中国社会检验马克思主义的理论公式感兴趣,他们在唯物史观中寻求的毋宁说是对于统治着新文化思想布景的信念的证明。戴季陶聚焦于"民生"与秩序的关系,他的论文致力于证明,无论是过去还是现代的中国,混乱(他将其等同于革命)产生于人民

---

① 戴季陶,《从经济上观察中国底乱源》,载于本书页23注②所引期刊,页11;亦可参见页1与页6。
② 李大钊在从中国社会的农业基础解释家族的力量时,他反过来将之归因于中国处于"南方气候带";同理,他认为,中国的自然资源十分丰富,这消弭了阶级斗争的需要。他用严复关于静态与动态文化的区分来比照东方与西方文明。关于严复的区分,参见 Benjamin Schwartz(史华慈), *In search of wealth and power: Yen Fu and the West*(《寻求富强:严复与西方》)(Cambridge, Mass.: Harvard University Press, 1964)。
③ 胡汉民参考的是格洛斯(Ernst Grosse)1896年出版的 *Die Formen der Familie und die Formen der Wirtschaft*。他将格氏关于宗族演进的分类运用为四种历史形式,参见《从经济的基础观察家族制度》,载于本书页23注③所引期刊,页741。这篇文章还提及恩格斯、华德(Howard)、维士德马力(Westermaarck)、士他尔奇(Starcke)、麦连拿(Mclennan)、摩尔根(L. H. Morgan)、鲁伯克(J. Lubbock)、休摩拉(G. Schmoller)等19世纪和20世纪初期的社会学家和人类学家,他们中的大多数仅有轻微的马克思主义倾向。

生计的不稳定,而这又是由自然灾难和无节制的苛刻剥削等极端情况而引发的财富分配过分不均所导致的。① 李大钊的主要兴趣是在中国家族的命运,他和其他新文化知识分子都视家族为滋生和积存儒家思想价值的土壤。他的论文视父权家族为农业经济的衍生物;并预言随着中国的工业化进程,这种家族类型将消失,儒学对于中国思想的支配地位也将与之俱殁。"经济变革是所有思想变革的原因"——这个理论前提代表了唯物主义对李大钊的理论分析的影响程度。②

同样的理论前提也反映在胡汉民的论断"物质生产的方法的变革引发所有社会关系的变革"以及文化中思想与态度成分的变革。③ 胡汉民关于中国哲学和中国家庭演进的研究值得我们更详尽地加以讨论,这不仅因为其较其他分析复杂得多,而且因为其代表了唯物主义方法在中国历史分析中的第一次真正应用。不像戴季陶和李大钊的兴趣主要在当代社会,胡将其分析延伸到中国的历史;不像戴与李仅仅是提到了唯物史观,胡在其关于中国哲学的论文的序言中不仅明确地指明他接受历史的唯物主义的解释,而且提出了一个方法论的纲要,列举出那些他所认为的构成唯物主义方法本质的原则;相较戴、李二人,胡的分析对于经济变革与社会组织和哲学的相互关系的细节问题也要注意得多。然而不管怎样,胡的论文在主题及其对马克思主义中的历史因果律的理解上与戴、李的论文有很多的共同之处。他关于哲学的论文旨在表明:由于思想家转向寻求社会组织的新原则,不稳定的时期促发了思想的多样性;而由于思想家屈从于政治权威、思想让位于政治的急需,稳定时期则限制了思想的创造性。④ 他关于家族的论文认为,贯穿历史的血族关系组

---

① 戴季陶,《从经济上观察中国底乱源》,载于本书页23注②所引期刊,页10。
② 李大钊,《由经济上解释中国近代思想变动之原因》,载于本书页23注④所引期刊,页296。
③ 胡汉民,《中国哲学之唯物底研究》,载于《建设》1卷3期,页513—514。
④ 载于同上注所引期刊,页514。

织的不同形式依靠的是占优势的经济体系所要求的劳动分工。① 尽管胡的分析非常富于解释力和独创性,然而其解释并不特别地是马克思主义的。他关于社会变革产生于社会关系和经济变革导致的物质生产不和谐的论断,只是马克思有关生产方式和生产关系的矛盾是社会革命的源泉并保证历史的进步这一理论前提的高度稀释的表达形式。更重要的是,在强调经济作为历史变革的原动力时,胡的解释掩饰了生产方式和生产关系之间的辩证关系,这是马克思主义历史理论最富于问题性的方面之一。由于忽略了这种关系的辩证性质,胡实际上否认了生产关系作为历史变革的源泉之一所发挥的独立作用。

我们甚至可以这样说:在这些早期的分析中,唯物史观呈现为建基于经济变革之上的进化论的一种理论变体。所以这些作者都强调经济对于社会、政治、意识形态的稳定或变革的重要性;他们很少注意历史上的阶级关系问题,因而,也很少领会到有关马克思主义范畴在中国历史的运用中的困难。这种态度部分地反映出中国知识分子对于他们所能得到的马克思主义原始资料的解释,也标示出20年代早期中国知识分子对于马克思主义的兴趣的局限。

中国的马克思主义者通过前述那些马克思、恩格斯著作尤其是《批导》序言熟悉了唯物史观的基本观点。然而,他们公式化的措辞,使他们的思想带上了机械的甚至是图式化的性质。② 施存统是这一时期较为活跃的马克思主义的著译者之一,他以下关于唯物史观基础的论述,给了我们一个其时所盛行的唯物主义理论气息的基本印象:

> 要讲唯物史观在中国底运用,非先了解唯物史观不可。唯物史

---

① 胡汉民,《从经济的基础观察家族制度》,载于本书页23注③所引期刊,页741—755。
② "公式"这一术语事实上被用于此时的许多理论讨论,这很可能是受到了河上肇的影响,他经常使用这一术语(请注意本书页20注④所引的文章)。至于一个中国作者(他的观点建基于河上肇的论点之上)对于"公式"所作的方法论研究,参见高一涵,《唯物史观底解释》,载于《社会科学》季刊2卷4期(1924年7—9月),页473—487。

观底要义,大要如左:(1) 经济组织(生产及分配方法),是社会组织底基础,一切法律、政治、宗教、艺术、哲学等精神的文化,都是筑在这个基础上面的"上部构造"。(2) 社会底"物质的生产力"发达到一定的程度,就要同既存的生产关系发生冲突。只有解决了这个冲突,社会才有进步。社会革命,为的是解决这个冲突。这个冲突解决了,经济的基础变动了,于是那些上部建筑也都跟着变动了。(3) 一切精神的革命(不管是法律的、政治的、宗教的、艺术的、哲学的),根本原因,都基于生产力和生产关系(或财产关系)底冲突。人类因为要解决这个冲突,所以才发生了精神的革命。一切"危险思想",都不过是经济事情底反映。(4) 一切革命的阶级斗争(不论政治的、经济的、思想的),其根本原因,都源于生产关系和生产力底冲突。人类越是意识了这个冲突,越努力阶级斗争,也就越能早一天解决这个冲突。(5) 一切问题,只有具备了,"物质的条件"时,才能够解决。①

这种按部就班的教科书式的方法,令人想起胡汉民的唯物主义方法的纲要。它建立起严格的因果关系层次,取消了在唯物史观中提供历史发展驱动力的经济与社会之间的动态张力。中国的马克思主义者意识到了社会作为一个在发展的辩证法中与经济具有同等地位的成分的重要性,②但是唯物史观最吸引他们的特色似乎是"历史的经济解释"。在对经济方式的社会表现的描绘中,他们很少提及阶级关系,而是更经常地使用"社会组织"这个更宽泛的词——它虽并不必然将"阶级"排除在外,但是也没有对"阶级"在历史发展动力中的首要作用给予任何的提示。

---

① 施存统,《唯物史观在中国的应用》,《社会主义讨论集》(上海:新青年社,1922),页 429—430。
② 这一区分仍是由河上肇在《建设》的中译文中所作出并进而加以反对的,不过河上肇在该文中忽视了社会的问题。另外一个例子可以参见山川均,《从科学的社会主义到行动的社会主义》,载于《新青年》9 卷 1 期(1921 年 5 月 1 日),页 7—10。

这种态度反映了中国人乃是通过他们所能得到的二手(通过日文翻译再转译而来)资料对唯物史观作出阐释。河上肇虽然对马克思主义关于历史发展动力的理论有所认同,但是他几乎完全忽略了历史发展中社会关系的作用,而主要聚焦于生产力(他将其等同于技术)的起因性的作用。① 即使在他明白地讨论生产关系时,也仅仅是抽象地提及"社会组织",他仔细地论及生产关系是否包括讯息(Communications)、交换和分配,而只字未提阶级。② 日本的评论家指责河上肇对社会关系缺乏注意。一位研究日本思想的西方史学家则意味深长地指出:河上肇有关历史发展的方法更接近塞利格曼,而非马克思。③ 同样的倾向也反映在布哈林的《历史唯物主义》(这是此时中国人能获得的唯一的一本源于欧洲的正式的马克思主义专著)对历史发展动力的处理中。瞿秋白对于此书的中文改编本——《社会科学概论》甚至更为强烈地声明了这一点。所谓的"工具史观"支配了瞿的全书,书中展现了一种完全基于技术积累的历史发展模式,而这种积累是通过劳动推动生产力发展而达致的。④

这些著作给我们的总体印象是:唯物史观只是建立在技术进步基础上的进化论的一种形式,而且不少中国作者本身也注意到了马克思主义和进化论之间的对应。⑤ 他们很少意识到唯物史观和强调经济的社会基

---

① 《唯物史观中所谓"生产"、"生产力"、"生产关系"的问题》,载于《学艺》4卷3期(1922年9月1日)页1—18,尤其是页12。
② 载于同上注所引期刊,页15—18。
③ Gino Piovesana(皮尔维萨纳),*Recent Japanese Philosophical Thought*,1862—1962(《晚近日本哲学思想》)(Tokyo:Enderle Bookstore, 1963),p. 171.
④ 参见布哈林《历史唯物主义》和瞿秋白《社会科学概论》(上海,1949,页17—19,尤其是图表部分)。
⑤ 高一涵简单地将马克思主义描述成进化论,参见《唯物史观底解释》,页481。瞿秋白的书也给人同样的印象,布哈林自己也承认革命并非变革所必然需要的(《历史唯物主义》第8章)。革命者拒绝将马克思主义视为一种进化论,但他们视进化论为唯物史观另一内容,而唯物史观与马克思主义是略有区别的。参见蔡和森和陈独秀在《新青年》上的通信,载于《新青年》9卷4期,页555—560。蔡表示马克思综合了"进化和革命"。有趣的是蔡将唯物史观和阶级斗争作为马克思主义的两个成分而分离开来,这使人联想起塞利格曼的区分。

础的19世纪下半叶欧洲社会学和人类学研究的不同。① 然而,在将唯物史观简化为其经济成分方面走得最远的是塞利格曼的著作。塞利格曼对于中国唯物主义思想影响的直接证据只在一位重要的马克思主义者——李大钊身上可以找到(此时李不仅是马克思主义者还是一位坚定的共产主义者),不过这时的许多中国论者所采用的方法都让人想起塞利格曼的唯物史观观点。② 李大钊对唯物史观的评价几乎完全得自塞利格曼的《历史的经济解释》。塞利格曼不仅贬低了阶级分析在唯物史观中的重要性,他甚至将马克思身兼社会学家和经济历史学家这一事实视为一种巧合。③ 在他看来,马克思最大的贡献在于构想出一套关于社会组织的整体观点,并将经济作为其基础的驱动力。在塞利格曼的著作中,马克思是一个杰出的历史方法的倡导者,这种方法注入了19世纪下半叶欧洲和美国的社会学。④ 这些看法得到了李大钊的呼应,他甚至赞同塞利格曼,认为"历史的经济解释"比流行的"唯物史观"更好地描述了马克思的理论,并认为后者未能明确地将马克思主义的唯物论与其他的有关社会的唯物主义解释区分开来。⑤ 尽管李大钊在形式上强调了马克思主义理论中社会学解释的重要性,但是他并未详细阐释在其论述和上文刚刚讨论过的分析中发挥着历史推进力作用的社会机制。

即使可获得的文本资料使得中国知识分子倾向于将马克思主义解释为一种经济的进化论,但显然并不是因为缺乏对于马克思主义社会学概念的了解,才使得诸如李大钊、戴季陶、胡汉民这类的马克思主义者忽

---

① 此前讨论的关于唯物史观的应用都是如此。
② Edwin R. A. Seligman, *The Economic Interpretation of History*(《历史的经济解释》)(New York: Columbia University Press, 1924; first published in 1902).
③ 同上书,页108—109。
④ 同上书,第2部分第6章。亦可参看第1部分,塞利格曼将唯物主义简单地视为一种社会学的新思潮,马克思主义仅是其中一个,纵然是最强有力的一个代表。
⑤ 李大钊,《唯物史观在现代史学上的价值》,载于本书页22注③所引期刊,页515。

视了对阶级的分析。1927年之后那些最初转向历史分析的马克思主义者,尽管在理论复杂性的把握上要更全面一些,也并不比这些早期的马克思主义者在对马克思主义经典文献的熟识方面要强多少。李大钊是此时共产党的一位领袖,在党内,阶级斗争有可能就是日常争论的问题之一。胡汉民和戴季陶则属于20年代早期最见多识广的马克思主义者之列。在此,通过分析他们对马克思主义的使用我们不难得知:阶级只不过不是当时的议题——这也能从当时其他马克思主义者的著作中得到证实。在这方面,当时论者对于胡汉民研究的反应可以给我们一些启发性的见解。

和戴季陶一样,胡汉民在其文中提及阶级,只是要否定阶级冲突是中国历史上的一个重要资料。① 胡的这一论述本身影响深远,因为它为20年代晚期国民党马克思主义者的中国历史分析描绘了一个基本假定。胡并没有详细阐述他否定中国历史上存在阶级冲突的理由;不过更有意思的是,当时他的论述在其他马克思主义者中并没有引发任何有意义的回应,而1927年之后国民党马克思主义理论家类似的论述却在很大程度上触发了"社会史论战"。胡汉民的文章引起的唯一反应是胡适给《建设》编辑的一封信,批评胡汉民未经怀疑就肯定作为周代经济基础的井田制的存在。② 胡适质疑与井田有关的历史资料的真实性,并将其归为孟子的乌托邦式的想像。胡汉民和匆忙投入辩论的国民党理论家们,以类似井田的制度在汉代早期仍是典型的这一论据为基础试图进行反驳。然而,他们对胡汉民论点的经验基础的并不太成功的辩护,却凸显出胡的论点就其社会学有效性而言是暗淡的。③ 在随后的所谓"井田之辩论"

---

① 胡汉民,《中国哲学之唯物底研究》,载于《建设》1卷4期,页657。戴季陶,《从经济上观察中国底乱源》,载于本书页23注③所引期刊,页10。
② 载于《建设》2卷1期(1920年2月1日),页1—4。
③ 关于这一论争,参见《井田制度有无之研究》,载于《建设》2卷1期(1920年2月1日),页149—176;2卷2期(1920年3月1日),页241—250;2卷5期(1920年6月1日),页877—914。

中,辩论基本上是在胡适所设定的框架内进行;从更广泛的意义而言,是在新文化运动时期思想关注点——对于既有传统的准确性的质疑——所设定的框架内进行。而不出十年,当新一代的马克思主义者发现了历史资料的意识形态涵义的时候,论争的基调就改变了:这回轮到胡适要去证明井田制与历史事实无关,证明井田制并非对过往社会制度的缅怀,而只是一套乌托邦式的梦想了。

如果不算致力于捍卫共产主义的政治小册子,这一时期的马克思主义者在唯物史观中寻求的,是对支配新文化运动思想布景的那些问题的解答。这时所产生的政治分析很少包含社会分析的成分,更多的是将列宁关于帝国主义入侵下的非欧社会的阶级结构和政治组织的观点搬到中国来,以捍卫共产主义和布尔什维克组织,并反对无政府主义者和自由的社会主义者(参见第三章)。① 为数不多的马克思主义社会分析也都忙于当时的思想急务——思想变化与物质变化的关系、唯意志论与决定论、道德的性质、氏族组织的基础——这些当时马克思主义者的主要议题,使得其时对历史上的社会构成和阶级关系的稀疏兴趣黯然失色。中国知识分子在马克思主义中发现了对于思想、价值和社会组织的功能性的解释,它加强了新文化运动所认为的传统价值与制度在当代中国无效的理论表述。新的出发点以跨历史的诉求来拒斥中国传统,这比起以源于西方价值的名义对中国传统的自由主义式的攻击,要显得更为合理和更具确定性——通过辩论传统的史实性(historicity),唯物主义的观点使得东方与西方之间的冲突成为多余。马克思主义论者将传统的价值与制度交付给社会的上层建筑,并预言当一种新的经济结构取代旧的经济结构时,传统的价值与制度就会"自然地"灭亡。他们认为价值代表了特定的社会历史需要对精神生活的投射;当生活的物质基础改变时,旧的价值就失去了它们的作用,向更适合新社会的物质生计的价

---

① 这些论文结集出版为《社会主义讨论集》。

值让步。① 五四时期马克思主义的直接的影响,是通过规定出一个经济维度的社会进化,巩固并丰富了其时盛行的达尔文主义的社会变革观。

同时,在将历史和社会的沉重感引入关于社会变革的对话方面,马克思主义者的论点又代表着对新文化运动思想的一种背离。这种沉重感在当时非马克思主义思想家的著述中是找不到的。当诸如李大钊、胡汉民等马克思主义者不太情愿地接受唯物史观的确定性的暗示时,他们的论点已经含蓄地挑战了新文化运动所认为的通过大众启蒙可以达致社会变革的信念。② 如果传统社会的灭亡最终取决于经济的变革,那么一个新社会的创生同样要等待物质条件的变化,并不能如新文化运动的自由主义者所表明的那样,可以单独通过教育的手段来达到。唯物主义将历史与物质的因素是社会变革的先决和制约条件这一意识引入政治话语,这在此后十年间变得越发明显。

20世纪20年代中期的社会政治、社会学和马克思主义理论

在20年代中期,当城市的群众运动呈现出一种激进的性质时,中国社会的革命化进程变得日益明显,这导致了中国知识分子对变革的思想的再定位。关于社会和社会问题的著作的突然增长,是此时中国思想所发生的

---

① 参见李大钊,《物质变动与道德变动》,载《新潮》2卷2期(1919年12月),页207—224。李大钊将达尔文与马克思的观点结合在一起,用以解释道德的历史性。他认为,道德不过是一种"社会本能",其主要功能是维持社会的内聚力;一旦社会变迁,旧道德也将随之失效、消亡。胡汉民声称自己受到李大钊文章之影响(参见《井田制度有无之研究》,《建设》2卷5期,页872)。他较李更近一步,认为道德只是阶级的道德,旨在维护统治阶级的权力。参见《阶级与道德学说》,收入胡汉民著,《唯物史观与伦理的研究》,页221—224、225。
② 就算那些对进步和历史的结果采取一种非常确定的态度的人也是如此。参见蒋侠僧,《唯物史观对于人类社会历史发展的解释》,载于《新青年》季刊第3期(1924年8月1日),页356—372。关于李大钊思想中决定论与意志论之张力的讨论,参见 Maurice Meisner(莫里斯·迈斯纳),*Li Ta-chao and the origins of Chinese Marxism*(《李大钊和中国马克思主义的起源》)(Cambridge, Mass.: Harvard University Press, 1967)。

社会学转向的最明显的表征。自由主义社会学家也加入马克思主义者的行列,一起揭露中国社会的腐朽与堕落。他们认为,如果这种现状维持不变,将中国社会维系在一起的脆弱的纽带就会突然折断。尽管自由主义者不像马克思主义者那样视社会矛盾为一种必须铲除的罪恶,而是视之为普遍的社会解放的一种先兆;然而他们对于"社会"这一意识在中国知识分子中的传播贡献良多。在 20 年代政治岁月中成长起来的一代中国知识分子,较他们的前辈更为关心社会的变革,其结果,与马克思主义的要旨也更为合拍。正是通过这一代人,马克思主义理论融入了中国社会思想。

  推进新一代中国激进主义者前进的基本问题,已经被其世纪之交一代的前辈阐发过了——如何将中国建构为一个民族国家,如果用当时人的话来说,就是"中国问题"。然而,这一代与其前人的不同之处,在于他们对问题的深度的认识。如果就图式化这一点来说,第一代的激进变革者专注于政治制度问题,第二代关注继承传统的价值问题,第三代则将目光投向了解决所有其他问题的社会的深层结构(substructure)。① 此前的激进主义者苦恼于"中国性"(Chineseness)的抛弃本土传统的涵义,政治论争亦围绕变革在制度和思想价值方面的结果而展开。新的一代,在即将来临的岁月中,吸收了胜利的现代派的论点,将对于传统或民族认同的关注贬抑到第二位,而转向寻找以往改变中国的努力之所以失败的潜在的社会原因。② 通过 20 年代中期的总体的社会动员,"社会问题"成为中心关注点,中国知识界对于社会和社会力量的意识大大提高了。这一建立在政治辩论基础上的转变,对于马克思主义思想在中国知识分

---

① 这种划分并非是截然的。在经历紧要变革的短时的跨度内,各代知识分子在思想态度上存在相当大的交迭。不过就思想的重点而言,这样的区分仍然是可能的。
② 前代人曾认为是有疑问的问题,新一代则认为是理所当然的。对于大多数的马克思主义史学家而言,1923 年的人生观论战可能是一个转折点。王礼锡后来描述,人生观论战是社会史论战之前最为重要的思想论辩,它代表着科学对玄学、唯物辩证法对形式逻辑的胜利。转化成我们这里所讨论的关注点变化问题,王礼锡认为随着 1923 年人生观论战的胜利,关注点由思想问题转变为"中国的实际的动的社会"。王礼锡,《中国社会史论战序幕》,载于《读书杂志》第 1 卷 4—5 期(1931 年 8 月)。

子中的作用产生了重要的影响。

"社会问题"作为一个政治现实与思想关注点的出现,乃是五四新文化运动的一个副产品。这并不等于说早前的激进主义者完全忽略了政治变革的社会向度。无政府主义者在20世纪最初10年就已经开始坚持社会变革的重要性——尽管其时社会变革并非政治的一个方面而是一个代替物。① 与此同时,梁启超与同盟会的革命者辩论"社会问题",但是值得注意的是,他们在很大程度上辩论的乃是远景纲要而非当下的现实问题,而且双方都同意中国当时并没有急需注意的社会问题。② 讽刺的是,那些坚持个人自由对社会的优先性的新文化运动思想家,恰恰也表明了"社会问题"的重要性。新文化运动的要旨,是认为在国家政治组织的任何有意义的、持久的变革得以取得之前,民众的思想必须先改变。③ 它为自己设定了通过教育创造一代新的自由青年的首要任务。对于传统价值的质疑使得新文化运动的思想家们无情地将目标指

---

① R. A. Scalapino and G. T. Yu(斯卡拉皮诺和于子桥),*The Chinese Anarchist Movement*(《中国无政府主义运动》)(Berkeley: University of California Center for Chinese Studies, 1961), pp. 9—13, 18.
② 参见本书页19注②之引文。李大林(Ta-ling Lee)注意到,尽管改良主义者和共和主义者辩论了社会革命的问题,但是他们在这点上的分野决非不能弥合的,而且这与他们在政治制度方面的分野比起来是次要的。参见 *Foundations of the Chinese Revolution*, 1905—1912(《中国革命之创基,1905—1912》)(New York: St. John's University Press, 1970)。有趣的是梁启超用以反对同盟会鼓吹的社会纲要的论点,与20年代国民党理论家反对共产主义者所用的论点几乎是相同的。
③ 这甚至也是陈独秀——这位后来的马克思主义者的态度。在《新青年》1卷6期(1916年2月15日)的一篇文章中,陈指出"伦理觉悟乃是最后觉悟之觉悟"[转引自 Kiang Wen-han[江文涵(音)],*The Chinese Student Movement*(《中国学生运动》),p. 32]。在《旧思想与国体问题》一文中,他认为除非民众的旧思想已经被清除,否则政治的重新组织将是徒劳的。参见《新青年》3卷3期(1917年5月1日),页207—209。关于思想变革对于社会变革的优先性的进一步的讨论,参见吴康,《从思想改造到社会改造》,载于《新潮》3卷1期(1921年10月1日),页25—52;以及陈达材,《社会改制问题》,载于《新潮》2卷1期(1919年10月13日),页23—28。这些作者也都认为思想变革应优先于社会变革。关于新文化运动对思想变革的强调,参见 Benjamin Schwartz(ed)(史华慈编),*Reflections on the May Fourth Movement*(《五四运动反思》)(Cambridge, Mass.: Harvard University Press, 1972)和 J. Grieder(格里德),*Hu Shih and the Chinese Renaissance*(《胡适与中国的文艺复兴》)(Cambridge: Harvard University Press, 1970)。

向那些使其永续相传的传统社会组织。对于新知识分子而言,最关注的社会问题就是传统的家族组织以及妇女社会地位这两个与青年解放息息相关的问题。然而,即使是这些有限的关注,也产生了一个更强烈的改变社会制度的需要意识。决非偶然的是,中国知识分子,包括自由主义者和其后的共产主义者,欢呼1917年俄国革命是全球社会革命这一未来潮流的先兆。① 这一发展也成为1919年之后知识分子冲突的潜在根源,造成了那些继续坚持思想优先性以达到有限的社会变革的知识分子和那些逐渐转向社会变革的直接实现的知识分子之间的分裂。②

当城市的群众运动将一种社会意识逼入中国知识分子的政治思考时,总体社会问题对于政治问题的相关性日益明显,而且社会问题呈现出一种更大的范围和更为强烈的迫切性。社会动员增强了那些宁愿采取急速的社会革命手段、反对通过教育进行渐进变革的人的力量。群众运动随着五四运动而兴起,尤其是在1925年的五卅事件后快速发展,改变了中国政治的性质和知识分子对于政治变革的概念化认识。③ 此后,

---

① 李大钊欢呼俄国革命的胜利,认为它作为一次伟大的社会主义革命,结束了法国革命所肇始的政治革命时代,开创了人类历史的新纪元。参见《法俄革命之比较观》,载于《李大钊选集》,页101—104(此文于1918年7月首载于《言治》季刊第3册)。自由主义者对于俄国革命采取了同样的态度,蔡元培这样评论俄国革命与中国的相关性:"自从欧洲思想传入中国,中国在社会、经济和政治各方面都发生了变革。1911年的中国革命是一场政治革命,而现在则是朝向社会革命的方向发展。俄国为中国提供了一个很好的榜样和借鉴,因为它同样是以一场政治革命开始,而终演变为一场社会革命。请接受一个学生对老师崇高的敬意!"见 *China Christian Year Book*(1923)(《中国基督教年书1923》),页858,转引自Kiang Wen-han[江文涵(音)],*The Chinese Student Movement*(《中国学生运动》)。亦可参看傅孟真,《社会革命——俄国式的革命》,载《新潮》1卷1期(1918年11月),页128—129;罗家伦,《今日之世界新潮》,载《新潮》1卷1期(1918年11月),页19—24。
② 周策纵,《五四运动》(斯坦福:斯坦福大学出版社,1967),页225—226。周策纵视五四之后的思想变迁为从文化思想的到政治的重点转换。这种解释只有当"政治的"一词取狭义解时才是有效的,如果我们认识到新文化运动的思想家的文化主张同样具有政治上的启示与结果,那么将这一变迁描述为从文化思想的到社会的重点转换将是更为准确的。
③ 参见罗家伦,《一年来我们学生运动的成功与失败和将来应取的方针》,载于《新潮》2卷4期(1920年5月),页846—861,特别是页847—850。亦可参见沈中宄,《五四运动之回顾》,载于《建设》1卷3期(1919年10月1日),页599—612。

中国政治的支配范式是社会学的。自由主义者和激进主义者均同意政治变革需视社会变革的情况而定,并将社会作为他们政治分析的共同的出发点。①

新的观点反映在对社会学和社会科学兴趣的高涨,激进主义者、自由主义者、西方学者和中国的社会工作者共享了这一思想旨趣。1925年之后,关于社会学和社会问题的课程进入大学甚至是中学的课程设置。② 政府性机构和新兴的社会学组织开展了深入的社会调查,这不仅提供了关于中国社会的具体资料,而且揭示了中国社会问题的深度。③ 同时,社会学书籍和文献的出版也繁荣起来。当时一位作者Y. T. 吴,将"所谓新兴社会科学出版物的增长"描述为"1925 五卅事件后最显著的潮流"。④ 新潮流在20年代晚期达到其高峰。吴注意到,"在1928年春至1930年夏出版的近400本新书中,80%是译著,20%是本土著作,70%是关于社会科学的书,20%是通论或文学性的书诸如小说、诗歌、小品文等等"。⑤ 张静庐在其晚近关于中国出版史的研究得出的结论认为,1929年是社会科学在中国的一个历史"转折点"。⑥

对社会学和社会问题的兴趣在很大程度上是对中国革命态势的反应。因而,并不奇怪的是,当革命运动深化时,对于社会问题的认识有一个相应的左转,这提高了马克思主义社会学相对于其自由主义竞争者的

---

① 关于这一主题的一些自由主义的观点,参见梁任公(启超),《社会学在中国方面的几个重要问题研究举例》,载于《社会学界》第1期(1927年6月),页1—20;蔡毓骢,《中国社会学发展史上的四个时期》,载于《社会学刊》2卷3期(1931年4月),页1—33;许仕廉,《中国社会学运动之目标经过和范围》,载于《社会学刊》3卷2期(1933年3月),页1—29。在第28页,许将社会学描述为20世纪的"思想潮流"。

② 蔡毓骢,《中国社会学发展史上的四个时期》,载于《社会学刊》2卷3期(1931年4月),页22—24。

③ 载于同上注所引期刊,页25。

④ Y. T. Wu(吴),"Movements among Chinese Students"(《中国学生中之运动》),*China Christian Yearbook*, vol. 17(《中国基督教年书》卷17)(Shanghai, 1931), p. 265 (转引自 Kiang Wen-han, The Chinese Student Movement, p. 97)。

⑤ 同上。

⑥ 张静庐,《中国出版史料(补编)》卷2,页7。

吸引力。此时对于社会问题的两种明显不同的态度,可以视为是对胡适与李大钊"问题与主义"辩论①中所首次清晰阐明的两种立场的延伸。在自由的实证主义者看来,社会问题是一系列个别的问题,这也是胡适在辩论中的立场。② 解决之道也与自由主义在学理上的癖好相一致——提倡遵循政府,以渐进的、纠错的(corrective)措施舒缓问题的社会学分析。③ 激进主义者则将各种各样的社会问题视为中国社会构成中基础性、结构性衰弱的表现,并主张以革命的方式进行整体性的社会变革。在1925—1927年间,许多青年知识分子被激进主义的解决方案所吸引,这一趋向在1927年之后甚至更为显著。李欧梵在论述这一时期的文学运动时写道:"当革命处于其最低潮时,左派作家却开始大声疾呼革命文学的诉求。"④这一时期的总体思想布景也是如此。1927年国民党右转,大肆镇压革命活动,反而增强了知识分子对于革命问题的兴趣,这在左派出版物的大量增长中清楚地表现出来。⑤ 当对于革命急速失败的最初的震惊过去之后,中国知识分子一方面转向支持左派的思想运动诸如无产阶级文学运动,另一方面,更重要的是转向对于革命失败原因的探究。1927年的诸多事件使得国民党和共产党都失去了权威性,却丝毫没有减弱那些曾经在1925—1927年之间使得革命生气勃勃并动员起广大青年知识分子的社会革命目标的热忱信奉。吴这样描绘当时盛行的情绪:

> 这时社会的思想氛围开始发生变化。社会问题开始成为最前沿的问题,并支配着学生们的思考和见解。这种社会问题,并非家

---

① 关于这次辩论的讨论,参见 Maurice Meisner, *Li Ta-chao and the origins of Chinese Marxism*(《李大钊和中国马克思主义的起源》)(Cambridge, Mass.: Harvard University Press, 1967)pp. 105—114。
② 一些杰出的社会学家如许仕廉、孙本文、陶孟和关于社会问题的著作也是采取这一态度。
③ 蔡毓璁,《中国社会学发展史上的四个时期》,载于本书页36 注②所引期刊,页32 提供了有关这种态度的很好的例子。
④ Leo Ou-fan Lee(李欧梵), *The romantic generation of modern Chinese writers*(《现代中国作家中浪漫的一代》)(Cambridge, Mass.: Harvard University Press, 1973)。
⑤ 参见本书第三章。

庭、两性关系、识字率、毒品、或是某些过时的风俗的复兴这些学生们一度强烈关心的问题，而是社会的根本性重建问题。一些次要的问题依然吸引着人们的注意，不过是以一种相当不同的方式——重点是在于整体的社会结构的变革，而非在旧的框架之内的小修小补。①

对于中国问题的马克思主义解决方案，预设了社会现象和政治现象融合于一个结构性的整体中，与此时的思想风潮的总体倾向更为合拍。当社会冲突的威胁驱使大多数的自由主义者更接近保守主义的立场时，自由主义的解决方案也失去了其可信性；保守主义领袖们对于革命的背叛进一步证实了马克思关于政治斗争与社会斗争不可分离的观点。②

如果马克思主义政治思想在中国知识分子中的传播促成了社会问题和社会变革重要性的意识的深化，现在社会学则提供了使马克思主义的社会理论可以引起广大群众关注的媒介。唯物史观是这时中国大学的社会学课程中最重要的三大潮流之一。③ 马克思主义的假定和概念弥漫于社会分析之中，以致很多中国知识分子在"社会思想"（或"社会科学"）和"社会主义"之间、在"社会史"和"唯物史观"之间，很少加以区分。④ 著名社会学家孙本文在1927年抱怨当时普遍地将社会学混同于

---

① Y. T. Wu, "Movements among Chinese Students"（《中国学生中之运动》），p. 259.
② 这种担心在五四运动之后不久就表现出来了，参见本书页35注③所引罗家伦的文章。在1928年的一篇文章中，胡适将混乱描述为"最大的敌人"（《我们走哪条路》，重印于《胡适语萃》，台北，1970）。在20世纪30年代，大多数以前的自由主义者都逐渐与国民党政府合作。参见 Lloyd Eastman（易劳逸），*The Abortive Revolution*（《流产的革命》）（Cambridge：Harvard Univ. Press，1974）；C. Furth（费侠莉），*Ting Wen-chiang：Science and China's New Culture*（《丁文江：科学与中国新文化》）（堪布里奇，哈佛大学出版社，1970）；J. Israel（伊斯雷尔），*Student Nationalism in China*，1927—1936（《中国的学生民族主义，1927—1936》）（Stanford：Stanford University Press，1966）.
③ 蔡毓聪，《中国社会学发展史上的四个时期》，载于本书页36注②所引期刊，页23。
④ 本身也是一个中国思想史家的郭湛波，便是如此使用这些词语。参见《近五十年中国思想史》（香港：1965；初版，1935），页196。

社会主义。吴在1931年的文章中进一步确认了这一点。① 马克思主义的著作被简单地视为社会学著作而出版,宣扬结构性的大变革的必要性,以之为解决中国问题的唯一出路。② 根据吴的报告,1928—1930年间出版的5/7的社会科学著作(或是总共出版的400本著作中的一半)"或多或少与马克思主义和辩证唯物论有关系"。③ 对于马克思主义的兴趣是如此之大,以至于根据郭湛波所言:1928—1935年之间,马克思主义或辩证唯物论(郭自己一般用这一术语),成为中国思想的决定性的特征。④

尽管二手的翻译继续在中国人的马克思主义知识中占一个重要的位置,但是对于马克思主义社会理论日益上涨的兴趣激起了想要直接了解马克思著作的渴望,这导致对马克思主义理论复杂性的理解比过往任何时候都要精密得多。很难说1927年之前的共产主义趋向在多大程度上为1927年之后马克思主义理论的流行铺平了道路。可以肯定的是,大多数在1925—1927年间参加革命运动的中国知识分子,包括那些后来的马克思主义史学家,当时对于共产主义的理论基础并没有一个坚实的掌握。⑤ 在1927年之前那些满怀自信的岁月中,很少有知识分子表现出从事马克思主义理论探讨的兴趣,更少有人能够掌握足够的从事理论探究的理论知识。直到1928年,大多数的激进主义者似乎仍满足于依靠俄国领导人或是日本中介来获取马克思主义的理论

---

① 孙本文,《何谓社会问题》,载于《东方杂志》24卷21期(1927年11月10日),页53。
② 《社会问题字典》(上海:1929),页377。不管其书名,这实际上是一本社会学词典,这也进一步表明这些术语在此时可以相互替换地使用。
③ 同本书页38注①,页265。
④ 郭湛波,《近五十年中国思想史》,香港,1965,页196。
⑤ 在1969年秋在台北的一次访谈中,陶希圣告诉我,在他阅读马克思的重要著作之前,他已经开始写作马克思主义的社会分析了。这些马克思主义史学家的轨迹显示,他们中的许多人是"回到马克思",他们对于马克思主义最初的了解是源于少数可获得的马克思主义的译著以及将许多唯物史观的思想列为概念化工具的19世纪末20世纪初的欧美社会学著作。

知识,就如他们依靠俄国人的社会分析来阐发他们的革命策略一样。马克思、恩格斯的著作对于那些不能阅读外语的人仍然是难以企及的。一个关于中国知识分子可以获得的最主要的马克思主义著作的汇编统计表明:1927年之前列宁和斯大林的中文译著数量超过了马克思和恩格斯。① 而且,这些译本往往处理得很差,偏见强;而在编译者的选辑中普遍反映了译者的一时之兴或是个人倾向。② 1927年之后,这一状况戏剧性地改变了:如果说早前知识分子是被共产主义的革命思想所吸引,对于马克思主义仅有一点极为细微的知晓的话,那么现在——许多人宣布与共产主义的政治方针断绝关系,却将马克思主义奉为其思想指针。如注释①所列表显示的,1927年之后,马克思、恩格斯的中文译著数量急剧地增长。到1937年,所有马克思、恩格斯以及其他欧洲马克思主义思想家如普列汉诺夫、考茨基的重要著作,都已被译为中文,有的还不止一个版本。③

当中国马克思主义者开始将马克思主义运用于中国社会的分析时,这个时期也见证了马克思主义思想在中国的成熟,并逐渐从对苏联的依赖中解脱出来。对于俄国马克思主义讨论的兴趣在30年代仍在继续上升,然而这已经不是出于一种盲目追随俄国领导人的意愿,而是出于一种批判性态度(critical attitude)——这种批判性态度在1927年之前是缺少的。④ 对于导致中国共产主义在1927年灾难性失败的共产国际

---

①

	1927前	1928	1929	1930	1931	1932	1933	1934—1937
马克思、恩格斯	16	4	5	13	1	6	1	3
列宁	35	—	8	3	6	4	7	9
斯大林	8	—	3	3	1	3	6	17

资料来源:张静庐,《中国出版史料(补编)》,页447—475。
② Cheng Hsueh-chia(郑学稼),"A Brief Account of the Introduction of Karl Marx's Works in to China"(《马克思著作在中国传介之简况》),载于 Issues and Studies(《问题和研究》),4.2 (November 1967),页6—16,尤其是页10。
③ 同上。
④ 同上,页12—13。

策略的失望,不仅在很大程度上创造了同时代的中国共产主义运动寻求自主性的潮流,而且唤起了中国马克思主义者试图回到理论源头去的强烈愿望。既已意识到马克思主义理论的复杂性,中国人现在显然不愿意在苏联领导的指令面前弯腰,他们甚至运用他们最新获得的对于马克思主义理论的理解来挑战莫斯科所宣传的正统官方版本马克思主义。

同时,中国的马克思主义者非常清楚地阐述了唯物史观与类似的社会学理论的区别。与他们的前辈相比,20年代晚期的中国马克思主义者对于社会结构与阶级关系问题非常敏感,尤其重要的是阶级问题。尽管早期的作者对于中国的阶级问题几乎没有表现出什么兴趣,但是1925年之后社会冲突作为中国政治特征的出现迫使中国激进主义者表明对这一问题的立场。1927年的政治危机更使其成为亟需解决的重要问题。正是在那时,中国马克思主义者抛弃了早前舶来的口号,开始对中国社会结构进行认真的分析。这种影响,在由对中国革命的不同看法所引发的政治冲突扩散以至于公开化时,波及整个中国思想界。随之而来的所谓"社会史论战",是未来10年中国最激动人心的思想现象。① 论战所产生的骚动表明了其所讨论的问题的迫切性。② 社会史论战所受到的热烈欢迎很大程度上要归功于当时中国知识分子对于马克思主义的普遍兴趣;反过来,它又强化了这种兴趣及其提出的问题,促进了马克思主义思想在中国的成熟。

---

① 这场争论所以得名为"社会史论战",是因为《读书杂志》这一1931—1933年间马克思主义讨论的主要讲坛,以"中国社会史的论战"为名出版了四本论战专号。
② 有关社会史的书和期刊明显地成为当时中国公众的时尚;陶希圣的书很快就成为畅销著作。《中国社会之史的分析》一书在1929—1933年间印销了8版,每版2 000—5 000本不等。郭沫若的《中国古代社会研究》在数月之间印销了8版。尽管《读书杂志》的"中国社会史的论战"专号第一辑中的大多数作者相对而言并没有什么名气,但是它还是在10天之内便2次印刷并迅疾售罄。参见齐思和,《近百年来中国史学的发展》,载于《燕京社会科学》第2期(1949年10月),页30。

马克思主义史学家与社会史论战的起源

第一批马克思主义史学家就是我们上述讨论的新背景的产物。① 论战的参与者,除一两个例外,都生于 1900—1910 年间;参加论战时处于 20—30 岁之间;在 1912 年中华民国建立的时候,他们都还是孩子;当 1919 年五四运动之时,他们处在青春期早期(他们中至少有 1 人还没有到 10 岁②)至上大学的年龄之间。一些观察者强调了他们的青年时代对于其思想与政治信仰的心理上的暗示。③ 然而,正如所有的心理学化约论一样,这一看法忽视了塑造这些马克思主义史学家的理解力与教育训练的社会学因素。如果我们将他们视为一个整体而非孤立的个人,那么更重要的意义在于,他们代表了中国第三代激进主义者和受 1915 年之后新文化运动所提供的思想食粮滋养所成长起来的第一代中国知识分子。④ 他们是随着五四新文化运动而成名的那一代人的后继者,这些思想运动为他们提供了出发点。随着 1925—1927 年的群众动员而蓬勃兴

---

① 有关社会史论战的参与者的可以获得的资料非常有限。我只能够找到其中一小部分人的详细资料,而且我也不可能从其他来源进一步证实已获得的资料。除了在论战中短暂地出现,大多数论战的参与者相对而言都是寂寂无名的。以下的讨论将在可能的地方使用传记性的资料,并通过其他作者对当时中国的思想趋向的观察来支持这些资料来源。对于那些可获得其资料的马克思主义史学家,我将在下章提供有关他们的更为详细的传记资料。因为他们的思想发展与他们对马克思主义的理解是相关的,所以在我讨论他们关于中国历史的观点时再提供这些信息似乎更为合宜。
② 胡秋原生于 1910 年。
③ 参见郑学稼,《社会史论战的起因和内容》(台北,1965)和徐文珊,《中国史学概论》(台北,1967),页 123—124。
④ 在此"代"这一概念不是在生物学的意义上而是在政治学的意义上使用的:"政治上的代被视为是在性格的形成时期经历了共同的基本的历史经验的一群人。"参见 Marvin Rintala(林塔纳),"Political Generations"(《政治代际》),载 A. Esler ed.(埃斯勒编),*The Youth Revolution*(《青年革命》)(Boston: D. C. Heath, 1974),页 17。同政治代的成员被共同的利益维系在一起,而这种利益是"源于他们都暴露于动态不稳定的社会过程所引发的社会和思想的症状",参见 Karl Mannheim(曼海姆),"The Problem of Generations"(《代的问题》),同上书,页 8。

起的革命运动则是他们人生的转折点。陶希圣这样表达了这些运动对其生涯的影响：

> 五四运动对于中国一般青年知识分子，唤起了个人的觉醒。各种社会思想和政治学说在学生大众中如风起云涌，并行不悖。也许在一个青年，对家族与婚姻问题有深切的关系。社会问题的主流的劳工问题亦渐从知识分子的空想转入社会的实际生活。劳工问题是社会与政治的连锁。五卅事件就是这一把锁的钥匙。
>
> 五卅事件不仅是从青年知识分子的个人觉醒到城市劳工群众的社会觉醒的一个关键，并且是中国革命从广州的政治思想中心发展到上海使其成为社会思想与劳工运动中心的一个枢纽。
>
> 民国八年，我在学生时期，参加了北京的五四运动。十四年，我在自由职业者时期，遭遇了上海的五卅事件。这两个事件对于我的学业、思想与生活都有重大影响，也是自然和必然的事。①

严灵峰以一种更为个人的情绪，回忆了当时他是如何深深铭刻中国所面临的社会问题，最后决定转向社会科学的研究。为了这个目标，他来到了广州——五卅事件之后的革命圣地，随后又去了莫斯科。② 实际上，在1925—1927年间，大多数马克思主义史学家都以某种身份参加了革命运动，先在广州，后随着北伐来到武汉——革命政府的所在地。③ 对于他们中的多数人而言，对于政治生活的积极参与是与中国革命中社会革命局面的陡然激烈化同步的。在他们性格形成的关键时期，身处五四

---

① 陶希圣，《潮流与点滴》(台北，1964)，页77。
② 严灵峰谈及是1923年的人生观论战使他由自我走向社会。参见《我与社会科学》，载于《读书杂志》3卷1期(1933年1月)，页1—44，特别是页12—13。
③ 陶希圣1927年1月来到武汉，任军事政治学校武汉分校中校政治教官；郭沫若1926年于广州加入革命；朱佩我1926年起在国民党中央宣传部毛泽东的手下工作；胡秋原自1925年在武昌大学学习期间卷入革命活动；王礼锡1926—1927年与毛泽东在中央农民运动讲习所共事；李季也在广州和武汉，但我尚不能确定其具体活动。大多数情况下，这些年轻的知识分子都会被给予与他们的经历很不相称的军事头衔。

之后的思想与政治潮流,如陶希圣所自认的,对于塑造他们的政治和历史观是一个至关重要的(也许是难以言喻的)经历。①

当这些年轻的知识分子在1927年之后转向历史的写作时,他们并不是作为职业的历史学家,而是在历史中寻找革命实践问题答案的革命者。② 社会史论战起源于1927年统一战线内部因党际与党内的分野而爆发的革命策略冲突。对于政治上的分崩离析的最初反应,就是各方都清楚地表明此前被纳入统一战线的肤浅口号之下的彼此分歧的革命目标与策略。国民党内的异见者和中国共产党人意识到革命已经进入了一个死局,希望通过揭示革命失败原因来使革命复兴。何干之在1937年指出:"中国社会性质问题的论战,是在中国民族解放暂时停顿后才出现的。"③论战的参与者直率地承认,使革命获得新生是他们的主要目标。陶希圣——他的历史解释对于论战问题的形成起了很大的作用,在《中国封建社会史》一书的引言中号召对国民革命做事后的"回想",以便战胜革命运动所面临的障碍。④ 王宜昌——论战的参与者之一,同时也是第一个记述论战历史的人,当他将1928—1930年称为中国社会史演进中的"回想时期"时,基本上是认可了陶希圣的这种态度。⑤ 对于革命目标的专注继续存在于社会史论战演进的后一阶段——按照王宜昌的看法,社会史论战大概进入了其"科学的"或"研究的"阶段。⑥《读书杂志》主编王礼锡,在其对于论战的导论性的文章中宣布,找到正确的革命策略仍然是《读书杂志》发起社会史论战首要的目标:"现在是盲目的革命

---

① Rintala(林塔纳)认为:"青春期晚期和成人的早期是一个人性格形成的关键时期,这些会产生对于政治的特别看法,在其往后的岁月中基本上不会改变。"参见埃斯勒编,《青年革命》,页17。
② 那些卷入论战第一阶段的人无一受过专业的历史训练。两位杰出的史学家,陶希圣和郭沫若,此前从事的分别是法律与文学的事业。
③ 何干之,《中国社会性质问题论战》(上海,1937),页1。
④ 陶希圣,《中国封建社会史》(上海,1929),页1。
⑤ 王宜昌,《中国社会史论史》,载于《读书杂志》2卷2—3期(1932年3月),页25。
⑥ 载于同上注所引期刊,页39。

已经碰壁,而革命的潜力又不可以消泯于暴力的镇压之下,正需要正确的革命理论指导正确的革命新途径的时候。"①王礼锡在此所指的理论就是社会理论,或者更准确地说是社会分析。

这些持异见者以社会学的术语解释了革命的失败:由于革命的领导人错误地估计了中国社会力量的结构,以致采取了错误的策略,导致他们一直想要铲除的反革命势力在革命运动中成功地窃取了权力、颠覆了革命的目标。他们也以当代社会分析的形式抛出了自己关于革命策略的替代性方案。在他们的理论假定之下,当代社会问题提供了联结革命与历史的纽带。王礼锡在总结其陈述时如此论断:只有在确定中国社会已经达到的历史阶段之后才能形成一个政治的革命理论。许多在1928—1930年论战开始阶段问世的著作,都毫不掩饰地将上溯至中国有史之初的历史讨论和据称是源于其历史分析的挽救革命的良方混合在一起。②1937年,何干之在对于社会史论战目的的描述中提出了以下这个全面的(也许是有历史倾向的)将革命、现在和过去联系在一起的看法:

> 社会史、社会性质,农村社会性质的论战,可说是关于一个问题的多方面的探讨。为着彻底认清目下的中国社会,决定我们对未来社会的追求,迫着我们不得不生出清算过去社会的要求。中国社会性质、社会史的论战,正是这种认识过去、现在与追求未来的准备工夫。这一场论争所关涉的问题是非常复杂的——由目前的中国说起,说到帝国主义入侵以前的中国,再说到中国封建制的历史,又由封建制说到奴隶制,再说到亚细亚生产方法。所有这一切,都是为了决定未来方向而生出彻底清算过去和现在的要求。③

即使在他们影响政治事件的能力消失之后,这些持不同政见的革命

---

① 载王礼锡,《中国社会史的论战》,第三版卷头言,页1。
② 陶希圣最初的论文基本都是这一形式。他首先探讨周代的中国,接着给出有关革命策略的建议。
③ 何干之,《中国社会性质问题论战》,(上海,1937)页5。

者仍然继续进行着关于革命的辩论。这种通过历史研究探求革命的正确策略的持之不懈的努力,最迟到1933年,就已经将马克思主义的历史讨论与中国历史学中的其他潮流区别开来。

各派马克思主义史学家都在关于历史的论战中寻找支持自己立场的观点,并试图在革命运动中寻求意识形态霸权的获得。其中一些人以后见之明欢呼其历史解释的胜利,并声称它为一种革命策略战胜对手并获取政治的最终胜利准备了基础:

> 尽管大家(马克思主义历史工作者)对于历史上某些朝代的社会性质的估计往往有出入,它表现存在着片面性或不完全符合历史实际的论点;但坚持了马克思列宁主义的原则立场,给伪马克思主义流派以致命打击,进行了捍卫马克思主义和革命的艰苦工作,则是一致的。他们无情地揭破"新生命"派、托派是沾(玷)污"史的唯物论"的"冒牌的唯物论者",揭破他们"混淆大众听闻……的卑鄙可耻企图"。……到民族抗日战争的前夜,"新生命"派、托洛斯基派在中国人民面前,名声也都很臭了,"波格丹诺夫主义"、"托洛斯基主义"和"新生命"派、托洛斯基派都成了反共反马克思主义的代名词。①

其他一些人,因为对于中国政治发展的最终结果不满,认为社会史论战是导致他们失败的原因。郑学稼在其1965年的研究中指出,社会史论战暴露了马克思对于中国社会的理解是很差的,要不是抗日战争爆发,它本该摧毁马克思主义在中国知识分子中的受欢迎程度。② 另一位台湾学者徐文珊,同意郑学稼关于社会史论战是五四的民族虚无主义的一种延伸的看法,但是赋予其更为灾难性的后果:

---

① 吕振羽,《第二次国内革命战争时期历史哲学战线上的马克思主义和伪马克思主义的斗争》〔吕振羽此文最初载于《哲学研究》(北京)1959年第5期,德里克采用的是发表于Chinese Studies in the History and Philosophy, 1.2(winter 1967)上的英译文;此处的译文照吕之原文,参见《吕振羽史论选集》(上海:上海人民出版社,1981),页457和464——译者〕。
② 郑学稼,《社会史论战的起因和内容》(台北,1965),页104。

（世界大通以后，学术也相通了。西方历史学术风气亦随之而来）于是我国史学界也有些人跟他们大讲其奴隶社会，封建社会，以及什么资本主义社会……。又接着什么唯物史观，唯心史观……也来了。不管事实上是不是那么回事，跟人家乱讲一阵就是了。结果不仅歪曲了事实，也害苦了国家……①

对于当时这些关于中国历史的不同解释，我们很难言其孰胜孰败。显然，那些提出了关于中国历史的最透彻最富于洞见的解释的人很难、也并没有从他们的分析中得出获胜的结论；那些最终获胜的革命策略，也并没有被最令人满意的历史分析（有别于革命分析）所支持。更准确地说，一旦革命进入了一个新的阶段，替代性的革命策略与历史分析就变得不相关了：是政治上的胜利者自己，选择那些与他们所认为的自己的历史成就最为符合的历史解释，作为史学领域的胜利者。

在将社会史论战与中国革命联系在一起并指出其对于中国思想的影响上，以上这些论者无疑是对的；通过使社会革命问题在 30 年代的中国思想中持续地存在，社会史论战导致了激进主义长期存留于中国知识分子心中。这些论者言过其实的是论战对于革命最终所采取的道路的实践意义。将中国革命的原因和结果规限于思想活动的领域里无疑是太过简单化了。显然，思想的命运是与基础的社会变革与冲突的结果紧密地联系在一起的。社会史论战更为确实的长远影响还是在于思想领域，尤其是历史思想领域。马克思主义史学家们在努力使自己的政治信仰合理化的过程中，超出了直接的革命问题的范围。尽管对于不同革命观点的信奉依旧渲染着其历史分析，但是到 30 年代早期社会史论战的影响达到顶峰时，历史自身已经成为了辩论的一个主题。随着这场论战，一种新的史学观进入了中国人的思想，并对他们的历史观念产生了不可改变的影响。

---

① 徐文珊，《中国史学概论》（台北，1967），页 124。

第三章 革命和社会分析

1925—1927年的革命运动是马克思主义政治思想在中国发展的转折点。1925年以前,马克思主义者对于唯物主义概念仅是进行了初步的探索,他们运用历史唯物主义来进行社会分析的努力多以失败告终。正如王宜昌所指出,马克思主义者仅是对中国社会进行了简单的皮相观察,缺乏深入其内部进行探索的兴趣,当然也就没有成功的研究记录。而1928年之后,当共产主义者再次对革命策略展开类似两年前的论战时,他们表露出对通过马克思主义社会分析来揭示中国前途的无比信心。同时,他们表现出的对于社会历史分析,或如王礼锡所谓"实践的辩证唯物主义"的关注,至少在30年代初期,超越了对唯物主义理论的哲学含义的研究。向社会分析的转向是革命运动遭遇问题和挫折的产物。当时所出现的问题,暴露了用以指导第一次国共统一战线的理论前提并不充分;同时,革命的实践要求革命者对于其所面对的社会结构,较革命尚处于空想阶段时思考得更为透彻。尽管这种社会分析最初出现于1926—1927年,不过,由革命挫折所引发的各种问题,要到1928年才获得了充分的阐述。①

1927 年以前的革命分析

在 1917 年俄国革命之后的几年中，相信共产主义能将中国从现时的困境中解救出来的中国知识分子越来越多。其结果是 1921 年 7 月中国共产党的诞生。当时的共产党人和准共产党人将精力主要放在为共产主义辩护上，批驳那些认为共产主义不适合中国，或是中国还没有为共产主义的到来做好准备的观点。1922 年《社会主义讨论集》中收入的文章通通是从布尔什维克的角度看待中国与马克思主义的相关性。② 尽管作者们都同意马克思主义最终会在中国取得胜利，但绝少有人相信中国已经为社会主义作好了准备。③ 大多数人认为，出于具体的国情中国必须向社会主义发展：只有社会主义才能保证国家的独立和发展。他们承认资本主义（以及无产阶级）在中国尚处于襁褓阶段。但是，如列宁所指出的，帝国主义阶段历史发展的动力与尚未进入帝国主义的时期是截然不同的。因为中国的资本主义是作为帝国主义的附属物而出现的，中国从其发展中获益甚少，反倒是加深了帝国主义对中国的渗透。若要将中国生产力成熟壮大的希望寄托于资本主义的发展无异于是自杀，因为与资本主义的发展相伴而生的，必然是帝国主义对中国经济命脉的控制。此外，帝国主义者决不会允许资本主义在中国获得充分的发展，因

---

① 这一时期的讨论多刊登在共产党和统一战线组织的刊物如《新青年》、《向导》和《中国农民》上。一些重要的论文集中出版于 1926 年的《中国革命问题论文集》（2 卷本）中。这些论文仍然赞成统一战线的政策，他们的重点多放在与革命任务具有直接关联的战术性问题而非战略性问题上。较为重要的论文出现在《中国农民》上。那些亲身参与农民运动的人发表了他们对中国农村社会结构的观点——这与其革命实践密切相关。毛泽东也在《中国农民》发表了他对于中国社会的最初的分析。这些文章同样是强调战术问题多于战略问题，但是在这一过程中，它们对于中国社会的结构作出了比此前任何时候都更近距离、更具体的观察。
② 这些论文主要都是共产党人和反对将权力集中于党和国家手中的布尔什维克模式的基尔特社会主义者（代表人物是张东荪）和无政府主义者的论战文章。
③ 李季，《社会主义与中国》，载于《社会主义讨论集》，页 312—321。

为这必将减少他们从中国的剥削中所获取的好处。社会主义，通过确保中国对自身经济的控制，能够保障中国的政治独立和推动中国亟需发展的社会生产力。①

这些分析中很少有直接涉及中国社会的内容：实际上，这些作者对中国的观察，不出列宁在他有关国家解放的著作中对于殖民地和半殖民地国家的评论。② 同样的思潮亦在1923年之后为统一战线政策进行的辩护中持续下去。正如王宜昌所指出的，正是对中国是一个"封建社会"或一个"软弱的国家"的宣传支撑着统一战线的政策。1923—1925年，统一战线中的中国革命者，无论他们持有何种信念，均同意革命是直指封建势力和帝国主义的。而且，都认为帝国主义不仅对中国进行着经济上的剥削，还为了确保其自身的利益而支持中国本土的落后的政治势力，因而是革命的主要敌人。尽管革命者们对封建势力的定义相差甚远，但他们都认同封建势力是由军阀和官僚组成的。③ 这时期的著作同1923年以前的著作的略微不同之处在于：由于阶级结构分析对于统一战线的特殊意义，作者们对其投入了更多的关注。社会"分析"通过"强调"——除了少数利益与帝国主义者（军阀、官僚和买办）相勾结的人之外，其余的中国人都因其所处的社会环境具有革命性，应该被吸收到以"全国性革命"为目的的统一战线中来——从而确认了官方的统一战

---

① 其中一例可以参看周佛海，《实行社会主义发展实业》，载于《社会主义讨论集》，页250—271。
② 列宁的思想最为清楚地表现在他1920年提交给共产国际"二大"的报告中。简言之，他认为帝国主义势力在殖民地和半殖民地发挥着矛盾的双重作用：在将资本主义引入这些地区、促进本土资本主义成长的同时，由于害怕丧失其自身的优势，它没有也不能够允许（半）殖民地生产力的成熟。于是帝国主义更愿意支持（半）殖民地本土的落后的政治势力。在这种情况下，资产阶级和新兴的无产阶级具有反对帝国主义和传统统治阶级的共同利益。由于资产阶级和新兴的无产阶级的力量均不足以独立地进行民族解放的斗争，因而，只要它们的共同利益大于分歧，就应该合作争取民族民主革命的胜利。参见列宁，《民族和殖民地委员会的报告》，收于《列宁论民族殖民地问题》（北京：外语出版社，1967）。关于列宁这一思想在中国情境下的一个重要的重申，参见陈独秀，《中国国民革命与社会各阶级》，载于《前锋》1卷2期（1923年12月），页1—9。应该注意的是：陈独秀的这篇文章发表于统一战线建立的前夕。
③ 参见下一段。

不过,正是统一战线内部的紧张,最终将有关阶级问题的分歧推到了社会分析的最前沿。王宜昌在他1932年的分析中认为:1925—1927年既是此前若干年——马克思主义为统一战线纲领提供理论支持这一时期的尾声,又是1928年之后的革命分析的序幕。这些年中保存下来的对中国社会的革命分析证实了瞿秋白1926年春的论断:"在五四运动期间人人谈论社会主义,1925年之后他们都谈论阶级。"② 虽然统一战线的政策口号仍在官方的政策宣言中保留着,但不少革命者在这一时期已经倾向于一种更激烈的社会变革,而这种变革已经超出了官方口号所允许的范围了。在这个过程中,他们逐渐将注意力转向解释他们在实际的革命活动中所遇到的利益冲突。③

对于统一战线政策的失望最初来自国民党内部关于是否应该吸收共产党人加入的争论。这一争论早在统一战线建立的初期就存在,但是在1925年春孙中山去世后,尤其是同年的五卅事件导致共产党的群众基础空前扩大之后,更显激化了。④ 群众基础的扩展提高了共产党在民众中的信任度,威胁着国民党在统一战线中的领导地位。⑤ 于是国民党

---

① 陈独秀,《中国国民革命与社会各阶级》。陈将以帝国主义势力为靠山的军阀和官僚资产阶级之外的所有中国人都包括进统一战线。他还清楚地指出,在现有的情况下,革命应该由资产阶级来领导——他们尽管也很弱小,但是还是要比中国的无产阶级要强大得多(载于本书页50注②所引期刊,页4)。
② 瞿秋白,《国民运动中之阶级分化》,载于《新青年》14卷3期(1926年3月25日),页307—327;引文见页309。
③ 另一位作者也表达了革命实践与对于社会力量的具体的意识之间的关系:"高层的政治领袖没有意识到士绅的罪恶,但是像我们这样从人民中成长出来的革命同志已经非常清醒地认识到了这一点。"邓亮生(音),《农民运动的障碍——绅士阶级》,载于《中国农民》第10期(1926年12月),页15—18;引文见页15。
④ 关于共产党在五卅事件后群众基础的扩展,参见J. P. Harrison(哈里森),The Long March to Power(《通向权力之长征》)(New York: Praeger, 1971),第3章。
⑤ 关于国民党右派反对统一战线和共产党的一些言论,参见A. Dirlik(德里克),"Mass Movement and Left Kuomindang"(《国民党左派和群众运动》),Modern China,1.1(Jan. 1975)。

右派决定摒弃左派及共产党人对于党的领导,从而导致了统一战线的第一次公开分裂。紧随这次事件的是左派的一些书面建议,这些建议预言"资产阶级"即将背叛统一战线,同时主张无产阶级应在争取国家解放的斗争中居于领导地位。①

更重要的是,随着1926年革命运动如火如荼地展开,斗争的矛头已经从中国人民的政治压迫者扩展到了与工农利益相矛盾,从而阻碍革命进程的其他阶层。换言之,1925年以前的革命被认为主要是政治性的,而五卅运动之后的革命越来越呈现一种社会性的向度——阶级斗争——这最终摧毁了维系国共两党在统一战线中关系的脆弱纽带。资产阶级首先受到了攻击,但更重要的是人们对"封建"一词的理解发生了变化。② 那些在当时的革命分析中谈到封建势力的作者,多不再将这一术语仅限于地主及官僚,而是在"基础"这一术语之下,囊括了那些得以继续存在和保存势力的军阀和拥有土地的乡村精英。③ 虽然当时的许多作者暗示了同地主斗争和在农民中重新分配土地的必要性,但是他们的重点主要是放在士绅阶级及其在乡村的组织——它们的存在妨碍了将农民组织起来的革命努力。这说明了当时的文献中为何"阶级"和"阶级斗争"被提及的频率不断地增长。一般认为,当时对"阶级"一词确切涵义的理解仍有混乱之处——根据当时作者的不同用法,"阶级"既可以指

---

① 瞿秋白,《国民运动中之阶级分化》,载于本书页51注②所引期刊,页326。
② 我以下的讨论是建立在对《中国农民》熟读的基础之上的。有趣的是,这时的国民党领导人(如陈公博),在这一问题上的立场与共产党人十分接近——至少是心照不宣的。参见陈公博,《农民运动在国民革命中之地位》,载于《中国农民》6—7期(1926年7月),页699—702。陈并未直接触及阶级斗争问题,而只是警告不应该疏远革命的"中农"(页702)。还有其他证据表明:这一时期的国民党官方言论的激进化倾向不断增长。参见 A. Dirliko, "Mass Movement and Left Kuomindang"(《国民党左派和民众运动》), pp. 46—74。
③ 谭平山,《中国革命中的农民问题》,载于《中国农民》1卷1期(1926年1月),页20—21。谭抨击地主和资产阶级是帝国主义在中国的代言人、人民的压迫者。他的言论与那些认为地主也是帝国主义侵略的受害者论断针锋相对。他又补充道,如果农民和工人参与革命运动的话,不能仅仅是利用他们,还必须满足他们的要求。这种观点并非是个别的,《中国农民》上亦有其他文章主张进行阶级斗争,参见同期上罗其原(音)的文章以及第3期上毛泽东和彭公达的文章。

政治精英,也可以指经济精英,两者没有显著的分别。① 不过无论如何,人们对于社会矛盾的敏感性的日益增长,使过去并不需要的关于中国社会结构的更为具体更为复杂的分析,得以出现。②

只要政治领导层仍维系着表面上的统一,上述这些思潮就不会带着巨大的力量浮出水面。而也正是高层政治领导内部的矛盾暴露了统一战线的脆弱性。1926年之后,先是在莫斯科,后是在中国,人们开始重新思考统一战线的政策。旨在支持各种革命政策的社会分析伴随着对于革命策略的争论而出现。这些在1927年为公众所广泛知晓的言论,标志着从充斥着陈词滥调的对革命政策的程式化的理论说明,到试图严肃地解释中国社会的特殊性(尽管未必总是成功的)的革命分析的转变。

共产国际的领导和中国革命

1926年起,随着国共两党关系日趋紧张,统一战线口号中关于中国革命的简单描述受到了在莫斯科的"托派"的挑战。我们尚不清楚共产国际中不同的派系对蒋介石在1926年3月发动的"中山舰事件"作何反应,但似乎出现了一些不同的意见,导致了共产国际在1926年2月第七次执委会全体大会上重申了对于中国问题的立场。这次全会指出蒋介石是中国"大资产阶级"的代言人,但是却仍然决定维持统一战线的政策。③

---

① 《中国农民》第10期是考察"士绅"的专号。作者们攻击士绅是革命的主要敌人。他们把士绅看作是政治精英的中间桥梁——联系官僚军阀和本土经济利益之间的渠道。但无论如何,如注释⑨中的邓文所表明的,他们依然把士绅视为一个阶级。有趣的是,1927年之后国民党马克思主义者也把士绅视为中国社会的罪人,但是他们恰恰采取了相反的立场:他们认为士绅并非一个阶级,所以士绅问题就是一个政治问题而非社会问题。
② 邹静方(音),《中国农民的过去、现在和将来》,载于《中国农民》1卷4期(1926年4月),页425—440。邹文考察了从周初直至现今的土地分配和农民问题的关系。他认为,在周朝国有制为私有制所取代,是农民苦难的源头。他建议未来应该实行土地的国有化和重新分配(页439)。
③ B. Schwartz(史华慈), *Chinese Communism and the Rise of Mao*(《中国共产主义和毛泽东的崛起》)(New York: Harper Torchbooks, 1967),pp58—59.

几个月之后,托洛茨基就开始公开反对斯大林的中国政策。

随着1926年北伐的开始,共产主义者和民族主义者在"封建势力"的构成问题上的分歧日益明显。当共产主义者在其所占地区开始鼓动展开深入的土地革命和阶级斗争时,国民党作出了迅速的反应。1927年4月,蒋介石在资产阶级和外国势力的默许下,在他所控制的上海对于共产党人及同情共产主义的人进行屠杀。7月,在武汉,共产党人和以汪精卫为首的国民党左派分裂,最终导致了统一战线的完全崩溃。也正是在这一时期,共产国际关于中国问题的争论白热化了,而且其影响很快就传入了中国。①

托洛茨基对于斯大林政策的挑战是以其对中国社会结构的分析为基础的。他认为在中国,权力不是掌握在以军阀或以地主为代表的"封建势力"手里,而是掌握在资产阶级手里,乡村的领导实际上是与资产阶级难以区分的:

> 在中国,大中地主是同城市资本主义,包括外国资本主义紧密勾结在一起的,并不存在一个与资产阶级对立的地主阶级,在农村发放高利贷的富农是被农民所广泛痛恨的剥削者,他们是城市银行资本在农村的代理人。于是在中国,土地革命在具有反封建性质的同时也具有反对资产阶级的性质。②

如果说城镇和乡村的精英是紧密地勾结在一起的,那么中国混杂的资产阶级和帝国主义势力的关系同样是密切的。在一段关于帝国主义势力和中国社会的关系的具体论述中,托洛茨基说:

> 帝国主义通过关税、财政和军事政策极大地阻碍了中国经济的

---

① 如此前的讨论所示,这并不是说发生在苏联的辩论直接引发了中国有关革命问题的讨论。但是它们确实为在中国进行的讨论提供了替代性的理论见解和资源。

② Leon Trotsky(托洛茨基), "The Canton Insurrection"(Alma Ata, 1928)(《广州起义》),载于 L. Trotsky, *Problems of Chinese Revolution*(《中国革命问题》), ed. By Max Shachman (Ann Arbor: Univ. of Michigan Press, 1967), p. 125.

发展,使工人沦为乞丐,农民遭受最残酷的剥削和奴役,于是,同广大地主的斗争,同高利贷者斗争和为争取更好的工作条件同资本家进行的斗争,就上升为将生产力从帝国主义的束缚下解放出来而进行的争取中国民族独立的斗争。帝国主义是最主要的,最强大的敌人,这不仅仅是因为它们拥有战舰,而且是因为它们同中国的银行家、高利贷者、官僚和军阀的不可分割地勾结在一起,尤其是同中国广大的商业和工业的民族资产阶级更为直接地、"亲密"地勾结在一起。①

托洛茨基继续指出,中国人民反对帝国主义、争取国家解放的斗争同时也是一场阶级斗争。如果中国要争取国家的解放和生产力的发展,无产阶级必须领导其他劳苦大众,和帝国主义者、中国固有的经济、政治精英进行斗争。②

概括托洛茨基在和斯大林及其支持者(在当时,其中最为著名的人物是布哈林)的争论中的核心论点是:(1)虽然中国有强大的资产阶级,但是由于他们在经济上依靠国外的帝国主义势力(尽管双方也有一些利益的分歧),而且他们自身也不是充分发展的产业资产阶级,所以他们无力承担资产阶级民主革命的重任。(2)民族解放斗争的领导权因而落在无产阶级肩上,无产阶级必须同时进行对资产阶级的阶级斗争。(3)尽管存在着资产阶级,中国的生产力仍然是落后的,帝国主义不但没有促进,反而阻碍了中国生产力的发展。(4)中国革命应该走非资本主义的发展道路。③

---

① 托洛茨基:《关于中国问题的第一次演讲》,在 1927 年 5 月共产国际执委会第 8 次大会上分发,同上书,页 110—111。
② 当然,托洛茨基并不认为中国资产阶级与帝国主义在利益上完全一致。而是说,在争取民族解放的斗争中,资产阶级和无产阶级之间的矛盾超过了资产阶级和帝国主义之间的矛盾。正是基于这一点,资产阶级要反对无产阶级。这实际上违背了列宁在《论民族和殖民地》的看法。
③ 也就是说,无产阶级将领导资产阶级民主革命(在欧洲这是由资产阶级所领导的),进而像俄国那样迈向社会主义。

面对托洛茨基的批评,斯大林重申了中国社会的封建性质,并重新确认了中国反帝反封建的革命策略的正确性。他在为1927年4月的事变而作的《中国革命的问题》中指出:"决定中国革命性质的基本事实是:(1)中国的半殖民地地位和帝国主义的财政经济的统治;(2)因军阀和官僚的压迫而加重的封建残余的压迫;(3)千百万工农群众日益发展的反封建官僚压迫,反军阀、反帝国主义的革命斗争;(4)民族资产阶级在政治上的软弱性,它对帝国主义的依赖性,它对日益成长的革命运动的畏惧;(5)无产阶级日益增长的革命积极性,无产阶级的威信在千百万劳动群众中亦不断增长;(6)中国邻邦无产阶级专政的存在。"①

值得注意的是,此前关于这一时期的学术研究表明:斯大林的领导策略同托洛茨基关于1927年中国革命灾难性事变后的建议非常接近,但是在选择相同政策的同时,斯大林又不得不求助于一些挽回面子的办法来证明对手的错误。② 这就是中国革命目标问题的实际情况。在一篇发表于1927年7月28日《真理报》的文章中,斯大林对于中国革命目标的描述和托洛茨基惊人的相似,但是在表面上他又是在反对托的观点:

> 反对派忘记了中国人民所以进行反帝国主义的革命斗争,首先而且主要是由于帝国主义在中国是一种支持并鼓励直接剥削中国人民的封建主、军阀、资本家、官僚等等的力量,是由于中国工人和农民不同时进行反对帝国主义的革命斗争,便不能战胜自己的这些剥削者。③

在此,斯大林将工人和农民同一个与帝国主义结成同盟的混合的领导阶级的所有成员对立起来。但是他又宣称,中国革命内部的主要敌人是"封建势力"。他把这些势力描述为军阀、官僚以及"封建的和中世纪

---

① 斯大林,《中国革命问题》,译文采自斯大林《论反对派》(北京:人民出版社,1963年),页416。
② B. Schwartz, *Chinese Communism and the Rise of Mao*(《中国共产主义和毛泽东的崛起》)。
③ 斯大林:《时事问题简评:关于中国》,同注②所引书,页475—476。

的对农民的剥削和压迫方式",这成为后来中国马克思主义者关于中国是一个封建社会的论述的基础。更进一步,在不否认商人资本在中国扮演了重要角色(这是托派的一个有力武器)的前提下,斯大林认为商人资本同封建剥削共存,并大概是加强了封建剥削(这不同于托派关于商人资本改变了封建的生产模式的看法)。后来的中国马克思主义者们也是如此论断的。我们在此有必要长篇引用斯大林对于中国社会特征的论述,以彰明这一他留给其中国追随者的论述的复杂性:

> 反对派听说商人从资产阶级渗入了中国农村,把土地租给无产的农民。反对派知道商人不是封建主,由此便得出一个现成的公式:封建残余,也就是说,农民反封建残余的斗争,在中国革命中没有重大的意义,现时在中国主要的不是土地革命,而是中国关税受帝国主义国家控制的问题。
>
> 但是反对派看不见中国经济的特色不是商人资本渗入农村,而是在封建的中世纪的剥削和压迫农民的方法依然保存的条件下,中国农村封建残余的统治是和商人资本的存在相结合的。
>
> 反对派不懂得,中国现在那种惨无人道地掠夺并压迫中国农民的整个军事官僚机器,本质上就是农村封建残余和封建剥削方法的统治与商人资本的这种结合上面的政治上层建筑。
>
> 的确,后来的事实也表明在中国展开了轰轰烈烈的土地革命,这个革命首先而且主要是反对中国的大小封建主。
>
> 事实表明这一革命已席卷几千万农民并有扩展支(至)全中国的趋势。
>
> 事实表明,封建主,实在的活的封建主,在中国不仅存在着,而且在好多省份里掌握政权,使军队中的指挥人员服从他们的意志,使国民党的领导受他们的影响,接二连三地给中国革命以打击。
>
> 在此以后还否认封建残余和封建剥削制度是中国农村压迫的基本形式,在此以后还不承认土地革命是目前中国革命运动的基本

事实,这就是反对彰明较著的事实。①

有关共产国际中国革命策略争论中对立立场之间的这种含混性,我们将在其他地方谈及。由于对社会和历史范畴如资本主义、封建主义、资产阶级、封建主义者的随意使用,当这些术语被按其字面意义理解为社会历史分析的概念时,便在关于中国革命的讨论中造成相当大的困难和混乱。由于对这些术语运用的历史情境没有严格的定义,托洛茨基和斯大林都没有阐明他们所谓的中国社会"资产阶级化"或"封建残余的统治",是暗示中国已经跨入了历史发展的资本主义阶段,还是仍然保留着封建的系统。托洛茨基,似乎把帝国主义的存在看作生产方式的本质变化的表征。尽管中国的生产力仍旧没有(也不能够)在现有条件下得到发展,帝国主义的活动支持并强化了国内资产阶级的力量,在中国社会传播了资产阶级生产方式(他说的可能是市场经济!)。托洛茨基在俄国和中国的一些追随者对他的论述进行了演绎,认为资本主义作为一种制度已经成为中国经济和社会组织的主要特征。②而斯大林,在另一方面,并没有说中国社会和政治制度是中世纪欧洲那样的封建制度,他只是说,封建残余的力量(包括经济、政治权力和思想意识的残余,如血缘观念的延续)阻碍了革命的发展。但不管怎样,对这些范畴的随意运用,和对历史发展模式的机械信仰,为之后几年的社会和历史分析,以及直至今日的中国史学的发展,造成了障碍。

关于中国革命的论战

关于共产国际内部的争论的消息显然在1927年就传到了中国,而且引发了类似的争论,这毫无疑问地导致革命者对中国革命所应采取的路线,产生普遍的不确定感和理论上的矛盾与困惑。我们仅是通过1928年

---

① 本书页56注②,页476—477。
② 季诺维也夫,《中国革命问题》,1927年4月15日。这一观点最主要的提倡者是拉狄克,我们将在下章论及。

的有关表述对这些争论的性质有所知悉。① 中国的争论从一开始就因国民党左派观点的存在而被复杂化了。国民党左派不同意共产党人的观点，提出了他们的不同看法，并进一步激起了意见相左的两派共产党人观点的阐发。而且，这三个派别，均是从中国自身而非从莫斯科的角度来看待中国革命的议题，从而改变了共产国际领导人在这些问题上的理论中心地位。

王宜昌在其1932年的《中国社会史论史》中，对在1928—1932年"回想时期"的三个派别进行了区分。根据王的观点，其中两派都各有杂志群体代表其观点，而第三派的观点则缺乏有组织的表述，只能从个别作者的著作中窥见他们的主张。② 王宜昌这一大致区分——后来也被其他的中国唯物主义史学家所接受——并非十分完善，但是它的确为在1927年国共合作破裂后知识分子中关于革命问题的分歧提供了一个相对比较准确的描述。③

根据王的看法，第一派是"新生命派"，代表了国民党激进派关于中国社会的立场，其观点主要发表在后来用于命名这一派别的《新生命》月刊，还有《东方杂志》《革命评论》以及其他一些不太著名的、短命的杂志（如《双十》和《前进》）。④ 这些杂志的投稿者包括一些最为著名的国民党左派，如《革命评论》的主编陈公博，《双十》的编辑顾孟余。⑤ 但在为国民

---

① 在我1969年对陶希圣的访谈中，他告诉我：当时武汉的革命者清楚知道斯大林、托洛茨基、布哈林（他当时是维护斯大林的观点）、拉狄克等人的论点，并通过自撰的小册子进行辩论。王宜昌也指出，拉狄克在莫斯科孙中山大学关于中国问题的讲演最早在1927年也已经传入了中国，尽管它到1928年才编印成书。参见王宜昌，《中国社会史论史》，页21。
② 同上书，页22—24。
③ 有些期刊很难加以分类。例如，《东方杂志》与前面提及的其他期刊相比，并非政治性的刊物。当然，王宜昌提及的属于某个派别的作者中也为其他派别的杂志投稿。《新生命》既刊登陶希圣的文章也刊登他当时的主要论敌朱佩我的文章。郭沫若也为《东方杂志》投稿。除去上述这些因素，王宜昌的区分大致是令人满意的。
④ 王宜昌，《中国社会史论史》，页22。
⑤ 陈公博和顾孟余都是当时的国民党"改组派"的领袖。"改组派"成立于1928年冬，主张回归1924年孙中山改组国民党时的精神（也正是那次改组促成了国共统一战线的建立）。关于"改组派"政治立场的讨论，参见 A. Dirlik，"Mass Movement and Left Kuomindang"（《国民党左派和群众运动》）。

党左派立场辩护的人中,最为著名的是以社会历史分析闻名的陶希圣。陶的论敌们在批驳文章中,常常将国民党左派的观点统称为"陶希圣主义"。①

王宜昌将代表中共官方观点的派别称为"新思潮派"。该派关于中国社会和中国革命的最为严密的理论分析主要见于《新思潮》杂志(尤其是其在论战中经常被提及的一份特刊),其他的杂志还有《思想》月刊、《世界》月刊和《现代青年》。出现在这些杂志上最著名的作者有郭沫若、李立三、潘东周、王学文等。② 这些作者均为中国在1927年之后接受的代表苏联官方的斯大林的看法辩护。简单地说,据王宜昌所指,这些人开始认为中国是一个"特殊"的社会,但迅速转向捍卫斯大林的观点,即认为中国是封建社会。③ 他们的观点为"托派"所无法接受。在1929年被最终清除出党以前,托派并没有对他们的观点进行大张旗鼓的书面宣扬;但1929年之后,他们开始大力宣传他们对于中国社会的分析,其中理论分析最为透彻的两位作者是任曙和严灵峰(尽管他们两人互不同意对方的观点)。④ 托派在1930年也出版了一份短命的杂

---

① 参见《食货》2卷11期(1935年11月1日)的"编辑的话"。
② 王宜昌,《中国社会史论史》,页22—23。王学文和潘东周经常被视为这一派的代表人物。不幸的是,我未能找到任何的证据能够说明他们二人具有特别的重要性。
③ 同上书,页30—31。
④ 任曙的代表作是《中国经济研究绪论》(上海,1932),严灵峰的代表作是《中国经济问题研究》(上海,1931)。关于这两位作者我们所知甚少,尤其是任曙(有些《读书杂志》的读者把他当做陈独秀,参见《读书杂志》1卷4—5期的编辑手记)。尽管是托派的一员,任曙的身份却相当隐秘。在《读书杂志》2卷2—3期致编者的一封信中,任曙宣称他只不过是任曙而已。他显然曾经是一个工人,在1925—1928年加入革命,工作与中央农民部有关。1928年之后他离开了中国,大概是去了莫斯科。就在同期的《读书杂志》上,作为编者的王礼锡指出他在1932年初之后就再没有听到有关任曙的消息,并向读者询问任曙的下落。严灵峰1926年来到广东,但是由于对在广东的所见所闻不满,他10月就去了莫斯科。在从东方大学毕业后,他显然也对莫斯科失去了幻想,回到了中国。他教了一段时间的书,后来又在国民党内担任了一系列的顾问的职务,并随国民党到了台湾,一直到今日。关于严灵峰1926年之前的思想发展,参见他的《我与社会科学》,载于《读书杂志》3卷1期(1933年1月),页1—44。关于严的现在的情况,我要感谢卡根(Richard Kagan)提供的信息。托派,尽管经常也因其刊物《动力》而被称为"动力派",但是它显然并没有像其他两派那样形成一个很有内聚力的团体。

志《动力》,但是他们对于社会历史分析的最重要的理论贡献都发表在1931年之后的《读书杂志》上,其中绝大多数文章都是反对中共官方立场的。

三派对立的观点为1927年之后的论争设定了界限:中国主要是一个封建社会,而帝国主义支持或维持着中国的封建社会结构;或者,中国主要是资本主义的,而帝国主义由其本质所决定支持着中国社会中资本主义(或更经常地说,资产阶级)力量的发展;又或者,中国既不是封建社会也不是资本主义社会,而是一个阶级结构模糊的社会——这种特征使得具有封建性质的寄生政治势力得以保持他们的权力,同时为帝国主义在中国的利益服务。

论争是由第三派的支持者,即1927年秋之后与汪精卫关系密切的国民党激进左派发起的。他们认为共产党人和国民党右派均背弃了1924年国民党改组时的革命承诺和统一战线政策。① 从1928年起,这些非马克思主义的激进分子开始发起一场理论斗争,为的是确保革命既能免受右派的腐蚀,又能防止革命在共产党左派的压力下滑向无政府主义。他们所提出的这些社会分析,成为20世纪20年代末中国思想界最为鲜明的理论图景,也正是这种理论上的挑战,逐渐迫使共产党人站出来,界定他们的理论立场。国民党激进左派从社会结构的角度,对中国革命的各种策略进行了讨论。尽管这种讨论仍比较呆板,但已然将关于中国社会和中国革命的论争推向了更为错综复杂的新阶段。

国民党反对派和中国革命

国民党左派在1927年之后继续将中国的主导力量归为"封建势力"。但不同于共产主义者,他们较接近1927年之前的理论预设,将"封建势力"归为社会的上层建筑。他们认为受商业的影响,中国的封建制

---

① Dirlik, "Mass Movement and Left Kuomindang"(《国民党左派和民众运动》).

度在久远的周代(前1122—前255年)中期就消失了。① 但不同于中世纪末的欧洲,中国从未完成向下一个历史阶段即资本主义的转变,而是暂时停滞在了一个过渡阶段上。整个过渡阶段的经济为农业所主导,并从属于商业资本的慢性的分解作用之下。在这一漫长的过渡阶段,中国社会的主要特征是阶级结构的模糊性。周朝的发展带来了封建制度的崩溃,导致土地财富和商业资本的融合。于是一个新的经济中坚力量产生了,他们同时投资土地和从事商业及高利贷的活动。在西方作为资本主义发展推动力的商业,在中国则是在剥削土地和妨碍地区专业化分工的基础上存在的,其对生产力的发展没起多少促进作用,相反是有害的。商业资本不断地侵蚀土地,周期性地集中土地所有权和剥削农民,导致了朝代更替的混乱,加剧了中国的分裂和地区间的生产力水平差异。②

马克思的社会理论期望政治上层建筑能反映社会统治阶级的利益——至少在大多数情况下是如此。国民党马克思主义者熟知这一理论,但他们却致力于证明中国绝大部分的历史和这一理论并不相符。他们认为中国社会没有一个明确的经济统治阶级,没有一个集团、土地所有者或是资本所有者,能在全国范围内建立他们的统治。周朝末期,封建制度的特征——经济权力和政治权力集中于同一集团——结束了。虽然新的土地所有者——商人阶级已经确立了经济上的支配地位,但是政治权力却落入了官僚手中。官僚是从士大夫中选拔出来的,士大夫则是教育和政治上的精英而非经济精英。由于都同农民的利益对立,官僚和地主的利益经常不谋而合,互相渗透——官僚购买土地成为地主,商人和地主进入政府掌握权力,但是在政治精英和经济精英之间仍然有清

---

① 陶希圣,《中国社会之史的分析》(上海,1929),页26。亦可参见愈之(顾孟余的化名),《农民与土地问题》,载陶希圣编,《中国问题之回顾与展望》(上海,1930),页261—262。
② 陶希圣早期的许多论著都有讨论中国社会的商业资本问题。关于早期的讨论,参见陶希圣,《中国封建社会史》(上海,1929),页41—60。

官僚、军阀和混乱时期官僚政治的保护者,构成了帝制时代中国的政治精英。他们不从事生产活动,总体上过着寄生性的生活,从本质上说是封建的。② 这里的"封建"含义广泛,包括官僚—军阀的地方主义、父系家族组织和儒家思想的统治(儒家思想也是封建时期的产物)。儒家思想强调农业是社会的支柱,这不是如孔子所言是利他主义的结果,而是政治精英的利益于生产基础的反映——他们害怕商人的活动损害他们的利益。商人,在政治精英的压迫下,从来没能发展为一个独立的阶级,而是建立了同地主共生的关系。这些特点加在一起的最终结果就是中国阶级结构的混乱。

这种情况一直持续到20世纪帝国主义势力侵入中国。过去,主导的政治精英为地主的利益服务,现在这一力量——历来就缺乏国民意识的官僚和军阀,③转而为帝国主义及其在中国的代理人服务。代理人即买办,他们本身也是具有新技能的士大夫。尽管有新的经济推动力,中国资本主义的力量仍旧很微弱。

> 但因有士大夫阶级的存在,资本阶级颇具有士大夫阶级性,更容易和战斗团体结缘。又因为资本阶级的发展,不是中国经济构造内部自发的形式,而是由中国经济构造外部的轧轹,所以虽看见资本阶级的成立,而看不见封建思想的破坏和民主革命的成功。④

不仅是资本主义在中国的土地上难以发展,而且具有讽刺意味的是,帝国主义的入侵进一步恶化了这一状况。在西方势力压迫下,中国

---

① 陶希圣,《中国社会之史的分析》,页83—105。陶希圣将"士大夫"视为居于形式上的经济地主和形式上的政治官僚之间的一种身份集团。他在士大夫问题上的论述有些模糊:有时试图证明他们不属于任何阶级,有时又将其作为一个阶级。后来李季抓住了这一点,对陶有关士大夫的论述进行了猛烈的批评。
② 同上书,关于封建地主和士大夫之间的分别,参见页38。
③ 陶希圣,《中国之商人资本及地主与农民》,载于《新生命》3卷2期(1930年2月)。
④ 陶希圣,《中国社会之史的分析》,载于同本书页63注③所引期刊,页42。

的发展是失衡的。在中国,现代工业主义的附属物先于工业基础而出现——例如,工厂建立之前,铁路的引入加强了军阀的流动性,加剧了中国各地离心的趋势。其负作用大于对经济活动的推动作用。帝国主义的大封建领地现在被分割为更小的封建自治区。①

而且,帝国主义加剧了中国商业资本的剥削本质。当代帝国主义在根本上是金融帝国主义。在这一阶段,国内的商业资本从属于金融帝国主义并促进了后者对中国的剥削。过去,金融资本为地区间贸易服务,而现在则将中国乡村同外面的世界相连。对中国农民的剥削链条,从中国最偏远的角落延伸到纽约和伦敦的银行家手中。②

虽然国民党马克思主义者认为外国与中国的金融势力是勾结在一起的。但是他们仍然将中国和外国的工业区分开来。他们认为,资本主义的两个先决条件——金融支持和劳动力的迅速增长,仅仅帮助了外国工业,而非中国工业。③ 随着外国工业的持续增长,中国的本土工业停滞不前,有时甚至发生了倒退。④ 导致停滞的原因有很多:外国商品的扩散导致了中国传统手工业的破坏;赔款和鸦片导致了中国财富的外流;人民的贫困导致了市场的收缩,同时又增加了军阀的人力资源,使中国的乱局进一步恶化。这其中主要的原因,是外国工业的竞争、商业和金融资本的力量,以及官僚和军阀活动导致的中国的分裂。

外国工业的竞争使得中国的企业局限于轻工业;而与国计民生的更为密切相关的部门则控制在外国势力手中。从外国进口商品进一步阻碍了中国工业的发展。拥有雄厚资本、具备劳动和管理的专业知识以及技术上的优势使得外国人控制了中国的金融和交通。此外,他们还拥有

---

① 载于书页 49 注①所引期刊,页 142。
② 载于书页 49 注①所引期刊,页 7。
③ 载于书页 49 注①所引期刊,页 12。
④ 载于书页 49 注①所引期刊。亦可参见何思源,《中国在世界经济的地位和中国的危机》,载于《新生命》2 卷 5 期(1929 年 5 月),页 1—4 以及林民,《资本主义社会之研究》,载于《新生命》3 卷 12 期(1930 年 12 月),页 1—11。

政治上的特权,如关税特惠和治外法权,使得他们可以免于像中国企业家那样遭受当局的盘剥。①

金融资本不仅通过中国商人来压榨中国社会,还导致资本流向不创造生产力的投资。因为工业的发展缓慢而不稳定,许多人更愿意将钱投资于回报更快更高的土地和城市投机。这些活动均对生产力没有任何推动作用。资本流入城市,最后落入外国人手中。流入乡村的资本则加深了对农民的暴敛和压榨,中国农村经济的凋敝就是明显的征兆。②

最后,商业带来的经济发展不平衡也导致了中国的分裂,进一步加深了中国的困境。国民党马克思主义者们,尽管将国家同社会阶级区分开来,但是仍然强调了中国政治和经济问题的相互依存性。③ 中国经济有着区域分裂的结构,这不仅仅有利于商业资本,而且为地主的政治和军事权力提供了基础。地主们是分裂的产物也是分裂的动因。有人将中国比作19世纪的德国和意大利,最主要的任务是统一;不同于法国和俄国,主要的任务是革命。④ 在这种情况下,国民党论者认为,中国革命最适宜的策略就是孙中山设计的方案。中国革命的任务有两个:破坏性的和建设性的。破坏的目标是社会的传统剥削者、仍然统治政治上层建筑的官僚和军阀,以及帝国主义者。破坏不应蔓延为社会性的阶级斗争,原因在于:首先,由于阶级结构的不明确性,中国没有统治阶级。资

---

① 讨论这一问题的文章多得不胜枚举。有关外国人在中国的特权的详细的讨论,参见周谷城,《现代中国经济变迁概论》,载于《读书杂志》2卷7—8期(1932年8月),页1—69。有关这一问题尤其集中于页50—55的讨论。
② 陶希圣,《中国之商人资本及地主与农民》。国民党左派的理论家们不甚强调地主的剥削性,相反,他们更多地是谴责商业资本的剥削性。
③ 一些重要的论文有陶希圣,《统一与生产》,载于《新生命》3卷4期(1930年4月);《长期和平之诊断》,载于《新生命》3卷1期(1930年1月);萨孟武,《国民革命与社会革命》,载于《新生命》1卷8期(1928年8月);《第一统一,第二生产》,载于《新生命》3卷5期(1930年5月);《革命与统一》,载于《新生命》3卷6期(1930年6月)。
④ 萨孟武,《革命与统一》,载于同上注所引期刊。

产阶级非常脆弱,而且自身还受到本土军阀以及外来势力的压迫。地主受到商业资本的影响,其优势仅在于将自己受到的剥削传递给农民,他们本身也不是统治阶级。① 其次,中国最为急需的是统一,阶级斗争只会破坏争取政治统一的努力,使得中国更为疲弱。至于反帝斗争,最迫切的是取得关税自主权和废除治外法权,因为这两者是帝国主义向中国渗透的最主要的工具。②

建设性的任务,是巩固革命的成果和为真正的社会主义建设打好基础。这方面最重要的是发展生产力和中国经济中的工业部门。这会使城市领导乡村(或使工业部门领导农业部门),而且使商业资本从属于工业资本,并消除前者的负作用,引导其向推进生产力的方向发展。国民党理论家们斥责共产主义者持有的是儒家官僚主义的"消费者社会主义"。他们认为真正的科学社会主义应该建立在先进的工业经济基础上。实现革命目标靠的是所有爱国者的合作来推动生产力的发展,而非阶级斗争。

最后,国民党理论家们也意识到了社会的阶级问题。他们采用孙中山的观点,认为中国的落后导致了社会结构的不明确性,但是国民党应该采取措施来防止这一情况演变为将来的问题,国民党应继续作为民众的党而存在。这样既保证了党的纯洁性,防止军阀和官僚混入党内(1926年以来他们一直试图这么做),又能够避免将来发生阶级斗争的危险。

共产主义者和现代中国的性质

共产主义者与国民党人的分歧主要是阶级这一问题。国民党人认为阶级斗争没有必要,而且对国家统一有害,而共产党人认为阶级斗争

---

① 陶希圣,《中国之商人资本及地主与农民》,载于本书页63注③所引期刊,页16。亦见愈之,《农民与土地问题》,载于本书页62注①所引书,页265。
② 陶希圣,《民族问题与民族主义》,载于《新生命》2卷7期(1929年7月),页13。

正是统一的先决条件。可是,共产主义者内部对中国统治阶级的性质存在不同的看法,于是,对革命的目标也有不同的理解。

1927年之后的新的中共领导集团,依照斯大林的政策,继续坚持中国革命本质上是反帝反封建的。① 代表这一立场的作者们说,中国社会是封建的,或通常说来,是半封建的;帝国主义加强了中国社会中封建势力的力量。国民党的作者们将"封建势力"归于政治上层建筑,而中共的作者们将封建主义看作中国社会经济结构,或生产关系的根本特征。他们意识到当代中国同中世纪欧洲的区别,但他们为"封建"这一术语辩护道,虽然两个社会表面上没有什么相似之处,但其剥削方式其实是相同的。② 很多人也承认,封建的制度在上层建筑中已经不复存在,所以"半封建"一词更适宜于中国的社会。③

另一方面,中共作者并没有宣称资本主义在中国完全不存在,而是采用类似国民党作者的理论,认为资本主义仅存在于外国控制的经济领域中。欧洲的工业和商业继续繁荣;但很少有中国企业涉足这些领域,而且仅有的这些中国企业不是日渐衰落,就是停滞不前。资本主义的最高阶段——帝国主义,其对中国的改变作用仅局限在少数沿海、城市地区,而这些地区自身又成为了中国其他地区的剥削者。④

如何用马克思主义的发展理论,来描绘一个在帝国主义外来压力和内部固有纷争重重的条件下进行着现代化建设的社会——这一难题在

---

① 在1927年的"八七"会议上,瞿秋白取代陈独秀成为党的总负责人。瞿秋白在这个位置上呆了接近一年,后于1928年莫斯科中共"六大"上为向忠发所取代。之后,李立三在中共六届二中全会崛起,掌握了党的领导权。然而,这些领导人的更替反映的只是一些战术性的政策变化。整个这一时期,那些追随党的领导的人被称为"干部派",而那些托派分子则被称为"反对派"。
② 许多将剥削方式视为封建主义定义之关键的论者把地主对农民的剥削方式描述为"非经济"或"超经济"的。参见朱其华(朱佩我的化名),《中国社会的经济结构》(上海,1932),页277。
③ 李立三,《中国革命的根本问题》,载于《布尔什维克》3卷2—3期(1930年3月15日),页60。
④ 关于这一通常的看法,参见潘东周,《中国国民经济的改造问题》,载于《社会科学讲座》第1卷(上海,1930),页246—251。

中共作者身上得到了最充分的体现:他们对于自己作出的每一个论点,都不得不向其对立面作一些让步。20世纪20年代的中国社会遭受着严重的社会经济错位。对很多人来说,中国农村经济在一个世纪中的逐渐崩溃,不仅部分地是由经济现代化引起,而且完全就是帝国主义侵略和国内统治阶级破坏的结果。由于20年代中国工业企业的停滞不前,这一印象得到了进一步加深(在第一次世界大战期间因为欧洲列强无暇东顾,这些中国企业经历了一个较快的发展阶段)。加深这一印象的还有20世纪最初的10年、20世纪20年代,国外势力对统治当时中国政治生活的军阀—官僚集团的支持。这些集团长期互相残杀,掠夺和破坏中国农村经济,并通过大量的苛捐杂税使新生的中国资产阶级举步维艰——不管这些举动对中国经济停滞和崩溃该负多大的具体责任,它们的确增加了社会的混乱,并制造了不利于经济进步的氛围。帝国主义——中国军阀的支持者,竟变成了中国社会落后的"封建"势力的支持者,而在理论上,这原本正是它们所应当消灭的。

中共理论家们面临的困境从他们挣扎的论证中一览无余。一方面,他们承认资本主义和帝国主义是历史进步力量,另一方面又无法在这一抽象的信念和他们对这些势力在中国的破坏作用之痛恨之间达成妥协。他们绝对化的思维方式进一步阻碍了他们处理这样一个复杂的过渡社会的努力。他们试图用马克思的历史范畴来解释中国社会的现状,但是马克思的理论却是从欧洲经验中总结出来的。潘东周的论述可谓是这一理论困境最有代表性的一个例证,他的论述亦经常在论战中被引用:

> 因为中国是一个落后的农业国家,所以这些半封建关系在农业经济中的优势,实际上就占领了整个中国经济中的优势……就整个中国经济关系来说,城市的资本主义确已占领了领导地位,整个经济发展的趋势确已是走向资本主义的过程。但是,在全国经济生活比重上,半封建关系仍然占着比较的优势……我们只是说封建关系

在中国经济中占着优势,绝不是说中国没有资本主义。中国不独在城市中已经受了财政资本主义帝国主义的统治,及在农村中已经开始了资本主义的分化。但无论如何,在中国的全国国民经济中,封建关系仍然占着极强度的优势。说到中国的资本主义,我们不能不记住帝国主义是占着绝对的优势。帝国主义利用其雄厚的财政资本主义的势力,加紧的向整个中国经济进攻。①

于是,尽管资本主义应是中国经济的"领导"力量,落后的"封建势力"却更加有分量——托派很快就看出了这一文字游戏的前后矛盾,并对之进行了猛烈的攻击。托派认为,"领导"(leading)也就是"优势"(superior),否认这一事实就是将领导权放入保守的资产阶级手中。② 对于帝国主义的矛盾态度在潘东周的论述中也十分明显:他不得不同意,帝国主义推动中国向比封建主义更高阶段的资本主义发展,但他似乎又抱怨帝国主义"干扰"了中国的经济,于是它同时又是一股落后的势力。

这些作者认为的"封建势力"正是中国社会传统的农业特征,包括社会经济结构以至于风俗习惯。潘东周的引文和其他类似的文章用原始的手法描述了落后的土地经济,并以此作为"封建"的证据。落后的附属物是中国经济的区域发展失衡,或换句话说,不存在统一的国内市场。但中国封建论的基石是中国乡村普遍的剥削方式。大多数相关论证都采用的是1927年5月中共"五大"宣言的模式。③ 这一宣言将以下几点看作封建剥削模式的例证:很高的地租;任意的过高的租金;农民在政治上和经济上对地主的从属;军阀和官僚对中国乡村的统治——其又从属于地主控制的商人资本和高利贷,而这正是封建剥削的工具之一。潘又

---

① 潘东周,《中国经济的性质》,转引自任曙,《中国经济研究绪论》(上海,1932),页 23—24。
② 严灵峰,《中国经济问题研究》(上海,1931),页 50。
③ C. Brandt, B. Schwartz and J. K. Fairbank (eds.)(布兰特、史华慈和费正清编),*A Documentary History of Chinese Communism*(《中国共产主义历史文献》)(New York: Atheneum, 1967), p. 496.

对以上的内容进行了阐发,他的例子包括超过收成50%的租金,高额的税收和杂费盘剥以及当地恶霸的特权。① 朱佩我,尽管当时已经脱离了中共,也赞同中国封建论,他又补充了新的例证,如强迫的劳动,贡品的义务(奢侈品如家禽和酒),地主对农民采用的高压政策,其严酷性犹如封建主对奴隶和长期存在的阶级剥削。② 所有这些例子构成了马克思所说的定义——封建剥削是"超经济的"和"非经济的"。③

根据这一观点,地主远非国民党左派理论家们所说的那样,是帝国主义和军阀的无辜的受害者。地主为军阀对人民的军事压迫提供了支持,并同帝国主义勾结,在经济上对农民进行剥削,分享掠夺农民的战利品。地主实际上是帝国主义剥削的代理人:

> 帝国主义向中国农民搜集原料,所用的方法是与农村的封建地主,商业资本,互相勾结。他们利用自己的买办(商业资本)向地主购买原料,加强地主的欲望,使他们残酷地榨取农民,并且,趁着农民在水深火热中,贷与金钱,迫他们将来钱(贱)价出卖农产品。在这多重的束缚下,帝国主义不过利用地主商业资本,使农民在旧的生产方法与生产关系下,忍受着更残酷的榨取。④

虽然本质上推动中国向资本主义发展,但帝国主义本身也从封建剥削中获利,于是它力图保存封建剥削模式,同进步势力的愿望相违背。⑤

---

① 潘东周,《中国国民经济的改造问题》,载于本书页63注③所引期刊,页242。
② 朱新繁,《关于中国社会之封建性的讨论》,载于《读书杂志》1卷4—5期(1931年8月),页45。
③ 参见第四章对于马克思这些范畴的涵义的解释。
④ 潘东周,《中国经济论》,转引自何干之《中国社会性质问题论战》(上海,1937),页64。
⑤ 潘东周的模糊性在以下这段话中表现得更为明显:"帝国主义入寇中国以来,为要输出商品于中国内地,必须在这里建筑铁路,开辟商埠。为了榨取中国所有不值钱的劳动,和利用天然的宝库,也开始在中国建设一些新式资本主义企业。中国产业革命,的确是帝国主义东来以后才渐渐发展起来。帝国主义把新式资本主义技术,移植于中国,以开发中国。从此以后,对于中国的封建经济,行帮制,尤其是自然经济,就给予一个极大的打击,使中国经济组织,走上了新的途径。"(同上书,页63—64)潘的这些论述让人隐约回想起马克思在《共产党宣言》中对于资本主义历史功绩的夸张论述。

但问题并不仅仅是帝国主义者向中国市场倾销多余商品,或是掠夺中国的资源;而是即便发展最好的经济部门也全面受制于帝国主义,所以中国任何进一步的发展都能增加帝国主义的利益。换句话说,尽管中国能在这种情况下发展经济,但要以政治奴役为代价。正如王学文所表述的:

> 中国经济就其主要的势力及其发展的方向来说,乃是个保有强大封建关系而走向殖民地的资本主义的途中。这是说中国一方面在国际帝国主义的统治下,使全国成为一个半殖民地的国家,已经开始了资本主义方向的发展,但另一方面仍然保持强有力的封建关系。①

这样的看法排除了一场由资产阶级领导的民主革命,或在中国发展资本主义的可能性。革命必须由无产阶级带领农民来完成,其矛头应直指封建势力(其范围超出了国民党作者的预想)和帝国主义者,他们都阻碍了中国的发展。而且,由于这两股势力的联盟有赖于封建的剥削模式,封建剥削不废除,中国的革命目标就不能实现:国家解放只能通过社会革命(或如共产主义者所指出的土地革命)来实现。在此之后,中国应开始"非资本主义"的进程。这一策略的一个重要后果在此值得我们注意:虽然国内资产阶级因现时情况所决定而无力领导全国革命,但是中共理论家们并没有像托派那样将资产阶级列为革命的对象。中国资产阶级自身,正如国内/国外资本主义的区别所表明的,也受到封建势力和帝国主义的剥削,因而有可能在以后参加到革命的同盟中来!

托派关于中国社会的观点

对于资产阶级问题的不同看法是中共在 1927 年之后分裂的一个重

---

① 转引自何干之《中国社会性质问题论战》(上海,1937),页 61—62。

要因素——其结果是托派在1929年晚期被开除出党。托派的观点与其他两派的不同之处在于:他们坚持不应将中国资产阶级同帝国主义势力区分开来,而且必须将中国资产阶级也包括在争取民族解放的革命斗争的目标之中。理论上(如果不是一种政治预见),他们坚持认为:帝国主义作为资本主义最先进的形式,负有摧毁封建势力和支持资本主义扩展到全世界的历史使命。① 中国当前是资本主义统治下的世界的一部分;非要将国内和国外资本主义区分开来,并在此基础上宣称中国是封建社会,是非常荒唐的。

中国的托派比托洛茨基本人走的更远。他们迅速地从资产阶级控制着中国这一理论,演绎出中国已是一个资本主义社会,或者至少是一个资本主义势力塑造着生产关系的过渡性社会。前面已经提到,严灵峰猛烈抨击潘东周在"优势"和"领导"之间的区分。严认为,如果资本主义势力是中国的"领导"势力,他们也是"优势"力量,因而是革命的主要对象。

托派拒绝讨论论敌提出的当代中国社会性质这一论题。在他们看来,这种非此即彼的方式(要么是封建的,要么是资本主义的)代表的是传统的、非辩证的逻辑;引导这种思维的是非正统的、混乱的理论范畴,如"过渡的"或"亚细亚"社会。他们拒绝采用这种"静止"和"机械"的历史观,而建议识别历史发展中的进步的推动力量。如果多种形式在中国社会中共存,分析家们应强调历史的"领导"力量,而不是如中共理论家们那样,强调那些本应唾弃的残余势力。② 带着鲜明的政治态度,他们指出,在这一问题上模棱两可相当于支持"反动派"——这些人试图利用传统的残余来加强他们自身的力量。托派内部对中国经济的复杂性的评估也不尽相同。一个极端是任曙和刘光,他们毫不妥协地否认中国经济

---

① 任曙,《中国经济研究绪论》(上海,1932),页37。
② 严灵峰,《中国经济问题研究》(上海,1931),页181—182。

中的落后势力能扮演任何的角色,而资本主义在中国则起到了其在先进资本主义国家一样的作用。① 另一极端是刘镜圆,他把资产阶级看作中国的领导阶级,但认为中国资产阶级是通过封建剥削的模式繁荣起来的。② 居中的是严灵峰,他将"领导"力量同社会结构区分开来。虽然中国的领导力量毫无疑问是资本主义,但严灵峰承认中国社会结构是复杂的,并包含了不同的生产方式的因素。③

　　托派与他们的论敌在封建主义的定义和帝国主义在中国社会所扮演的角色问题上,发生了进一步的分歧。他们均认为应该放弃用剥削方式来作为衡量中国是否是封建社会的标准。他们认为,自给自足还是依靠市场经济才是划分封建经济和资本主义经济的最准确的标准:封建社会由自给自足的经济单位组成,任何对市场活动的参与都是偶然的。④ 他们又进一步地区分这两种经济方式的特征(在这一点上,他们内部存在一些分歧):(1) 两者的阶级关系(而不是剥削关系)不同,而正是阶级关系决定了剥削的性质(而不是剥削采取的形式决定剥削的性质)。在封建制度之下,这种关系不是纯粹的经济关系,其他的因素如政治特权也对剥削的性质有影响。⑤ (2) 两者的生产资料的关系也不相同。资本主义地主与土地的关系不同于封建地主与土地的关系。在中国,土地作

---

① 参见刘光为任曙的《中国经济研究绪论》一书所作的序言,页 13—16。关于任曙的观点,参见其书页 61—62,任曙批评拉狄克关于帝国主义是中国发展的障碍的暗示。关于拉狄克的观点,参见本书第四章。
② 刘镜园,《评两本论中国经济的著作》,载于《读书杂志》1 卷 4—5 期,页 8。
③ 严灵峰,《中国经济问题研究》(上海,1931),页 187—192。
④ 这一关于封建主义的定义很可能是源自恩格斯《社会主义从空想到科学的发展》:"中世纪社会,细碎的小生产,生产机关适于个人使用,因此是原始的、细小的,效能有限的;但是因此往往为生产者自己所占有。生产是为供给生产者自己或其封建领主之直接消费。消费以外的剩余生产品才拿去出卖,才拿去交换,商品生产尚在初生状态。"这也是列宁在其《俄国资本主义的发展》中所接受的一个定义,在该书中市场经济的成长是列宁关心的首要问题。参见《列宁选集》第三卷。这些著作在托洛茨基的文章中经常被引用。
⑤ 严灵峰,《中国经济问题研究》(上海,1931),页 101—104。

为一种独立的商品已经存在了很长的时期,因而地主已不再是封建地主。①(3)商业资本没有为封建经济服务,而是代表了资本的原始积累。②

其次,托派对帝国主义在中国扮演的角色的解释也不同于他们的论敌。他们指责对手持有的是"乡村观点"——将乡村和城市、国内经济和国际经济割裂开来。托派论点的最终关键在于他们的假定——在帝国主义时期,国与国之间的边界已不重要,世界经济和国内经济是一个整体。所以,他们认为中国资本主义的发展不仅是不可避免的,而且是大势所趋。任曙在这一点上又是最坚决的。严灵峰则认为帝国主义虽然"绝对地"鼓励了中国资本主义的发展,但它"相对地"阻碍了它的发展,正如封建势力阻碍了资本主义的发展,但同时,它自身的基础又被资本主义的发展所侵蚀一样。刘镜圆的观点正好同严灵峰相反,他认为帝国主义是"相对地"鼓励了,但"绝对地"阻碍了资本主义的发展。③

托派引用了现代经济在中国的表现来确证中国是资本主义社会的这一观点。对市场的依靠和工业科技的进步为他们的论证提供了主要的支撑。他们的著作充满了关于消费和生产的统计数据以及汽船的增长、铁路的延伸等等资料,来证明资本主义在中国每天都有新的发展,而不是像他们的论敌所说的有所倒退。但他们引用这些数据时没有注意其代表性,而且常常比他们的对手更机械地解释着中国的复杂

---

① 同上书,页106。亦可参见刘镜圆,《中国经济的分析及其前途之预测》,载于《读书杂志》2卷2—3期(1932年3月),页1—47,尤其是页25。这些作者,还有李季,认为中国的资本主义在西方入侵之前已经有一定形式的发展。任曙强烈反对这一看法。
② 严灵峰,《中国经济问题研究》(上海,1931),页9—10。亦见郑学稼,《资本主义发展之中国农村》,载于《读书杂志》2卷7—8期(1932年8月),页1—52,尤其是页9。
③ 严灵峰,《中国经济问题研究》(上海,1931),页10。刘镜圆,《中国经济的分析及其前途之预测》,载于注②所引期刊,页18。

情形。① 不过,他们对于中国自给自足经济已经消失,即使是乡村经济也已从属于全球市场经济的论证,的确有效地反驳了对手的观点。当然,商业资本在这种情况下扮演了重要的角色,但如我们前面所提到的,托派把它看作资本主义的一个特征——原始资本的积累——而非一个独立的或封建的剥削因素。

尽管托派对中国社会和经济现状的解释与他们的论敌不同,但他们对未来的预测几乎是一样的。既然帝国主义是全球社会发展的推动力,那么随着经济的发展,中国也将不可避免地愈发受制于帝国主义势力——也就是说,经济愈发展,中国的殖民地性便愈深。托派和他们论

---

① 刘光在为任曙的《中国经济研究绪论》所作的序言中将中国工业和世界革命史上的重要关口——1917年的俄国(页22)和1864年的欧洲(页27)作了比较。在中国之外,刘比较了海关税收和农业税收,以表明现代经济部类对于传统经济部类的支配地位。任曙对于对外贸易、工业和交通的研究至为详细(页81—110)。他特别仔细地考察了以下方面:海运(页83)、金融机构(页83—84)、棉丝织业(比较其中的工厂部类和手工部类,并做中外之比较——页85—91)、机器进口(页94—95)。他使用的一组数据后来成为笑柄。作为辩论中并不鲜见的对于数据的形式化使用的一个极端的例子,在此值得一提:任显然是受到了赖姆斯(音,W. Reimes?)的《社会经济发展史》的影响——后者将现代交通业视为现代生活的"神经与脉管"。由此,任比较了帆船和轮船、钱庄和银行,作为衡量由封建制度向资本主义制度过渡程度的标准:"如果我们说中国的帆船可以表现封建经济时代的交通工具,轮船则代表资本主义时代的交通工具,那就请大家注意下面的记载:

历年轮船和帆船出入全国各海关吨数百分比:

	1875	1905	1915	1925	1926
轮船	85	91	93	97	98
帆船	15	9	7	3	2
总数	100	100	100	100	100

1912—1920年中国银钱业投资的百分比:

	1912	1920
钱庄	68	37
银行	32	63
总数	100	100

……这里我们很明白地看见中国同整个世界经济的发展没有两样:已经过渡到金融资本主义统治时代的开始了……"(页82—84)严灵峰在《中国经济问题研究》(上海,1931)中则将机器输入、纺织业和重工业的增长视为资本主义占支配地位的标志(页18—25);在同书中另外一处他又论及:机器数量的增加、铁路投资的增加、电报、电话公司、煤炭重工业的增加、轻工业、工农公司和银行是资本主义支配地位的标志(页77—84)。

敌的最大不同在于:他们将资产阶级包括在革命的对象之中。中国的资产阶级同外国的资产阶级密不可分。所以,如托派所说,反帝的民族解放斗争同时也是反对中国城乡资产阶级的阶级斗争。托派笔下的"资产阶级"似乎涵盖了除了无产阶级和农民之外的所有中国人。正是这种毫不妥协地将除无产阶级和农民外的一切人排除出革命队伍的理论作风,使托派背上了"取消派"的绰号,并使得他们的革命策略没有达到其本该获得的流行程度。

论战及其意义

所有参与这场当代中国社会性质论战的派别,都相信马克思主义是有效的分析问题的工具。他们对革命的分析显示了他们对唯物主义社会概念的运用比1927年以前更加复杂化和多样化。他们的解释以及开出的药方,因为他们不同的政治倾向而各不相同。他们均同意中国现阶段的顽症源于帝国主义与中国社会复杂的关系,而在这种关系的性质上,他们产生了争论。国民党左派把这种关系定位为帝国主义和中国政治上层建筑之间的关联,他们把后者作为过去的残留同社会结构分割开来,他们认为政治领导对于社会是一种正相反对的关系。他们的论述证明了国民党的立场——中国最紧要的任务是发动一场政治革命以赢得国家的独立和政治的统一。

尽管内部存在着分歧,共产主义者得出了共同的结论:中国的分裂并非存在于国家与社会之间,而是在社会内部,在存在着敌对利益的社会各阶级之间。政治的领导只要代表着统治阶级的利益就还可能继续存在下去;统治阶级,不管是"封建"地主或是资产阶级,在对人民的剥削中与帝国主义分子结成了联盟。因此,对共产主义者而言,马克思主义的承诺就是通过对社会内部的剥削者的阶级斗争来结束国家的分裂并将国家从帝国主义的控制下解放出来。

这些分析引发了与斯大林和托洛茨基关于中国革命战略之争类似的问题,即某一阶级的统治与社会的经济结构是怎样的关系,或者用更熟悉的马克思主义术语来说,生产关系与生产方式之间是怎样的关系。某一阶级的继续统治是否意味着使这个阶级存在的必需的生产方式仍然留存于中国?具体到这场论战,是"封建"的特征引起了这一问题。10年来,革命者对"封建势力"的定义非常松散,"封建势力"的统治是否意味着中国社会仍然具有如中世纪欧洲那样的封建社会性质?

对这一问题的不同解答,部分是由于长期以来人们对唯物主义的概念并没有准确地掌握。但问题似乎还不仅于此,因为在之后的若干年中,虽然人们对唯物主义的概念更为熟悉更为准确,但是对中国社会的解读依旧没有突破性的进展。如同他们的苏维埃导师(包括列宁)一样,中国的马克思主义者让一些唯物主义的理论前提凌驾于另一些前提之上,而历史唯物主义恰恰不允许这样选择性的使用。支持"封建中国论"的人强调剥削方式是社会性质的决定特征,而"资本主义中国论"者则把他们的重点放在交换,或将次重点放在交换与生产方式的关系上。至于那些"特殊社会论"者,他们认为最重要的是商业所扮演的角色以及商业对上层建筑与经济基础之间的关系所产生的影响。在这场争论中,人们总是急于指责对方无知、偏离事实,但又从不精确地阐发他们的理论前提。不过,他们未能精确地阐发这些前提,并不等于他们没有阐发这些前提。

几年之后,孙倬章试图将这些前提包容在一个统一的论证之中,他的尝试说明,要演绎出一个关于中国这样的过渡性社会的理论,一方面要逻辑一致,一方面又要忠实于唯物主义历史系统,是非常困难的。郑学稼批评孙倬章是"不逻辑的",并认为孙的马克思主义观内部矛盾。① 然而,孙的"不逻辑"和他看似扭曲的马克思主义分析,正是他力图与唯物主义理论的方方面面保持一致,而同时又能对中国社会的纷繁复杂作

---

① 郑学稼,《小部分的形式了解》,载于《读书杂志》2 卷 5 期(1932 年 5 月),《致编者的信》。

出解释的结果。

孙倬章首先是将经济基础和建筑在其之上的社会政治上层建筑区分开来。两者有着不同的变化速度。基础的改变不可避免地带来了上层建筑的改变,但改变的步伐随着环境的不同而有不同。在中国,在帝国主义入侵之前,经济基础和上层建筑都是封建的。而那之后,封建经济基础被摧毁了(他同意托派的观点,认为自给自足是检验封建经济的标准),但上层建筑仍保存了封建主义的主导成分;于是,尽管资本主义关系已经代替了经济上的封建主义,但是从政治这个角度来看中国依旧是封建的:"由此我们可知现阶段的中国社会基础,封建经济已经被摧毁。但政治、法律和其他意识形态,(所有这些)均属于上层建筑,仍保存着强大的封建势力。"①

孙认为,正是没有认识到这一问题,才导致了争论的产生。一个派别关注社会经济基础,认识到封建主义已被推翻,于是就作出上层建筑也随之起了变化的结论。而另一派别仅注意到上层建筑没有变化,就以此认定什么都没改变。这双方的共同错误在于:他们都期望经济基础和上层建筑能同时发生变化。

如果孙倬章就此打住,我们就没有理由认为他的立场与托派有什么不同,尤其是因为他也认为中国本质上已经是资本主义社会了——尽管是"修正"的资本主义("变态资本主义")。但他更进了一步,将财产和剥削方式区别开来——仅有少数的托派做了这样一种区分(孙批评严灵峰没有做到这一点)。孙认为:当代中国在财产关系上已经是资本主义性质的,而剥削方式上仍然是封建性质的。②

---

① 孙倬章,《中国经济的分析》,载于《读书杂志》1卷4—5期(1931年8月),页1—87,尤其是页55—59,引文见页58。
② 孙倬章,《中国土地问题》,载于《读书杂志》2卷1期(1932年1月),页11。这一区分是在1928年9月中共"六大"上作出的,后来在中央委员会反对托派的斗争中得到进一步的阐发。孙运用这一论据在支持他的分析(页17—18)。

财产关系是资本主义性质的,因为土地是同其他商品一样的商品;①对土地的投资,如同对其他资产的投资是由市场利息率决定的(也就是说,地租不过是地主的投资所挣得的利息)。在中国,资本的运动控制了土地的交换,这从土地流动性的增强上很明显地表现了出来。② 然而,孙却否定了这一观点,他说由于中国乡村的剥削比资本家对工人的剥削更为严厉,因而地租关系是封建性质的。③ 此外,他不同意朱佩我的观点,认为剥削形式在过去的几百年中没有发生巨大的变化,仍旧遵循着传统的惯例。

孙倬章作出了勇敢的尝试,他将所有关于生产方式和生产关系、财产与交换、经济基础与上层建筑的问题都纳入关于中国革命问题的一个大框架之中。而另外一些人则仅是为了维护他们的现实革命策略而进行着争论。这场论战的参与者都意识到他们的分析中存在着漏洞。所以无论是在苏联还是中国,论者们都试图从中国的历史中找到根据来支持他们的论点。正是在这一过程中,对于中国历史的严肃的唯物主义研究,首次登上了中国的思想舞台。

---

① 载于同上注所引期刊,页11。
② 载于同上注所引期刊,页12—14。
③ 载于同上注所引期刊,页26—30。

第四章 中国历史上的封建社会

由于中国社会史论战是从对中国革命的分析中直接引发出来的,所以封建社会问题成为论战的出发点,并一直居于辩论的中心。共产党内的"反对派",为了反对斯大林对当时中国社会的分析,转向中国历史以寻求支持。他们试图证明:中国在很早以前就已经走过了封建社会的历史阶段;只是由于中国历史发展中的某些特殊性,导致封建社会的残余未被根除干净,中国也一直未能过渡到历史的下一阶段——资本主义社会。然而,这些封建残余尚未显著到足以证明使用"封建"这一名词来概括当代中国社会性质是正确的。他们认为,中国历史的绝大部分是悬浮在一个封建社会之后、资本主义社会之前的过渡阶段。他们还强调商业在中国社会经济结构中所发挥的作用。商业资本主义,及其在中国社会演进中的作用和历史地位,在未来10年中一直成为争论的焦点问题。社会史学家们将他们的绝大部分注意力集中于商业(资本主义)在晚周所引起的社会变革——他们在很大程度上是根据此前的儒家学者和新文化运动思想家的认识,认为中国(古代)社会在晚周成型并一直持续到19世纪。他们还围绕着一些在实质内容上并无多大分野、不过在其对现实革命策略的涵义上却有重大分歧的问题,进行辛辣而严厉的(常常也是冗长而乏味的)理论攻讦。在表面混乱的解释之下,论战大致遵循着由那些较有影响力的参与者所设定的框架而进行着。

对于历史问题的争论是与上章所讨论的有关革命问题的辩论同时出现的。国民党马克思主义者特别需要从一个历史的视角来提高他们理论的合理性(plausibility):如果中国是一个不能与现成的马克思历史范畴直接相符的特殊社会,这种特殊只有通过其历史发展的独特性才能展现出来。他们认为,中国积弊的根源并不是"封建制度"——它早在周代就已经消灭了,而是残存于社会的政治上层建筑的"封建势力"。① 然而,这种看法产生了一定的问题。国民党的马克思主义者,像其他的论战者一样,坚定地坚持着马克思主义社会理论的假定,其中之一就是政治上层建筑乃是社会经济基础的产物。国民党人的解释,对这一思想进行了巧妙的扭曲,迂回地表明了尽管上层建筑在起源上必须归于适当的经济基础,但是它仍然可以独立地存在;残存的上层建筑甚至可以成为经济基础本身进一步发展的一个障碍。这一观点的提倡者——其中最主要的是陶希圣——在对中国历史的分析中寻求对其论点的支持。因而,不足为奇的是,以陶希圣为中心的《新生命》杂志,率先发表了第一批关于中国历史的唯物主义史学分析。

直至1930—1931年,一些论战者才开始转向关于历史本身的研究——此前的历史讨论仍是为了迎合现实的革命分析的需要。到30年代中期,当政治局势的发展使得关于革命策略的争论已经不太必要时,马克思主义史学家几乎将所有的注意力都集中在历史问题上。这一变

---

① 梁园东后来把这种观点确定为"半封建"的概念,参见《中国社会各阶段的讨论》,载于《读书杂志》2卷7—8期,页14。但无论如何,这与共产党官方立场的捍卫者通常所用的"半封建"有很重要的不同。后者使用这一概念的用意是指,虽然封建主义已经从政治结构中消失,但它依然保留在中国基本的社会经济关系中。相反,国民党理论家将封建的"残余"归属于政治的领域。陶希圣甚至还批评"半封建"这个术语,尽管他自己偶尔也使用它。

化很可能就是促使王宜昌将1928年之后的唯物主义史学分为"回想"时期和"研究"时期两个阶段的原因。① 尽管如此,王宜昌这种"玄学-科学"的区分还是低估了论战最初几年的重要性,也破坏了1928年之后10年间的马克思主义史学研究在本质上的统一性。虽然1930年之后的史学研究存在着相当程度的多样性,但是它们在很大程度上还是致力于解决紧随1927年之后的那一段时期里所产生的问题,而且至少在30年代早期,仍然与革命的问题紧紧联系在一起。②

考察1928年之后的史学潮流的一个更有效的办法是注意一些主要的作者,他们的著作介绍了关于中国历史的新的解释,并在更大的范围内引发了进一步的争论。③ 最早且最富于挑战性的解释之一来自陶希圣,他对于中国历史的研究在论战的最初几年占据主导地位,并在随后的几年间继续为论战提供重要的理论资源。论战中,关于帝国时期中国(imperial China)的研究论文大多是受到陶的观点的刺激而起,并力图去反驳它。④ 陶希圣的观点在来源上很可能受到了拉狄克关于中国历史发展论述的启发,但是陶最终成为"中国的历史发展受到商业资本主义制约"这一观点的首要提倡者——论战者们将这一观点和他的名字联系起

---

① 这一印象被以下事实进一步证实了:王宜昌认为郭沫若的《中国古代社会研究》一书归于研究阶段更合适一些,尽管郭著出版于较早的那一阶段(1930年)。
② 王礼锡在《读书杂志》上介绍"中国社会史的论战"时指出:本杂志是致力于探讨早前那一时期所提出的问题。参见本书第六章。
③ 从论战的整体而言,主要著作还应包括上章所讨论的任曙和严灵峰的两部著作,它们均受到了很大的关注。由于这些著作已经在上章讨论过了,在此,我们将讨论集中于那些与历史研究直接相关的著作。
④ 陶希圣大学接受的是法学的训练,他通过对于中国法律的研究转向马克思主义史学。他的著作受到梅因(Henry Maine)和奥本海(Franz Oppenheimer)思想的很大影响。陶希圣于1927年参加革命运动,随后几年间他与国民党内的汪精卫派系关系密切。1930年,他接受了北京大学的一个教席,直至1937年。此后他与蒋介石建立了密切的关系,主要从政。近来,他在台湾致力于复兴《食货》期刊(它曾是20世纪30年代中国最主要的社会经济史研究期刊之一)。有关陶希圣的生平和思想,参见 A. Dirlik(德里克),"T'ao Hsi-sheng:The Social Limits of Change"(《陶希圣:变革的社会限制》),载 The Limits of Change(《变革的限制》),ed. Charlotte Furth(费侠莉编)(Cambridge, Mass.:Harvard University Press,1976)。

来,称之为"陶希圣主义"。他早期的两本著作,《中国社会之史的分析》和《中国社会与中国革命》,由他发表在《新生命》月刊上的论文结集而成,出版后迅即大受欢迎,多次再版(包括日文版),在论战中受到了持久的关注。① 非马克思主义的史学家,甚至包括陶最为激烈的反对者,都承认这两本书的重要影响,它们的确包含了陶希圣史学解释的核心论点。②

论战中另外一本同样重要的标志性著作是郭沫若的《中国古代社会研究》,它引发了关于中国奴隶制度的讨论。③ 当然,郭氏著作的意义已经不仅限于本研究所讨论的这一历史时期——他所代表的史学观点至今仍然主导着中华人民共和国的史学研究。④ 郭沫若关于中国历史的研究在1928年之后就陆续以论文的形式发表,但是直至1930年这些论文结集成书之后,⑤才开始对论战产生影响,并引发了从历史自身出发研究历史的重要转向。与陶希圣主要关注周代社会的变化以及陶著丰富的现实蕴涵不同的是,郭专注于中国文明的初始阶段——商代以及周代早期的研究。

尽管社会史论战争论的问题是由前述几本书引起,但是《读书杂志》的投稿者们作出了自己不同的解释,使论战呈现出不同的发展方向。在

---

① 这两本书分别出版于1929年和1931年。《中国社会之史的分析》在1929—1933年间行销8版,每版2 000—5 000本不等。
② 参见顾颉刚,《当代中国史学》(香港,1964;初版于1947年),页100以及 Teng Ssu-yu(邓嗣禹),"Chinese Historiography in the Last Fifty Years"(《五十年来的中国编史学》),载 Far Eastern Quarterly(《远东季刊》),7.2(February 1949):148. 批评陶希圣最烈的李季也承认陶著的流行,参见李季《对于中国社会史论战的贡献与批评》,载于《读书杂志》2卷2—3期(1932年3月),页1—150;2卷7—8期(1932年8月),页1—62;3卷3—4期(1933年4月),页1—86。李季对于陶著流行之认可见2卷7—8期,页2。
③《中国古代社会研究》出版于1930年,就像陶希圣的《中国社会之史的分析》一样,《研究》一出版就大受欢迎,数月之间连印三次。同样也是中国奴隶制度论的一个主要提倡者的王宜昌,赞扬郭著种下了要求解决奴隶制度问题的因子。参见王宜昌,《中国奴隶社会史——附论》,载于《读书杂志》2卷7—8期,页2。
④ 参见 Peter Moody(穆迪),"The New Anti-Confucian Campaign in China-The First Round"(《中国新近的反儒运动:第一波》),载于 Asian Survey(《亚洲观察》),14.4:307-324。
⑤ 这些论文最初发表于《东方杂志》和《思想》。

这些解释中,最值得注意的是李季①视帝国时期为"前资本主义社会"的观点和王礼锡②、胡秋原③将波可罗夫斯基(Pokrovsky)关于"专制主义"的概念应用于帝国时期。李季在《读书杂志》发表的长篇论文于1933年扩充成书出版,这是托派对于中国历史的最主要的观点。④ 另一方面,尽管王礼锡和胡秋原特别申明他们的思想旨趣源于早前的普列汉诺夫的著作,但是他们的观点很有可能还受到了在同时期苏联进行的关于"亚细亚社会"和"专制主义"概念有效性辩论的影响。

社会史论战不仅包括对特定历史时期的讨论,还包括对于不同的历史分期模式的争论。综观论战,有两种不同的历史分期基本结构。第一种可以称之为"四阶段论",主要代表人物有郭沫若、王宜昌和1932年修正其早期看法之后的陶希圣。⑤ 它和第二种模式即"三阶段论"的不同之处在于它承认中国历史上存在着奴隶制的发展阶段。

再者,从马克思主义社会构成的角度对于中国历史的分期与传统中国史学的历史阶段划分在很大程度上是相对应的:先周、西周、春秋、战国和帝国时期。对于论战中的大多数人而言,除了朝代的划分之外(尽管一些人确实试图从帝国时期的总体社会经济特征的角度对之进行解释,但是大多数的论战者还是忽视了对于朝代划分的讨论),中国历史进程中的分界线与传统史学的划分并没有什么本质上的不同。引起最大关注的时期是晚周,它被视为中国社会发展的形成时期。社会历史学家

---

① 李季是与陈独秀的关系十分密切的同事之一,他是中国最博学的马克思主义者之一。20世纪20年代中期,他留学德国,全面获取了有关马克思和马克思主义的理论知识,他的《马克思传》是其时一本广受赞誉的权威著作。
② 王礼锡(1901—1939)最初是一位诗人,他在20年代中期加入革命运动,供职于中央农民运动讲习所。1927年之后,他显然与陈铭枢和社会民主党人过从甚密。
③ 胡秋原(1910—2004)通过对艺术史的兴趣走向马克思主义史学。他一开始就深受普列汉诺夫的艺术史著作的影响,这种影响一直持续到胡转向历史学之后。王礼锡和胡秋原关于中国社会的观点十分接近,他们都承认普列汉诺夫关于俄国史的著作是他们灵感的源泉。
④ 李季,《中国社会史论战批判》(上海,1936)。初版于1933年。
⑤ 陶希圣,《中国社会形式发达过程的新估定》,载于《读书杂志》2卷7—8期(1932年8月),页1—9。

们很少关注帝国时期的中国社会，认为它不过是一个持续达两千年之久的时期而已。他们对于帝国时期中国的看法，主要是从他们所主张的"中国社会政治结构在晚周和帝国早期已经形成"这一观点推论而出的。他们中的一些人，由于在论战中遭遇挫折，便在30年代早期转向对于中国历史晚近阶段的较为细致的研究，这使得有关帝国时期的各个方面的专题性研究，在30年代中期有所增长。

周代被视为19世纪以前中国历史的最后一个大的转折点。不过，论战中只有一小部分史家认为这种转折在周代已经彻底完成。也就是说，尽管大多数史家对于周代这一大转变的基本特征意见一致（陶希圣的论述为此设置了范本），但是在这种转变所导致的结果上却有相当大的分歧。他们对于这种转变的评估取决于他们对于周代早期（西周）以及帝国时期中国社会性质的看法。对于西周，主要有封建社会和奴隶社会两种看法。① 对于帝国时期，论战者又大致分为"封建"或"半封建"社会论和"特殊"或"过渡"社会论两大阵营。后一阵营又因其对"特殊"的不同定义，大致有以下几种不同意见：

1. 相应于欧洲封建社会之后、资本主义社会之前的一个商业化的社会。又可以细分为以下几种不同看法：

（1）"封建势力支配底下的初期资本主义社会"，持此看法的是陶希圣和"新生命"派；

（2）"前资本主义社会"，这一看法由李季子（李季）详细阐发；

（3）"专制主义社会"，倡导者为王礼锡、胡秋原。

2. 亚细亚生产方式。这一看法的倡导者主要是马亚扎尔、瓦尔加、维特福格尔等外国理论家，在当时，以马亚扎尔的影响力最大。不过，这一看法在当时并不受欢迎，对其的反应主要是负面的。大多数持特殊论

---

① 少数一些人，包括修正自己看法之后的陶希圣，视周代早期为氏族社会，更精确地说，原始社会。

的中国学者视"特殊"为这种或那种生产方式的一个变体,如何干之就将其视为封建生产方式的一个变体。

这些对于东周时代界限的观点制约着社会历史学家对于发生在这一时期的社会变革的解释。在论战中,对于晚周社会变革的性质主要有四种观点:(1) 第一种观点认为它是由一种形式的封建社会过渡到另一种形式的封建社会,通常称为"半封建社会"。① 持这一观点的两个相关的著名人物是俄国的沙发诺夫(G. Safarov)和中国的李立三;这一观点最为热衷的提倡者是朱佩我,他在降低晚周变革之意义上比任何人走得都远。② (2) 第二种观点认为是由封建社会变为一种如上所列的封建社会之后、资本主义社会之前的过渡形式;而晚周则被视为这一持续超过2000年的过渡时期的形成阶段。(3) 第三种观点是由奴隶社会到封建社会,郭沫若和王宜昌是这一观点的主要支持者,不过他们在过渡发生的具体时间上并不一致。(4) 第四种观点是由氏族社会到奴隶社会,陶希圣在1932年之后持这一看法,不过并未对论战产生太大的影响。

论战中,对于晚周社会性质转变交锋最为激烈的,是前面两种观点。这在论战初起之时,尤其是在陶希圣公开挑战共产党人在这一问题上的公式化论述之后,表现得最为显著。陶希圣这时的主要论敌是朱佩我。虽然朱此时已经疏离于共产党组织,但是他仍然坚持中国的封建社会持续了近3000年的看法。朱的主要理论兴趣在当代社会,论战中,他很少为自己的上述立场进行详尽的辩护。不过,尽管朱佩我的相关论述非常

---

① 论战者们基本上会在"封建"与"半封建"之间作出区分。史华慈在其研究论战的论文中指出,"半"的语义含义非常轻微。但是不管多难弄清"半"所指的是什么,它隐含的意思还是相当清楚的——中国并不是一个纯粹的封建社会,不过封建的特征在社会整体的构成上仍然是主导性的。所以这一观点的支持者将他们自己的立场(如李季所指)与其他主张中国是后封建、前资本主义社会的观点区别开来。

② 朱佩我(1907—1945)是论战中少数几个无产阶级参与者。论战之后,他对共产党失去了幻想,并过着阴暗的生活。他有可能曾为国民党工作。一个攻击朱的人(胡子,有可能是胡秋原)还指控他是日本间谍。无论如何,在度过了四年的监狱生活后,1945年他被国民党处决,罪名是共产党间谍。论战中,他著述颇丰,并有数个笔名。

简要,但还是清楚地表明了其论述背后的基本理论假定。

陶希圣、朱佩我和中国的封建社会

在批评陶希圣对商业资本在中国历史上的作用的强调时,王宜昌指责陶希圣将"波格达诺夫的毒药"介绍到论战中,使论战偏离了科学的唯物主义的轨道。① 在缺乏具体证据的情况下,很难评估波格丹诺夫的理论公式对于陶希圣的中国社会分析产生了多大的影响,也很难说陶希圣对波格丹诺夫思想在中国的传播发挥了多么重要的作用。在任何值得注意的程度上,陶希圣并未引用波格丹诺夫的看法,陶希圣的历史分期的内部结构与波格丹诺夫的历史分期理论也只有极其细微的相似之处。从另一方面看,王宜昌则是根据波格丹诺夫的《经济科学简明教程》在20年代中期被翻译到中国后的广泛流行来作为自己的证据,但这时陶希圣还尚未获得一个史学家的声誉。②

关于商业资本主义作用的争论主要是由于马克思本人的论述存在一定程度的模糊所致,而并非真假马克思主义之争。不管怎样,我们还是可以推测一下:波格丹诺夫的思想为何对这一时期的中国马克思主义者这么有吸引力,而没有陷入论辩与争议的泥沼。史华慈在其1954年发表的对于社会史论战的研究中指出,如果帝国时期的中国社会有任何阶段与欧洲历史存在相似之处的话,那就应该是紧接着封建制灭亡的那段时期,这时日益上升的市场经济促使土地由封建特权垄断下的附属物转变为市场调节下的商品,这打破了经济的壁垒,由此也彻底动摇了贵

---

① 王宜昌,《中国社会史论史》,页 25。波格丹诺夫是 A. A. Malinovskii 的笔名。他的《经济科学简明教程》1897 年在俄国初版。这里所指的中译本出版于 1927 年,是由英国共产党翻译的英译本转译的。
② 当然,陶希圣与波格丹诺夫之间可能确有些关联。王宜昌视周佛海为最早翻译波格丹诺夫著作的人之一,而陶在 1927 年之后与周佛海关系非常密切,所以他有可能通过周佛海而开始接受波氏的思想。不过,这只是一种推测而已。

族政治的力量。① 社会历史学家基于对上述过程的认识,将帝国时期的中国描绘为一个封建社会之后、资本主义社会之前的社会。波格丹诺夫的历史发展类型学为处理上述情况的社会提供了一定的灵活性,而较为刻板的马克思主义历史分期就做不到这一点。在《经济科学简明教程》中,波格丹诺夫将社会分为"自给自足的"和"商业的"两大类型。② 在波氏的模式中,资本主义仅是商业社会的一个部分,它本身又可以分为三个阶段——商业资本主义、工业资本主义和金融资本主义。波格丹诺夫的模式大大增加了区分像中国这样显然不适于马克思主义社会发展模式中的封建主义或资本主义社会的可能性。

即使此时没有人公开地赞同波格丹诺夫的历史发展模式③,但有可能的是,他的观点使中国人获悉了商业资本主义概念对于中国历史的意义。那些卷入论战的人迅即转向马克思的著作,以此来为他们的主张"配备"必要的权威性。而他们的争论很大程度上也是围绕着马克思本人关于这一问题的论述。马克思在不同的场合论及商业与社会的结构性变革的关系,其中最为重要的是他在《资本论》第三卷论及商业对于自给自足的社会分解作用时的解释:

> 因此,商业对各种已有的、以不同形式主要生产使用价值的生产组织,都或多或少地起着解体的作用。但是它对旧生产方式在多大程度上起着解体作用,这首先取决于这些生产方式的坚固性和内部结构。并且,这个解体过程会导向何处,换句话说,什么样的新生产方式会取代旧生产方式,这不取决于商业,而是取决于旧生产方式本身的性质。④

---

① Benjamin Schwartz(史华慈),"A Marxist Controversy in China"(《中国的一次马克思主义争论》),载 Far Eastern Quarterly(《远东季刊》),13.2 (Feb. 1954):149。
② "自给自足的"社会又包括"原始社会"和"封建社会";"商业的"社会包括"奴隶社会"、"农奴社会"和"资本主义社会"。
③ 直至 30 年代中期,一些商业资本主义的提倡者才开始视其为一个严格意义上的历史发展阶段。
④ 马克思,《资本论》第三卷(纽约:国际出版社,1970),页 331—332。中译文采自《资本论》第三卷(北京:人民出版社,1975),页 371。

马克思的以上观点,在论战中经常被引用。在商业对社会变革的作用这一问题上,马克思本人的观点在细节处确实存在一定的模糊性,这使得中国的马克思主义者可以对商业在中国历史上的作用作出正相矛盾的解释。在以上论述中,商业被视为在一个自给自足的社会中能够消解现存社会结构的发展因素,但是消解之后,起决定作用的就不是商业而是旧生产方式本身——这和马克思关于社会发展机制的总体思想是一致的。马克思在紧接的论述中进一步确认了这一点,他指出:在古代世界里,商业的影响和商人资本的发展总是以奴隶制经济为结果,而在现代世界里,它则导致了资本主义生产方式的产生。①

然而,马克思的这一论述,立即引起了有关商业在一种社会形式到另一种社会形式的转变过程中的作用问题:为使旧生产方式消亡,多大的消解作用是需要的?在什么时间点上新的生产方式会兴起?至少说,商业在整个转变的过程中起了催化的作用。新的生产方式的特征会与商业的作用无关吗?马克思本人也意识到了这些问题:《资本论》的主要任务看来就是要描绘出欧洲封建主义消亡、资本主义兴起的轮廓。前面所引的《资本论》第三卷的论述,在某种程度上正是这些研究的结果。

我将在本章的最后讨论这一问题。然而,在此应该指出的是,那些将马克思这一论断作为一种普遍准则和单一解释接受下来的社会史家们,并不容易察觉到其中潜在的模糊性。他们对由"他者的"(another)历史(欧洲历史)推演而出的历史分期模式的信奉,加剧了将马克思的这一解释运用于中国历史的困难。资本主义不可避免地紧随着封建制的灭亡而发生的理论假定,在一个这种模式并没有实际兑现的社会里,使得"多大的消解作用构成旧生产方式的灭亡、灭亡之后接着又是什么"的问题变得极端重要,这亦成为激烈争论的焦点问题。社会史家们都同意商

---

① 同上书,页332。

业在晚周社会兴起,其影响一直贯穿帝国时期;但是他们在商业对于社会根本结构的意义这一问题上分歧严重。坚持帝国时期中国是封建社会的一派,依据马克思的上述论断声称,商业对于社会的根本构成而言只是附属的,它不仅不能产生一种新的生产方式,甚至旧生产方式的消解也不依赖于它,而是主要依赖其自身的"内部结构"。中国社会在晚周确实开始受到商业的作用,但是这尚不足以改变社会的性质,因为没有新的生产方式(资本主义)产生。封建中国论的反对者,除李季之外,均认为即便商业的作用并没有产生新的生产方式,但是它无疑具有消解旧生产方式的能力,在中国历史上它也确实做到了这一点。尽管新的生产方式(资本主义)尚没有兴起,但是封建制确实是消亡了。由于历史必然性的作用,中国走上了通向资本主义的漫长道路,只是由于一些特定的因素,中国一直未能最终实现资本主义。

有关晚周社会变革的最完整也最富于刺激性的论述是由陶希圣作出的。论战中许多人同意他对商业的在中国历史上的作用的描述,却不同意他由此得出的结论。陶希圣阐发其观点的时候,无疑对马克思关于商业资本主义的论述是熟悉的——事实上,正是他首先向中国公众介绍了包含有前面所引的那个重要段落的《资本论》章节。①

不过,仍有争议的是:陶希圣关于中国历史的分析是他自己独立思考得出的,还是在灵感上,甚至是在某些直接的论断上,受益于卡尔·拉德克?拉德克在1927年莫斯科孙逸仙大学的系列演讲中,最早运用商业资本主义的概念来解释中国历史。② 陶并未在他的著作中引述拉德克

---

① 方岳(陶希圣的匿名),《商人资本小史》,载于《新生命》3卷4期(1930年4月)。这实际上就是《资本论》第三卷第20章"商人资本的历史事实"的翻译。陶在介绍这篇译文时说,"这是一个著名的19世纪欧洲经济学家关于商人资本的系统的解释"。
② 根据拉德克的传记作者勒莫(Warren Lerner)的说法,这些演讲开始仅仅在拉德克的中国学生之间转抄,第一次成书是在1928年(?)以"中国革命运动史"为名出版。我在此使用的是拉德克著,克仁译,《中国历史之理论的分析》(上海,1933)。

的观点,直到1930年他才公开承认他熟悉拉德克的理论。① 而且,拉德克的讲演在1928年之前并未译成中文,而几乎与此同时,陶希圣也已形成了自己的观点。另一方面,不仅王宜昌在1932年的《中国社会史论史》中指出,而且更重要的是,陶希圣本人在与我的访谈中也证实——中国的激进主义者熟悉拉德克1927年的演讲,并对其中的一些问题展开过辩论。另外,从本研究所采用的视角——对于历史的兴趣是革命分析的产物——来看,如果没有其他什么原因,而只是从反驳斯大林主义对于中国社会的解释这个共同目的来看,拉德克的理论很有可能会对陶希圣产生吸引力。最后,尽管两人在有关中国社会的阶级结构和最适于中国革命的策略等问题上的结论并不一致,但是陶的理论确实与拉德克具有某种程度的相似性。有时,论战者会把陶希圣和拉德克的观点联在一起进行批评。② 不过,在没有更具体证据的情况下,我们最多只能说:拉德克的革命分析的启发,连同用"商业"来解释中国社会史的吸引力,给陶希圣等人③留下了足够深刻的印象,使他们得以作出自己近似的理论分析。由于拉德克的理论第一次提出了一种在其时的中国马克思主义史学中占有非常重要位置的历史观,在此有必要对之做一简要的分析。

　　拉德克认为,在19世纪帝国主义侵入中国以前,有两个问题对于理解中国社会的性质是最为重要的④:帝国时期中国土地所有权的基础是什么?中国农庄经济的性质是什么?他的答案反驳了封建经济仍在中

---

① 方峻峰(陶希圣的匿名),《托洛茨基派之中国社会论》,载于《新生命》3卷5期(1930年5月)。
② 不管怎样,拉德克与陶希圣在帝国主义阻碍了中国资本主义的发展(根据拉德克,这是在第一次世界大战以后)这一点上意见一致。这一解释令中国的托派非常不满。陶希圣与拉德克的主要不同在于他们对帝国时期中国政治的阶级基础的分析。有关将他们二人联系在一起进行批评的文章有:张横,《评陶希圣的历史方法论》,载于《读书杂志》2卷2—3期,页9以及李季,《贡献与批评》,载于《读书杂志》3卷3—4期,页51。
③ 梅思平是新生命派中与拉德克观点最为接近的人。参见梅思平,《中国社会变迁之概略》,载于《新生命》1卷11期(1928年11月),页1—12。
④ 像上章所讨论的中文著作一样,拉德克的演讲本意是在于清楚地阐明关于中国革命的策略性问题,不过就我看来,他并不能够轻易地就把这个问题解决,从最后的成书来看,他演讲的主要部分讨论的主要是中国的历史发展问题。

国占上风的观点。对于第一个问题,他认为在市场作用的分配下,土地归于私人所有;在另一方面,与那些认为地主所有制微不足道的观点不同,拉德克认为相当可观的大土地所有者的存在,表明存在着一个强有力的地主阶级。① 关于第二个问题,他认为繁荣的商业早已使自然经济消亡,使庄园里的生产和消费依赖于外部的市场。② 事实上,从公元纪年以来,货币经济就成为了中国经济的主要特征。

　　拉德克认为,中国早在周代初期就已经进入了封建社会。当时北方游牧民族对于中原社会的军事压力导致了以农业社会为依托的军事保护者的兴起,后者以封建的政治规制建立起他们的政治权力。③ 在接下来的几百年中,封建军阀之间的混战使他们的权力衰竭,动摇了封建国家的根基。不过,最终乃是由于生产工具和交通运输的改善所促发的手工业和货币经济的发展,导致了封建制度的衰败。④ 然而,拉德克接着指出,由于中国有限的市场对于贸易扩展的限制,这种转变在中国从未得到彻底的完成。中国的社会和政治结构确曾发生了一些重要的变化,如财产关系对于市场规制的附属,通过参与市场经济而获得权力的新兴地主商人阶级对于封建地主的取代,建立在新兴阶级基础及其利益之上的集权化的专制国家的兴起。但是中国最终还是没有能够进入下一社会发展阶段——工业资本主义,封建主义复活的潜在可能性也从未消除。⑤ 13世纪的大元帝国曾经大大扩张了中国商人的活动范围,导致中国工业向前跃进了一大步。然而,随着元帝国的迅速衰落和国际市场的崩溃,这种扩张还未能刺激工业资本主义的产生,就被打断了。这一插曲的最终效果是巩固了商人-地主的权力,增强了绝对主义君主制。拉德克的

---

① 拉德克,《中国历史之理论的分析》(上海,1933),页7。
② 同上书,页15—16。
③ 同上书,页41。
④ 同上书,页51。
⑤ 同上书,页51—69。

结论是,在西方入侵的前夜,中国已经处于一个与工业革命前夜的18世纪欧洲相对应的发展阶段。①

尽管新生命派在排列中国社会发展时并没有表现出像拉德克那样强的信心,在很大程度上也并不同意拉德克关于帝国时期中国社会的阶级基础的看法,但是他们的分析在理据的使用上却与拉德克很相似。这在陶希圣的著作中是非常明显的。②

陶希圣根据奥本海(Franz Oppenheimer)有关国家历史演进的理论来描述周代早期封建制度的发展。③ 奥本海认为封建国家是第一种国家形式,它是游牧民族征服定居社会的产物,游牧民族利用他们的军事优势,对于被征服的农民进行政治上的统治,榨取他们的劳动果实,在其他地方这也被描绘成"超阶层"(superstratification)。④ 根据陶希圣的看法,当游牧的周民族征服较先进的商民族时,所建立的政治制度与中世纪的欧洲是相同的:"中国古代的封建制度与欧洲的封建制度小异大同,而小异之差,也许和欧洲各地封建制度互异之差相等。"⑤在1930年的一本著作中,他作出了一个对于封建制度总体特征的完整描述:

> 封建制度以封限于地方共同体之内的农业手工业为基础。一个或多数村落构成一个地方共同体,自有其公共的森林,草场,水道及耕地。在这种地方共同体之内,公地及分授于农户的田园,供给

---

① 拉德克,《中国历史之理论的分析》(上海,1933),页56。
② 在为社会史论战的一本论文集所作的编者序言中,陶希圣介绍了当时六种流行的观点:(1)中国是封建或半封建制度之社会;(2)中国封建制度已不存在,封建势力尚存在着;(3)中国是商人阶级社会,或商业资本社会,或封建势力支配下之初期资本主义社会;(4)中国百年来已经是资本主义社会;(5)中国是封建政权支配下的小地主商人社会;(6)中国是马克思所谓亚细亚社会之一。其中(2)、(3)、(5)是《新生命》杂志中最常见的观点。参见陶希圣编,《中国问题之回顾与展望》(上海,1930),《编辑者小引》,页1—2。
③ Franz Oppenheimer (奥本海), *The State: Its History and Development viewed Sociologically*(《论国家》), Tr. by J. M. Gitterman (Indianapolis: Bobbs—Merrill, 1914).
④ 同上书,页52。运用"超阶层"概念的另一个近似的观点可以参考 Wolfram Eberhard(埃伯哈德), *Conquerors and Rulers*《征服者和统治者》)(Leiden: E. J. Brill, 1952)一书的第1章。
⑤ 拉德克,《中国社会之史的分析》(上海,1929),页31。

生活必需品,如田园果食,渔猎产物,畜牧兽类,木材羊毛等原料品,用以供家庭工业之制造。这种地方共同体常为一个自足的经济有机体,与外界差不多没有经济的接触。地方共同体的领主在这个共同体以内,养成"夜郎自大"的尊严。国王不过是较大的领主,并没有权力臣服别的领主,因此封建国家是一种极形松懈的组织。①

从传统中找到根据后,陶希圣接着指出,在周征服商的过程中出现的封建制度展现了封建主义的全部特征,其主要特征如下:(1) 社会的经济组织建立在庄园的基础之上,后者在中国体现为井田制。庄园由农田、牧场以及猎场构成,四周围绕有要塞城堡。部分的土地在农奴间进行分配,构成他们的私产;其余的是公用地。农奴对领主有三项主要义务:地租义务、徭役劳动和贡物的义务(如酒和家禽)。(2) 土地权力的等级性,也就是说,持有的土地多少是由其政治上的等级决定的。理论上,天下所有的土地都是王田,封建领主替周天子管理土地;实际上,军事实力和等级是决定领主土地多少的决定因素。(3) 存在一个自由农阶级和一些仅对领主负有军事义务而无须支付地租的土地所有者。(4) 严格遵循等级制度并定期强化这种等级规则。②

在此,值得重申陶希圣所认为的封建制度的最基本特征——陶认为帝国时期的中国之所以不再是封建社会,就是因为这些因素不存在了。在经济上,陶强调自给自足的庄园组织是封建制度的基础。在这样的社会中,农业和家庭手工业构成了主要的经济活动;主要劳动者是依附于庄园的农民即农奴。财富的拥有者是那些同时也垄断了政治管制功能的封建领主,他们之间严格遵循着一定的权力等级秩序。后者是封建制的一个特有的性质,亦可解释封建制度下权力的分散配置。陶希圣反复

---

① 陶希圣,《革命论之基础知识》(上海,1930),页49。
② 陶希圣,《中国封建社会史》(上海,1929),页16—20。亦可参考《中国社会与中国革命》(上海,1931),页120—121。

强调经济与政治权力集中在社会的同一集团手中是封建制度的一个基本特征。他相信,这些经济、社会以及政治的特征是中世纪欧洲和周代早期的共同特征。

到了春秋时期,生产力的发展在带来了人口压力的同时,也导致了贸易的兴起,周代的封建制呈现乱局。在西周时期生产技术仅有微小的变革,而春秋时期铁器的使用令深耕成为可能,大大提高了生产效率和生产力,导致农奴阶层和贵族阶层均出现人口的过剩。① 使封建制灭亡的更重要的技术发展是灌溉技术在农业中的应用。灌溉系统要求劳动力的集中以及更为精确的田界划分,这和结构松散的庄园组织产生了冲突;同时,大范围灌溉系统要求中央政府的权力日益加强。据陶希圣所言:"灌溉系统的扩展是导致封建制度灭亡的决定性因素之一。"② 更大范围的组织的要求和人口上升的压力,在诸侯国内部与诸侯国之间引发对土地的争夺,这最终摧毁了贵族身份,解放了农奴,加速了土地向新兴地主阶层的集中。陶希圣说:"依于上述,我们可以看得出庄园制度的分解。贵族分解为地主及无土地的人。农奴分解为自由农民、奴隶、佃户及雇工。士分解为地主及丧失土地者。封建地租分解为国税(田赋及徭役)与地租。土地权归于地主,政治支配权归于国家。"③

这些变革最为明显的证据是城市中心的兴起。随着贸易的发展,城市扩张并开始支配乡村。中国有史以来就存在贸易,但是在数量上微不足道。周代早期的大多数人生活在自然经济中,贸易仅限于为贵族供应奢侈品或是消费之后剩余的一些过剩物品。生产力的上升和交通的改

---

① 陶希圣,《中国社会与中国革命》,页 23。
② 方岳,《封建制度之消灭》,载于《新生命》2 卷 3—5 期(1929 年 3—5 月)。这一点见第三部分,页 4。很难说陶希圣对于灌溉系统的强调是他自己的原创。拉德克在其著作中提及了灌溉的问题。另外,通过《新生命》上发表的一篇译文,陶希圣这时应该也很熟悉维特福格尔有关这一问题的论述。参见维特福格尔《中国阶级之史的考察》,载于《新生命》2 卷 8 期(1929 年 8 月)。
③ 参见陶希圣《中国封建社会史》(上海,1929),页 24—33,引文见页 32—33。

进导致贸易激增,反过来,货币经济的扩张又加速了封建制度的分解——这首先影响了独立的生产者,接着又使得乡村的人口过剩问题更趋恶化。过剩人口流入城市,为在贸易影响下崛起的新兴工业提供了劳动力。与此同时,资本流入乡村,改变了财产关系:土地从属于新的市场经济并转变为一种商品。①

财产关系的变革改变了周初以来的社会政治结构。然而,这一变革特有的方向使得其本来大有可能完成的革命半途而废。变革最终导致资本和土地的融合:积累了资金的商人购买土地,而地主则出售他们的剩余产品而成为商人。同时他们都运用他们的资金进行高利贷活动。最终,地主所有制、贸易和高利贷结合在了一起。②这一现象抑制了新兴的资产阶级发展成熟为一个能够独立确立其对社会的经济、政治统治的阶级。最终受益于这种阶级的模糊性的,则是新兴的政治精英。

尽管社会史家们在上述社会变革发生的基本机制上意见一致,但是周代晚期政治势力与经济势力的分离问题却造成了他们意见的分歧。陶希圣从他的论述得出的结论是:周代封建制在公元前300年左右就消亡了。与经济领域里封建贵族的没落相应的,是一个新的集团进入了贵族政治崩坏后留下的政治真空。这个新集团主要由三种人构成:失势的贵族、由独立的武士演变而来的士和受益于社会流动地位上升的平民。这三类人一起构成了一个新的集团,他们从事于思想和政治活动,成为社会政治理论家亦即大族或大官僚的食客——一类为财富驱使而浮游于社会中的知识分子。他们不事生产,也鲜有一致性(从他们所鼓吹的不同意识形态学说可以为证)。他们唯一共同的特征是他们的"寄生性"。他们本身不是地主,但是土地在间接上也是他们生计的来源,所以他们的利益与地主是一致的。

---

① 陶希圣,《中国社会与中国革命》,页23。
② 方岳,《封建制度之消灭》,第一部分,载于本书页63注③所引期刊,页7。

帝国时期中国社会结构的最终形式显示：封建的特征依然存在，却并不是一个封建社会。① 在社会的经济基础方面，新兴的地主—商人—高利贷集团控制了财富的主要来源。土地在此前的封建制度下是按照政治等级标准进行分配的，而现在成为一种商品。在政治上层建筑方面，管理国家的不是经济精英而是教育—政治精英——士大夫。从某种意义而言，士大夫是一种"身份"集团，一只脚扎根于地主所有制，另一只脚扎根于国家的官僚制度，并在国家与经济精英之间起中介的作用。地主与士大夫经常是互相渗透的；不过，尽管他们的利益基本一致，但并不完全相同。陶希圣强调士大夫的作用是"双重性"的，晚近的研究成果也支持这一点，即在官僚体制内时，士大夫代表国家的利益；而在野时，他们逐渐倾向于为地方势力辩护，抗衡中央政府的干预。② 士大夫集团的出现改变了封建制度的核心特征——政治经济权力集中于社会的同一集团手中。陶希圣关于帝国时期中国社会的著名（对于其论敌来说无疑是臭名昭著的）论断是："封建制度已不存在，封建势力还存在着。"③

无论在其他地方有多么相似，上述这一观点将陶希圣与拉德克以及论战中的其他对手区别开来。拉德克也注意到了帝国时期中国社会的阶级模糊性，不过，他坚持国家的阶级基础是资产阶级—地主经济阶层，其中资产阶级又是较高级的因素——"只要存在这种联盟的地方必定是如此"。④ 陶希圣则将政治权力从经济权力分离出来，视前者为阶级之上的一个独立的因素。陶自己承认，这一区分得益于奥本海："我用了力，翻译奥本海的《国家论》。这本书无异于表现我自己的社会史方法论。"⑤

---

① 陶希圣指出统治阶级的力量、士大夫、军阀、宗法和儒家思想是贯穿帝国时期中国社会的封建特征的表现。
② 最近的研究，参见 Chang Chung-li（张仲礼），The Chinese Gentry（《中国绅士》）(Seattle: Univ. of Washington Press, 1955) 和 Franz Michael（梅谷），The Taiping Rebellion（《太平天国之乱》）(Seattle: Univ. of Washington Press, 1966)。尤其是后一本书的页 1—20。
③ 陶希圣，《中国社会之史的分析》(上海，1929)，页 26。
④ 拉德克，《中国历史之理论的分析》，页 63—64。
⑤ 陶希圣，《潮流与点滴》(台北，1964)，页 111。

奥本海对马克思唯一的批评(除此之外他对马克思非常赞赏),是马克思混淆了政治方式和经济方式。奥本海本人视经济方式为社会发展的首要推动力,但是他区分了用以达到经济目的的手段。他认为"经济方式"是将自己劳动以及用自己的劳动与他人的劳动进行的等价交换,而"政治方式"则是无偿占有他人劳动来满足基本上是经济的需求。① "政治方式"最主要的例子就是因为私人利益而占有支配土地,这在封建制度下体现得最为明显。对于政治方式和经济方式的区分也贯穿陶希圣理论分析的始终。他认为,士大夫运用政治的手段来从劳动者的压榨中获益(因而他们具有寄生性),所以尽管他们在社会和政治组织中的地位与封建贵族有诸多不同,他们仍然保持着一种高度的封建特征。② 在一处陶希圣甚至指出,尽管从表面上看士大夫与封建地主没有共同之处,但是从他们各自与农民的关系来看,这种区分又是没有多少实际意义的。③

陶希圣最后转向了其历史研究的出发点和贯穿其历史分析的基础:如果封建制度在中国早已瓦解,为什么中国没能够进入下一个发展阶段——资本主义,而是停留在一个过渡状态达两千年之久?他用经济和政治因素的混合来解释这一中国历史现象。

在经济领域,陶希圣发现答案在于商业资本的总体特性:商业资本虽然对封建的自然经济产生了破坏作用,但是其本身却不足以建立一种新的生产方式。具体到中国,正是商业的作用成为阻碍经济发展的一个重要因素。根据马克思的提示,陶认为商业资本的"独立发展"(也就是和生产发展相分离的商业发展)使得剩余资金流入非生产的领域,因而阻碍了生产力的发展。④ 中国经济的总体落后和农民的贫困,妨碍了商

---

① Oppenheimer(奥本海),*The State: Its History and Development viewed Sociologically*(《论国家》), p. 25.
② 陶希圣,《中国社会之史的分析》(上海,1933),页67。
③ 同上书,页38。
④ 同上书,页46。

业成长为一种可以将不同地区融合为一个由城市中心网络支配下的国内市场的力量。商业(和城市)本身也被谴责为反面的力量、乡村的寄生剥削者。由于没有高度的商品交换的内在需求,也没有富有实际意义的同外国的经济交往,商人们没有多少动力投资于制造业,而是把他们的运作主要局限于较为有利可图的地区性贸易。于是,商业在中国,不是像在欧洲那样刺激生产的专业化,催生工业资本主义,而是依附于地区之间的专业化。商人,作为地区之间、城市与农村之间的中间人,过着一种寄生性的生活,剥削生产者,从而威胁社会的稳定。商业资本(商人资本和高利贷的综合)使农民贫困化,更严重的是,侵占农民的土地,危害农业生计。由于商业对于总体经济的作用是边缘性的,商人未能获得足够的权力来要求建立一种有利于其发展的经济环境,甚至不能使他们自己的利益和财富免于被专制的政治精英侵害或没收。反过来,商人们转向投资土地来确保自身财富的安全,导致了土地的周期性集中。土地的集中不仅剥夺了很多农民的生计,造成国家的动荡;而且地主还通过合法或非法的途径免于国家税收,严重侵蚀了国库。当国家面临日益增长的动荡和不安,最需要财富救急的时候,它发现自己并没有必要的经济手段来施加其对社会的控制。

陶希圣发现,中国历史上政治权力的周期性分解过程表现为王朝的更替。农民叛乱和游牧民族的不断入侵,都对帝国政权构成了严重的威胁,导致了朝代的更迭。然而,由于中国社会的基本经济特征一直持续,所以王朝更迭对于社会政治结构的影响仅是非常表面的。而且,陶希圣指出,在经济上一直保持其固有结构的同时,政治上封建制度复苏的可能性也从未完全消失过。实际上,在一些北方游牧民族侵入中原的情况下,如公元3—6世纪的分裂时期,中国就曾回复到封建的政治状态。①

---

① 方岳,《封建制度之消灭》,第二部分,载于本书页63注③所引期引,页1—10。这些观点遍布于陶希圣的著作,亦可参考最后一章。

如果说贸易和经济在总体上并没有产生出改变中国社会的必需的力量,很明显,陶希圣认为是政治和意识形态等上层建筑促成了这种以商业经济的兴起为表征的潜在变革的最终实现。政治和军事豪强要依靠对农民的剥削才能存续,才能靠实力和中央政府抗衡。所以士大夫阶层不仅将农业社会理想化,而且商业和贸易一旦发达(如汉朝和宋朝时),就会受到他们的强烈压制。这种表达于儒家政治哲学的抑商倾向,是一直存在于帝国时期的最为重要的"封建势力"之一。① 父系宗法也是重要的封建势力,它重新强调家族力量的中心性,并未确保社会的稳定而压抑个人的主动性。这些势力具有很强的伸缩性,即便是在现代中国,它们仍然保有足够的力量(尽管是与其他新势力融合在一起),阻碍中国社会的发展。正如陶希圣在其一篇论文中所总结的:"综上所述,中国的农业和手工业经济,及由这种社会经济发生的结果,如交通的滞阻,货币的缺滥,地主和高利贷的剥削,乃至政府的官僚军队割据的倾向,这些实阻碍资本主义的发达,致中国社会直到清末,还是一个封建社会,政治形态还是一个军事封建国家。"②

于是,陶希圣发现:晚周经济变革对于中国社会的政治和社会结构的重要转变起了催化的作用。在新的结构中,经济的力量在很大程度上和政治的力量分离开来——按照陶以及其论敌对于马克思主义的信仰,这产生了一定的困难。这种二分法,以及未能找到一个适合概括新社会的马克思主义范畴,导致陶非常令人遗憾地将中国历史的大部分时期描述为一种过渡社会。从陶希圣自己对这一问题的解释来看,他的理论困境,在他既否定封建制度的存在而又不可避免地将中国描绘为封建的,以及他无法确定士大夫究竟是构成了一个阶级还是只是一个社会集团上。这些都表现得至为明显(这让人想起上章提及的《中国农民》作者们

---

① 陶希圣,《分析》(上海,1929),页 260。
② 同上书,页 136。

的理论混淆),也招致了他的论敌们对其理论和分析前提进行了猛烈的批评。

陶希圣的论敌在批评其论点时,把火力主要集中于其社会学概念的使用。对于中国革命问题持更为激进观点的马克思主义者,很快就察觉出陶希圣论点的政治涵义;反过来,他们攻击陶的历史解释是取法于像奥本海这样的"资产阶级"社会学家,而放弃了政治的阶级基础这一马克思理论的核心假定。① 李季认为陶的历史解释的缺陷在于其对马克思著作的了解非常有限(李称陶为"马克思主义"的门外汉)。李季断言:陶的信心不足,这在其刻板论述尽管已产生自相矛盾,却依然顽固地拒绝放弃特定的历史概念上,表现得非常明显。② 这些自相矛盾,其他作者也已经注意到了——是陶关于"封建制度"概念的使用以及他处理帝国时期中国社会的阶级问题时采用的方法。李季指出,尽管陶断然否认,但是陶显然认为帝国时期的中国本质上是一个封建社会——因为他认为"封建势力"决定了中国历史的进程;在封建制度和封建势力之间的虚拟区分,不过是暴露了陶不愿意承认中国晚周社会变化的实质——封建制度的消失。③ 李季更为猛烈地批评了陶希圣的社会分析中"等级""阶层""阶级"的混淆。他计算出陶希圣在其所有著述中,共有34处用"阶级"分别来指代地主、士大夫、贵族、知识分子、城市居民和其他一些根本不是以其在社会上的经济地位来界定的社会团体。这些混淆,使得陶希圣毫不困难地将周代社会和政治等级的消失,视为是政治的阶级基础的消灭。④

李季以完全否认帝国时期中国的有任何封建特征作为其批判陶希圣的立足点。而那些封建论的辩护者们,则从正好相反的角度对陶进行

---

① 杜畏之,《古代中国研究批判引论》,载于《读书杂志》2卷2—3期(1932年3月),页58。亦见张横,《评陶希圣的历史方法论》,载于《读书杂志》2卷2—3期,页5—6。
② 李季,《贡献与批评》,载于《读书杂志》2卷7—8期,页49—53。
③ 同上注所引期刊,页4—5。
④ 李季,《贡献与批评》,《读书杂志》3卷3—4期,页1—34。

批评,他们指责陶在处理社会变革问题时犯了形式主义的错误;他们抱怨陶的分析过于集中在社会和政治组织的分析以至于忽略了更为基础的经济关系。① 最为强烈地主张帝国时期的中国社会是封建社会的人是朱佩我,他的许多观点都是在对陶希圣的观点的冗长的批评中呈现出来的。朱否定商业资本在中国历史的发展中具有重要的地位,其历史依据就是陶希圣在论证时所使用的马克思的那段话。朱认为,商业资本无力创造新的社会,因为后者是依赖新的生产方式的变革的。他认为,陶希圣实际上表明了这一点,只是他为了掩盖自己的立场,才把新的社会称为过渡社会。朱认为,商业资本在过渡时期的中国社会无可否认是存在的,但是朱把商业资本对于封建经济基础的分解作用最小化了:商业资本在中国确实存在,甚至也侵入了农村,使农村自然经济渐渐发生解体作用,但是这种作用的进展非常缓慢,以至于在中国,经过了两千年的这种分解作用之后,仍然未能改变封建的经济基础。② 而且,朱佩我坚称,商业资本本身不是一种生产方式,而是呈现出它所作用的社会形式的特征。商业在封建社会的存在并不意味着这一社会的变化,相反,商业资本的存在是为封建生产方式服务、加剧封建剥削的。③

其次,朱佩我否认土地所有模式的变化和政治上层建筑的变化从实质上改变了封建社会,因为这些变化都没有使生产和剥削方式发生重要的改变。④ 土地也许已经易手,但是其运作的方式和地主对农民的剥削都没有改变。至于所谓政治和经济力量的分离也只是一种错觉,因为取代了贵族的官僚们的利益与地主的利益密不可分。

---

① 田中忠夫,《中国社会史研究上之若干理论问题》,载于《读书杂志》2卷2—3期,页10—13。田中指责陶希圣强调政治关系或劳动和剥削的形式(分别是农奴制和实物地租)而非财产所有者和劳动的关系的性质,也就是说,封建制度下是依附的关系,资本主义制度下是市场的关系。
② 朱其华(朱佩我的化名),《中国社会的经济结构》(上海,1932),页295—296。
③ 朱新繁(朱佩我的化名),《关于中国社会之封建性的讨论》,载于《读书杂志》1卷4—5期(1931年8月),页14—15。
④ 朱其华,《中国社会的经济结构》(上海,1932),页282。

在这些论据的基础上,朱佩我又依据马克思的一段论述对于封建制度进行了定义。他认为封建制度有两个本质特征:自然经济(自给自足、非商品化的)以及地主对农民"非经济的"或"超经济的"剥削,在他心中后者又是最为重要的。在处理西周封建制度和帝制中国的关系时,有两个问题指导着他的研究:(1)战国之后,土地的名义上的所有者是否对直接的生产者进行超经济的剥削?(2)自然经济在秦以后的时期是否居于主导地位?朱对于第一个问题的回答取消了西周时期的封建所有者和帝国时期的地主差别;对于第二个问题的回答则完全否定了商业资本曾在中国历史上发挥任何重要的影响。①

朱佩我认为,所谓"超经济的压迫"的具体事实是:(1)地主征收农民的农产品,往往超过50%甚至80%的租额;(2)农民对地主还有各种贡献的义务;(3)地主对农民有统治特权;(4)两者间等级制度森严。关于地租,朱佩我也视以上这种高额的实物地租的存在为封建关系在中国一直存在的进一步证据。②

自然经济在中国居于统治地位的首要证据是货币经济在中国一直处于初级的发展阶段,贸易长期采取的是物物交换的形式。③ 讽刺的是,同样是运用陶希圣所发掘的事实材料,朱佩我辩称:尽管货币纽带的低度发展并不意味着没有贸易进行,但是它显示贸易的量很小,仅局限于本地得不到的商品,这样低水平的贸易不能刺激资本的积累和生产的改进。

由于土地被视为社会的经济基础,所以地主的利益应该在政治上层建筑居于统治地位。朱佩我支持这一看法,他认为中国政府对于商人的压制以及官方意识形态赋予农业的首要地位就是这一权力制衡的最为明显的体现。中国政府强调农业不是处于利他主义的立场而是出于自

---

① 朱其华,《中国社会的经济结构》(上海,1932),页277。
② 同上书,页304—305。
③ 同上书,页296。

身利益的需要,想使对于农民的封建剥削永续下去。① 除了地主阶级对于政府的控制之外,封建的上层建筑还表现出两个附带的特征——离心化和等级制度。在这些方面,帝国时期的中国政府和周朝并无二致。离心的力量一直到清朝都存在:清朝的地方长官和总督对于本地的财政和政治权力具有很强的控制力,皇帝的权力仅仅是名义上的。至于等级制度,它一直原封不动地存在着,两个时期的不同之处只是在于使用的名号不同罢了。②

朱佩我认为,帝国时期的中国社会和周朝的封建制本质上是相同的。很奇怪的是,在朱的分析中,导致中国未能从封建主义继续发展下去的关键是商业的停滞——这个在理论上他认为对社会的发展没有多少影响的因素。在欧洲,资本主义是通过资本的原始积累和由海外市场的拓展而导致的生产扩张来实现的。这种对新市场的追寻本身也不是偶然的:欧洲国家国内市场有限,手工业的进步、交换范围的扩大、商业资本的发展、国内市场不能容纳,于是有向外找新市场的必要。而在另一方面,中国的"祸根"是其在物质资源上的富庶!国家的许多地区都是自给自足的,而国内市场又大得足以满足任何的贸易需求。中国既然没有找寻新市场的需要,自然也就没有改进生产力增加生产的需要。而且,由于中国的土地非常富有,尽管存在严酷的剥削,农民仍然能够生存下去,所以大批的失业劳动力——这个除了资金之外的资本主义发展的又一重要条件,在中国也从来没有出现过。③

朱佩我通过对马克思主义关于封建制度的思想的简化解释,来为他否认帝国时期中国社会发生了任何具有重要意义的变化提供理据。尽管马克思和恩格斯的一些论述确实让人相信自然经济和"超经济的"剥削是封建制度的定义,但是对于这些论述的上下文的进一步考察却显

---

① 同上书,页311—315。
② 朱其华,《中国社会的经济结构》(上海,1932),页309—310。
③ 同上书,页242—243。

示,这两个标准却不足以清楚地定义作为一个历史范畴的封建制度——至少不是像朱佩我和其他封建中国论的提倡者所认为的那样。

马克思是在讨论资本主义的发展时对封建制度问题作出评论的,这些评论只是零零碎碎地分散在他几乎所有的著述中。① 正因如此,他并没有意在定义作为一个普世的社会形态的封建制度,而只是描述欧洲封建制度是如何演变为欧洲资本主义制度的。② 这些看法,至多是表达了马克思所认为的在欧洲背景下的封建制度与资本主义制度相异之处;它们并不足以将封建制度和其他前资本主义的社会形态区别开来。这种含糊性在《资本论》第一卷中对封建生产方式的一处界定中表现得非常清楚:

> 小范围的农业经济和独立的手工业生产,一部分构成封建生产方式的基础,一部分在封建生产方式瓦解以后又和资本主义生产并存。同时,它们在原始的土地公有制解体以后,奴隶制真正支配生产以前,还构成古代社会全盛时期的经济基础。③

很清楚,即使在此,马克思所指的也不是封建生产方式,而是它与此前的经济方式所共享的基础以及使封建制度得以与资本主义生产方式"肩并肩"存在的基础。

然而,提倡封建中国论的人根本无视生产方式问题(从技术的角度说,农业几乎不能代表一种生产方式的),强调自然经济和剥削的方式才是封建制度的特征。④ 恩格斯和波格丹诺夫的著作在当时中国的流行,

---

① 在《资本论》和《德意志意识形态》亦都是如此。即使是在《论前资本主义经济方式》一书中马克思同样也很少对封建制度作出解释。
② Schwartz(史华慈),"A Marxist Controversy in China"(《中国的一次马克思主义争论》),p. 149.
③ 转引自同上书,页 148。此段中译文参考了《资本论》(第一卷)的中译本页 371 注㉔,并对照英文原文略有修改。
④ 例如,李立三坚决地将"剥削形式"与"生产方式"等同起来,将剥削形式描述为社会的基础。参见李立三《中国革命之根本问题》。

可能是导致论者将自给自足视为封建经济的特征之一的原因。① 朱佩我，像第三章所讨论的托派一样，求助于恩格斯的著作来支持自己的这一看法。同样的观点在波格丹诺夫的历史分期中甚至更为明显——封建制度被认为是商业资本兴起之前的自给自足的社会。不过，波格丹诺夫的封建制度，和马克思所讨论的中世纪的欧洲封建制度几乎没有什么关系。波格丹诺夫将封建制从农奴制区分开来，并将其置于历史的源头：封建制经过奴隶制和农奴制两条不同的途径而发展成了资本主义社会。

恩格斯的著作更为相关。根据恩格斯，自给自足或自然经济是指封建社会的生产是适应于生产者和地主直接消费的需要，而非市场的需要。在马克思著作的框架内，这等于是一个不言而喻的真理，因为整个《资本论》就是讨论随着资本主义的兴起，市场的理论如何主导整个经济活动，即从为了使用价值而进行的生产转变为为了交换价值而进行的生产（商品经济的兴起，包括劳动也成为了一种商品）。② 在此，对于我们的讨论重要的是：为了市场而进行生产只是资本主义经济的特征；相反，市场的低水平介入不仅是封建社会的特征，而是可能除了奴隶社会之外一切前资本主义社会的特征。显然，马克思在《资本论》中以及恩格斯在后来的进一步阐述中，强调封建社会商品生产的缺乏，是为了将其与资本主义经济作比较，而不是与其他社会形式作比较。③ 当在讨论为了使用而进行的生产时，马克思曾在一段话提及封建生产方式，而紧接着下一段就提到了父系家族的经济活动。④ 缺少为了交换而进行的生产，同样也是商品在经济生活中作用微小的"古代亚细亚和其他生产方式"的特

---

① 参见上段。
②《资本论》第一卷完全是在讨论这一问题。
③ 显然，商品生产、奴隶制、资本主义两两之间的相互关系都要较其与封建主义的关系来得更近。
④ 马克思，《资本论》第一卷，中译本页77—78。

征。① 简言之,当封建中国论的提倡者们调用马克思、恩格斯的这些经典论述来证明自给自足是判断封建制度的一个标准时,他们至多只能够证明帝国时期的中国不是一个资本主义社会。从纯马克思主义理论的角度而言,自给自足这个论据不足以证明帝国时期的中国是封建社会。

也许是意识到了这一问题,朱佩我和其他封建中国论的提倡者将证明的重点更多地摆在了剥削关系上;亦非偶然地,这在反封建的革命分析中也居于中心地位。朱明确承认这一标准对于理解一个经济系统的首要地位:"我们必须首先审查这一系统的剥削关系。"②他所描述的封建剥削关系"是在于名义上的土地所有者从独立生产者——农民——身上用超经济的压迫,以榨取其剩余劳动"。朱佩我以及当时共产党的官方文件总是一成不变地将"非经济的"和"超经济的"剥削定义为地主对农民过度严酷地压榨。然而,残酷的剥削并不能为理解这一社会的性质提供多少实质性的线索;而且这种对"超经济的"剥削的特别的理解,扭曲了马克思最初使用它的本义。③ 很清楚,在朱佩我所用以支持其关于封建剥削观点的《资本论》原文中,再次显示马克思头脑中根据资本主义市场机制作用的对劳动的剥削和通过其他纯经济方式的对劳动的剥削之间区别是明显的:

> 在这里,按照假定,直接生产者还占有自己的生产资料,即他实现自己的劳动和生产自己的生活资料所必需的物质的劳动条件……在这些条件下,要能够为名义上的地主从小农身上榨取剩余劳动,就只有通过超经济的强制,而不管这种强制是采取什么形式。④

---

① 马克思,《资本论》第一卷,中译本页79。
② 朱其华,《中国社会的经济结构》(上海,1932)。
③ 朱新繁,《关于中国社会之封建性的讨论》,载于《读书杂志》1卷4—5期(1931年8月),页5。
④ 马克思,《资本论》第三卷,页790—791。中译本《资本论》第三卷(北京:人民出版社,1975),页890—891。

这段话很明显地将封建农奴和仅有自己的劳动可以出卖的无产者区别开来——农奴至少还保有维持其生计的必要的生产工具。马克思在这段开始时提到了封建制度下的直接生产者——农奴,但是在讨论的过程中他把同样的特征也运用于"印度社会中的自然经济"——那里的剥削关系与欧洲封建制度下的剥削关系的区别仅仅在于:"在亚洲"国家是超级的大地主,所以地租表现为地税的形式。① 因而,第二个标准——自给自足——界定的同样不是封建社会而至多是一个前资本主义的社会形式。② 而且,在这一特定的上下文背景中,马克思关注的不是社会形式问题,而是劳役作为一种地租的性质。他强调的要点是当生产者占有生产的工具时(他认为除了奴隶社会和资本主义社会之外都是如此),名义上的土地所有者为了剥夺农民的剩余劳动,"财产关系必然同时表现为一种统治和被奴役的关系"。③ 这构成了超经济的压迫或强索的内容——这表示是特定的法律—政治特权使所有者得以剥夺剩余劳动而非市场经济条件下的经济竞争(这才是经济的剥削)。这一区分显然与奥本海所阐述的论点并没有实质性的分别。

朱佩我为了证明其对马克思化约论的解释,将欧洲封建制度所有的政治—法律的辅助都仅仅视为是对社会形式的根本性质没有任何影响的上层建筑的小点缀。正如史华慈所论,尽管马克思本人对这一问题偶尔也有含糊之处,但是像朱佩我这样对于财产关系的"轻慢的"态度,很难获得马克思主义理论的认可——在马克思主义理论中,财产关系是居于经济—社会组织核心的生产关系"在法律上的表现"。④ 我将在第七章讨论构成社会的不同方面的关系时进一步阐述这个问题。然而,在此值

---

① 马克思,《资本论》第二卷,页791。
② 有人发现这在马克思的论述中相当普遍。这是由于马克思首要强调的是资本主义及其后继的趋向,所以经常将其他社会形式合在一起论述,以使资本主义的特征更为集中和凸显。
③ 马克思,《资本论》第三卷,中译本页790。
④ 马克思,《政治经济学批判导论》序言。

得重申的是,那些认为中国是封建社会的人几乎忽略了社会结构的所有其他方面,只单单关注在农业经济条件下的剥削这一个问题——它显然并不足以作为区分社会形式的标准,因为在历史的绝大部分时期,农业是作为经济的基础而存在,而剥削的程度和性质取决于一些与农业本身并不必然相关的偶然性因素。① 莱夫(Leff)指出:"在纯粹的农业生产中几乎什么也没有,它本身并不能产生出农奴和地主的关系。"② 使封建社会区别于其他以农业经济为基础的社会的,是由于农奴对地主的依附而导致农民被束缚于土地这种独特的社会组织。封建制度的法律—政治系统表现并加强了这种关系。把所有这些关系通通视为上层建筑小点缀,导致的只能是一种抹杀帝国时期中国历史的一切变化、取消中国社会和其他农业社会的一切区别的文化愚民政策。

封建制度、商业和社会变革

关于封建社会的争论涉及两个在理论上相互关联的问题:什么是封建制度?从封建制度向资本主义制度发展的动力是什么?论战的主角们接受了关于这些问题的马克思主义见解的有效性;在另一方面,马克思和其后的马克思主义者有关这些问题的看法的复杂性,又使得论战者们能够根据他们心目中的封建社会(及其向资本主义社会演进的)特征的优先性,而作出一些不同的理论选择。

封建制度的定义问题对于论战是至关重要的,因为它关系到如何安排中国历史上的封建阶段,也关系到整体的中国历史发展的问题。陶希圣的定义,将法律—政治的因素视为与经济同样重要的标准来区分封建

---

① Dobb Maurice(莫里斯·多布)在 *Studies in the Development of Capitalism*(《资本主义发展之研究》)(New York: International Publishers, 1963)一书中注意到,在欧洲,资本主义的崛起甚至加强了封建关系,尤其是一些人口稀少地区的农奴制。参见其书页 63—67。
② Leff(莱夫), *The Tyranny of Concepts*(《观念的专制》), p. 145.

社会和其他的社会形式，得出的结论是随着帝国的社会-政治组织的建立，封建作为一种"制度"在中国已不存在。而朱佩我的定义，将封建制度化约为一种"基本"的剥削方式，使得朱可以根本不考虑中国在政治制度上发生的变化，而宣称封建制度在中国历史上一直存在着。

然而，以上两种立场之间的不同，并不仅仅在于一则强调"组织化的"上层建筑，一则强调经济基础。陶希圣能够比朱佩我更为成功地考量中国历史上的经济变革；而朱则形式主义地宣称一切经济变革都是没有实质意义的，只要它们没有改变土地所有者对农民的剥削的"程度"。① 尽管陶希圣强调封建制度的政治层面的首要意义，但同时他并没有贬低经济基础，而是意在阐明政治权力在决定封建财产关系和剥削（用奥本海的话说，就是用"政治手段"剥夺生产者的剩余产品）中所发挥的作用。陶希圣并不像他的那些论敌所指责的——他忽视了经济基础问题或是形式主义地诠释马克思（指陶对地租形式和庄园组织的强调），陶希圣的这一立场与马克思关于封建财产关系的观点并不是矛盾的。马克思在《资本论》中关于"地租"部分的分析表明，当他写到用"非经济的压制"剥夺农民的剩余劳动时，他是指运用政治—法律和军事的手段进行剥削。他在关于那一论断的脚注中所使用的例子，就指明军事征服是这种剥削的一种途径："在征服一个国家之后，征服者紧接着要做的总是把人也占有。"② 在他关于此类型的剥削的最为通常的论述中，他指出在封建制度下，政治和经济的关系具有不可区分的一致性："很清楚，在直接劳动者仍然是他自己生活资料生产上必要的生产资料和劳动条件的'所有者'的一切形式内，**财产关系必然同时表现为直接的统治和从属的关系，因而直接生产者是作为不自由**

---

① 田中忠夫指责朱佩我在这一点上犯了形式主义的错误，田中认为，"隶属"关系，而非剥削的程度，才是封建关系的特征。若非这一点，田中是会赞同朱佩我的基本理论假定的。参见田中忠夫《中国社会史研究上之若干理论问题》，载于《读书杂志》2卷2—3期，页13—17。
② 马克思，《资本论》第三卷，页791。中译本，页891。

的人而出现的。"①

恩格斯更为坚决地认为:对于农民剩余劳动的封建剥削的性质是政治-军事的。根据恩格斯,从自由农到农奴的转变,最初源于军事上的被征服——这和奥本海所描述的封建国家的起源也几乎同出一辙。② 按照马克思和恩格斯的看法,农奴身份或是政治—社会的依附关系,并不是封建剥削关系微不足道的附属物,而正是使封建制度没有沦为"小商品生产"的原因。③ 从这个角度看,陶希圣的观点比那些指责他犯了形式主义错误的论敌们要更接近马克思和恩格斯的本意。

这两种关于封建制度的不同看法,决定了对商业在周代之后的中国社会的历史作用也有两种主要的不同看法。对于把封建制度定义为严酷的剥削的朱佩我,商业资本只不过是一种加剧封建剥削的因素;而从更为精细的社会结构的角度来考察封建制度的陶希圣,则把商业资本视为变革经济关系的重要力量,因而,认为商业资本的出现标志着"封建"作为一种"制度"在中国的终结。在此,正是陶希圣赋予剥削的"政治手段"以优先性,使得他轻视经济剥削的重要性。陶希圣根据周代之后政治和经济的权力落入不同人的手中,将帝国时期和周初的中国社会区分开来,这导致他否认中国历史上的阶级剥削和阶级斗争的重要性(尽管他试图折衷地把阶级含糊地称为"封建势力")。当陶辩称中国社会的首要剥削者是士大夫时,他事实上是在声称——他认为当代中国的情形也正是如此:相比于国家及其官僚对于整个社会的剥削,地主或商人对农民的剥削是次要的。在陶希圣的论敌看来,这种论调使得陶的马克思主义信念显得单薄而空洞。尽管马克思和恩格斯确实并没有排除政治力

---

① 同上书,页 790。中译本,页 890。如前注所指出,马克思并没有把这种关系视为封建制度的唯一特征,但是它确实是封建关系的一个特征。
② 参见恩格斯《社会主义从空想到科学的发展》,页 77—93,尤其是页 87。
③ Hobsbawm(霍布斯鲍姆),*Pre-Capitalist Economic Formations*(《前资本主义经济方式》),p. 42.

量可以超越于阶级而独立存在,特别是在过渡时期以及更重要的——在亚细亚社会的概念里,但是在这些情况下,过渡时期指的是一种暂时的社会—政治动乱,亚细亚社会更是指一些特殊的历史情况。① 相反,陶希圣的过渡时期覆盖了近两千年的历史,而他又不愿意承认中国历史有任何"特殊"之处。所以正如李季所指出的,陶希圣把帝国时期视为封建社会的一种持续,而只是把地主换成了士大夫,把自给自足的封建经济换成了部分的商品经济。

不过,除了政治—经济剥削的问题之外,陶希圣对帝国社会的经济基础的描述,和那些封建中国论的提倡者有惊人的相似之处。这一点也被朱佩我抓住,并用陶使用的论据来证明自己的分析。尽管陶用商品经济和交换的繁荣将帝国时期的经济与封建经济区分开来,但是他还是尽量小心翼翼地不夸大这种经济上的变革;他尽力回避关于这个问题的直接论述,而只是指出商品经济从未能够取消本土的自给自足经济、贯穿整个过渡时期的封建制度都存在着复活的可能性。不过,他的确声称,"为交换而进行的生产"和"为使用而进行的生产"同时并存,破坏了封建的经济体系,也颠覆了封建的政治和社会关系。

帝国时期的中国社会性质问题是和从封建制度向资本主义制度转变的理论问题紧紧联系在一起的。无论他们有多大的分野,陶希圣和朱佩我具有一个共同的重要理论前提:封建制度的衰落必然伴随着资本主义制度的兴起。由于这种变革在中国并没有发生,在解释周代之后的中国社会发展时,他们就面临着一个共同的理论困境。朱佩我通过否认从周代向帝国转变过程中发生了任何实质性的变革来回避这一困境;在另一方面,陶希圣则用过渡社会来覆盖中国封建和资本主义阶段之间近两千年的断层。这两者都围绕着商业在从封建制度向资本主义制度转变

---

① 马克思,《路易·波拿巴的雾月十八日》,第 7 章,尤其是页 121—122。恩格斯,《家庭私有制和国家的起源》,页 168。恩格斯在这一问题上甚至走得更远,他认为虽然国家有阶级的特质,但是一些必要的中和措施是需要的,以防止阶级斗争摧毁整个社会(同上书,页 166)。

中发挥着何种作用的问题。商业问题,并不像王宜昌所说,成了陶希圣或他所谓的思想导师波格丹诺夫的思想异端性的负担。正如我所指出的,在用商业概念分析中国社会问题上,陶希圣追随的是拉德克;而且,他们二人的思想不过是赖列宁所赐——正是列宁在其关于俄国历史的唯一的重要分析中,运用商业来解释俄国资本主义的发展问题。

商业在历史发展中的作用问题最终可以追溯到马克思在解释欧洲资本主义演化时,试图处理商业的作用问题。马克思认识到商业在历史上的盛行,但是马克思认为商业在不同的历史阶段发挥着不同的作用。显然从《资本论》第三卷第20章开始,马克思提出了关于商业的最为完整的讨论:(1)商业自人类之初就存在;(2)它对自给自足的社会起着消解的作用;(3)它的作用根据它所作用的社会的性质的改变而改变;(4)它本身并不能决定新的生产方式;(5)它是寄生性的,除非它为工业服务——这种情况只存在于资本主义社会的条件下。在以上几条中,反对封建中国论的人求助于第二条和第五条,而支持的人则用第一条和第三条为自己辩护;而两派都同意第四条的有效性。封建论的支持者们还辩称,马克思只是论及"生产方式",商业资本并不能代表生产方式,所以它是附属于该时期的主导生产方式的——也就是说,封建制度下的商业资本代表了封建剥削的一种方式,而资本主义制度下的商业资本代表了资本主义剥削的一种方式。而以上两种立场,通过诉诸马克思本人在其不同的著作文本中对商业作用的不同态度(经常是相互矛盾的),都得以坚守自己的理论阵地。

在对商业对自给自足的社会的分解作用的认识之外,马克思对于与由特定的封建社会产生出来的资本主义有关贸易的不同形式作了进一步的区分。在《德意志意识形态》中,他区分了局限于一个小地区的商业和延伸到广大地域的商业;前者是寄生的、影响是负面的,而后者则对历史发展起着至关重要的作用:

> 某一个地方创造出来的生产力,特别是发明,在往后的发展中

会否失传,取决于商业扩展的情况。当商业只限于毗邻地区的时候,每一种发明在每一个地方都必须重新开始;一些纯粹偶然的事件,例如蛮族的入侵,甚至是通常的战争,都足以使一个具有发达生产力和有高度需求的国家处于一切都必须从头开始的境地……只有在商业扩展到世界性的范围,并以大工业为基础的时候,只有在一切民族都卷入竞争的时候,保存住已创造出来的生产力才有了保障。①

在另一处文本中,马克思甚至更为清楚地赋予商业良性的作用:

> 毫无疑问,——并且正是这个事实产生了完全错误的观点,——在16世纪和17世纪,由于地理上的发现而在商业上发生的并迅速促进了商人资本发展的大革命,是促使封建生产方式向资本主义生产方式过渡的一个主要因素。②

朱佩我和陶希圣都同意商业在中国从未扩展到可以与现代欧洲早期相比的地步。对于朱佩我,这足以作为降低商业对中国社会变革的总体意义的理据;而在另一方面,陶希圣则认为即使是小范围的商业,也已经足以瓦解封建制度。不过陶也承认——就像马克思在论及小地域的商业时所指出的那样:这种商业未能使生产力发生革命性的变革,而使中国社会停滞在一条无法逆转的、通向资本主义的道路上。

商业在历史发展上的作用是马克思主义社会理论最具争议性的问题之一。③ 假使,如中国马克思主义者所表明的那样,欧洲资本主义的成熟是国际贸易繁荣的一个结果,这反过来也成为了一个偶然的有利的环境条件,那么就不能说资本主义是一个必然的、普世的历史发展阶段。

---

① 马克思,《德意志意识形态》,页49。《马克思恩格斯选集》第一卷(北京:人民出版社,1972),页60—61,略有改动。
② 马克思,《资本论》第三卷,页332。中译本,页371—372。
③ 参见本书第七章。

而且,除非能够表明大范围的商业是封建社会经济结构特性的一个必然结果,否则将不可避免地得出——外在于主导生产方式的因素对历史变革产生重大作用——这样一个颠覆"社会经济结构的内在矛盾是历史发展的唯一驱动力"这一公认的历史唯物主义理论前提的结论。关于帝国时期的中国社会的分析已经触及了这个问题,但是却十分僵硬地固守马克思主义的一些程式化的概念,拒绝作出本已非常明显的结论。朱佩我,当他将欧洲资本主义的产生归因于由获取外部商品的需要而进行的贸易时,实际上已经意识到了环境因素的重要性,但是他仍然坚持生产方式的首要性,而取消商业在中国历史上的重要性。陶希圣更愿意承认历史发展进程中的外在因素对于生产方式的影响,但是他也不情愿面对中国与欧洲历史发展的歧异——这一触及历史发展多样性的结论。

于是,关于帝国时期中国社会的两种解释的不同之处,在于两个基本问题:历史上阶级压迫和矛盾的普遍性;在决定历史发展时,生产方式和生产关系的内在和外在因素的相对重要性。陶希圣否认阶级斗争在中国历史上的重要性,而强调,或至少是承认,外在因素对于中国历史发展的重要意义。而立场与"正统"马克思主义观更为一致的朱佩我,则坚持生产方式和生产关系对于历史发展的唯一决定性,认为阶级压迫和斗争普遍存在于中国的历史。决非偶然的是,这两个作者,以及他们所分别代表的两个更广大的群体,对于中国历史的解释和对于当代中国社会的分析是相对应的。那些认为因阶级压迫而使人民赤贫、发展阻断的人,相信中国需要一场彻底的社会革命;他们从历史中发现了那些一直存续于当代中国的状况的根源,以此来证明自己的社会革命策略是正确的。而陶希圣和其他"新生命派"作者们,反对阶级斗争,认为中国亟需的是进行一场政治革命;在很大程度上,他们和 20 世纪 20 年代初的国民党马克思主义者一样,指出周代之后的中国历史的特征是政治的压迫而非阶级斗争,以此来使他们政治革命的立场合理化。两派的历史论点都为他们各自的现实革命策略提供支持,但是它们同样也展示出在处理中国历史问题时一些重要的理论性的阐释矛盾,激起了那些在下一轮的论战中企图解决中国历史发展问题的尝试。

在论战的最初几年中,一个主要的缺陷是对于传统历史资料过于依赖,缺乏批判性。陶希圣所描绘的周初的封建制度,根据的是回溯至晚周的历史资料,其中许多已经受到了现代考据学派的广泛质疑。马克思主义史学在下一阶段的重要发展是1930年郭沫若的《中国古代社会研究》的出版,郭在其著作中运用了一系列的新材料,提出了一种迥异于前的对于早期中国社会的解释,这深化了马克思主义对于中国历史的考察。

第五章　郭沫若与中国历史上的奴隶社会

上章叙述的关于封建社会的讨论与当代中国的变革问题有直接的关系。即便是在论战者们的理论分析围绕早期中国历史展开的地方,宣传家们也可以透过现实的棱镜来看待历史问题。进入20世纪30年代,社会史论战发生了一个值得注意的转向,即在讨论的内容上更强调历史本身的问题。马克思主义史学家仍然坚持为理解现实的需要服务是历史分析最为急迫的任务;不过,从历史自身出发来研究历史问题在论战中逐渐占据了一席之地。到30年代中期,当1927年的记忆已经慢慢消退时,在马克思主义历史著作中,对于历史的兴趣已然超过了对于现实的焦虑。

再没有哪一部著作比郭沫若的《中国古代社会研究》(以下或简称《研究》——译者)更能激发论战者对于早期中国历史的兴趣了。郭沫若有关商末周初(约公元前1000年)是一个可与西方希腊罗马社会相比的奴隶社会的论述,对于马克思主义史学的创造性贡献,堪与陶希圣对于帝国时期中国社会性质的极富刺激性的分析相比肩。1928—1929年,郭沫若的研究最初以论文的形式发表在一些期刊上,不过直至它们于1930年3月编辑成《研究》一书出版,它们才开始对论战产生了重大的影响。

《研究》迅即售罄,数月之间3次印刷,至1931年秋已印行7000册。而且,其影响力已经超出了马克思主义史学的圈子之外。顾颉刚——他没有什么私人的或是意识形态的原因来夸大郭著的贡献——在其1947年关于当代中国史学的研究中对《研究》的评价是:"中国古代社会的真相,自有此书后,我们才摸着一些边际。"① 整个30年代,郭沫若的理论激起了关于中国古代历史的长期的辩论。② 在郭本人的积极参与下,他当时提出的一些问题直至今日仍在为当今的中国史学注入活力。③

《研究》造成如此大的回响,部分原因有可能是郭沫若作家的身份。尽管他郑重宣称历史研究与当代社会的相关性,④不过与陶希圣的中国社会分析相比,郭著没有强烈的政治现实意涵。尽管郭有关中国经历了奴隶制发展阶段的观点在30年代的论战中赢得了更多的口头支持者,郭本人却并不鼓励争论,在这一时期的马克思主义历史著作中盛行的论战性的笔调在郭著中是找不到的。在另一方面,作为20年代中国文坛的一个主要人物,郭是唯一一位论战之前就已经在中国知识界享有声誉的马克思主义史学家。而且,郭的文学经历,使他在其所进行的研究类型(包括破解和分析古代史料上)以及其论述表达的效果上双重获益。郭的著作没有此时马克思主义史学著述中常见的冗长乏味的口角之争,热情奔放的笔触使他的作品逼真而动人。在他对《诗经》的分析和屈原的研究中,时不时地会给人留下一种作家与题材正在进行跨时空交流的强烈印象。当然,并不是所有的人都欣赏他这种浪漫的风格,他的一个论敌不无嘲讽地指出:郭的理论是来自"笙歌、鲜花和月亮"。⑤

---

① 顾颉刚,《当代中国史学》(香港,1964;初版于1947),页100。
② 何干之,《中国社会史问题论战》(上海,1937),第二部分。
③ 关于郭沫若在最近的批儒运动中的作用,参见 Peter Moody(穆迪),"The Anti-Confucian Campaign in China-The First Round"(《中国新近的反儒运动第一波》),载 Asian Survey(《亚洲观察》)14.4:307—324。亦可参考郭本人的文章《中国古代史的分期问题》,载于《红旗》第7期(1972年7月1日),页56—72。
④ 郭沫若,《中国古代社会研究·自序》(上海,1930)。
⑤ 胡且(音),《中国社会之历史的发展阶段》,载于《光明之路》1卷7—8期(1931年)。

然而,郭著对于中国马克思主义史学的影响,除了归功其文学声誉和驾驭能力之外,还须归功其著作的两个特点。一是他创造性地使用了史料。郭是第一个在论战中使用晚近发掘的考古资料作为证据的作者。事实上,他的著述的长久价值,正在于他对于甲骨文和青铜铭文的解读。虽然他对于马克思主义理论范畴的刻板坚持偶尔也会使他曲解这些材料,但除此之外,马克思主义理论为他提供了阐明这些古文字的洞见。①

对于马克思主义史学更有意义的是,郭沫若关于古代社会的观点提出了一些中国历史分期的重要课题。关于封建制度的辩论已经质疑了马克思主义的社会发展形式与中国历史的相关性。然而,在《研究》出现之前,马克思主义史学家们一直把他们的研究大体局限在与现代欧洲资本主义发展的相比,资本主义在中国是否有所发展这一问题上。郭沫若是第一个将与欧洲历史发展的比较延伸到整个中国历史的史学家。他依照马克思在《政治经济学批判导论》序言(以下或简称《批导》序言——译者)列举的历史发展的四个演进阶段——古代的、亚细亚的、封建的和现代资本主义的生产方式来塑造他对中国文明起源的分析。马克思这一历史分期模式的普世性的预设,成为郭沫若为其早期中国历史分析辩护的不可或缺的理由;反过来,反对早期中国历史经过奴隶社会,也就意味着质疑奴隶制在马克思主义史学分期中的地位以及马克思在《批导》序言中所提出的历史发展模式的普世性。关于奴隶制的争论,与由同时期苏联的内部辩论而影响至中国的"亚细亚生产方式"的争论,在时间上是同时的。这两个问题合在一起,使得此前一直只居于边缘地位的总体的历史分期问题成为30年代中国马克思主义史学关注的中心。

尽管这一时期郭沫若较少关注西周之后的中国历史发展,在此还是值得简要地讨论一下他关于中国历史的总体分期。这不仅是要将他对

---

① 马伯乐,《评郭沫若近著两种》,载于《文学年报》,1936年4月,页61—71。

于早期中国历史的分析放在一个更广阔的视角中,而且是为了阐明他对于30年代的论战以及此后的中国马克思主义史学的开创性的贡献。事后看来,与其同时代的一些人对马克思主义更为灵活的运用相比,郭沫若将马克思主义的范畴移植入中国历史的工作看起来是粗糙、机械了一些。但不管怎样,他的历史分期模式在30年代晚期取得了正统的地位,而且从此以后就一直主导着中国的马克思主义史学。

郭沫若的中国历史分期

《中国古代社会研究》受到了恩格斯在《家庭、私有制和国家的起源》(1884)中历史发展观点的极大影响;而且通过恩格斯的著作,摩尔根在《古代社会》(1877)一书中对于原始社会的分类和分期的观点也对《研究》影响至深。① 郭沫若大胆地宣称其研究是恩格斯《家庭、私有制和国家的起源》一书在中国的续篇。这引起了其论敌的讥议,他们迅即戏谑似地嘲笑郭是"中国的恩格斯"。郭承继了其思想导师的衣钵,他将其研究几乎完全地限制在中国社会文明初曙的早期历史——这一点上尤其类似摩尔根。除了郭著《导论》中的总体历史分期模式之外,马克思本人的著作并未对郭的理论分析发挥什么影响。

郭沫若的历史分期综合了马克思在《批导》序言中确认的社会发展形式和在摩尔根、恩格斯著作中具有非常重要作用的技术进步的观点。在评价郭沫若处理历史发展问题的方法时,我们必须注意到,当他将马克思的社会发展形式作为普世的模式热切地接受下来时,他几乎完全忽略了马克思关于生产力和生产关系的周期性矛盾推动历史前进的论述。在郭著中,技术创新成为了历史发展的唯一推动力,用他自己的话说:

---

① 我在此使用的版本分别是 *The Origins of the Family, Private Property and the State* (Moscow: Progress Publishers, 1960)和 *Ancient Society* (New York: Herry Holt, 1907)。这两本书分别初版于1884年和1877年。

"人类经济的发展是以工具的发展为前提的"。① 几乎可以肯定,郭这一历史发展观来自摩尔根和恩格斯,但是在强调技术的起始性意义上,郭比其两位导师有过之无不及。摩尔根和恩格斯只是指出技术与社会变革之间的对应关系,并没有讨论孰因孰果。摩尔根认为:"顺序相承的各种生存技术(作为确保生计的方法的技术增长)每隔一段长时间就出现一次革新,它们对于人类的生活状况必然产生很大的影响,因此,以这些生存技术作为上述分期(指社会的演进)的基础也许最能使我们满意。"不过他承认"我们在这方面的研究深度还不足以提供必要的资料"。他又进一步指出:"我们如想找一些衡量进步的标准来标志上述各期的起点,并求其能绝对适用,放之四海而皆准,即使说这不是不可能,也得说是很难办到得(的)。"②

而且,必须记住,摩尔根所指的是历史上原始的、前文明的时期,这时技术创新对于社会的影响比此后任何时期都要显著——随着社会的复杂性的增加,其他因素也可能成为历史发展的动力来源。这也可以解释为什么恩格斯会视技术为发展的首要推动力。社会的"前文明"阶段对应的是马克思主义历史分期模式中的"原始共产主义"时期,马克思和恩格斯均认为,这是一个无阶级的社会。或对或错,我们有可能从这一前提推出,当人类与自然的关系处于不稳定的状态时,解决生理生存问题的能力使得社会冲突相比之下显得微不足道了,生产力作为社会发展动力的作用盖过了生产关系。这一立场也是布哈林等人的历史唯物主义观的特征之一。布哈林明确地指出,应该运用不同的标准来解释原始社会和文明社会的历史发展。③

然而,在郭沫若的论述中,技术对于历史的起始性作用不仅限于原始社会,而是延伸到整个历史。郭运用不同的社会结构来区别中国历史

---

① 郭沫若,《研究》(上海,1930),页 176。
② Morgan(摩尔根),*Ancient Society*(《古代社会》),p. 9.
③ Bukharin(布哈林),*Historical Materialism*(《历史唯物主义》),第 5 章。

的不同阶段,但是当面临历史发展问题时他又忽视了这一点,仅仅将重点放在技术问题上,并进而将采自《批导》序言的社会发展形式与技术创新关联起来。他把石器和原始共产主义(或亚细亚生产方式)联系在一起,对应于中国周代之前的时期。金属的发现——以铁为转折点——导致了奴隶社会的出现,大约是在周代商的时期。① 他对于导致奴隶制向封建制发展的技术创新说得没有那么清楚,将其笼统地归于冶铁技术的进步。② 关于资本主义,他援引了马克思在《哲学的贫困》中的一句经典论述:"风车带来的是封建领主,蒸汽机产生的是现代资本主义。"③郭由此认为,资本主义源于蒸汽机的使用,中国没能够从封建社会发展出资本主义就是因为没有蒸汽机的发现。④ 类似地,郭沫若根据马克思在一次展览会上看到电气机车的随意的评论,认为电气预示着社会主义时代的来临。⑤

郭从普遍的生产方式和最主要的社会关系来描述不同的社会发展阶段。⑥ 在原始共产主义时期,生产是建立在石器以及稍后的铜器的使用的基础之上。最基本的生产方式是渔猎和一些家畜饲养。社会组织方面则是母系氏族社会。

原始社会向奴隶社会转变的标志是铁的发现,后者也标志着在奴隶劳动的基础上的全面的农业经济的开始。首先,农业经济及贸易往来的增长使得劳动分工(手工业—农业以及城市—乡村)成为必需,它导致了

---

① 郭沫若,《研究》(上海,1930),页 176。
② 同上书,页 6。
③ Karl Marx(马克思), The Poverty of Philosophy(《哲学的贫困》)(New York: International Publishers, 1969), p. 109.
④ 郭沫若,《研究》(上海,1930),页 21。当然这一假定并不十分有效。虽未发明蒸汽机,中国人在很早的时候就已经意识到了蒸汽的力量。参见 Joseph Needham(李约瑟), Science and Civilization in China (《中国科学技术史》)(Taiwan reprint of Cambridge University Press 1954 ed.), vol. 4, part 1, p. 70。
⑤ 郭沫若,《研究》(上海,1930),页 7。马克思的评论参见 Martin Bober(鲍伯), Karl Marx's interpretation of History (《马克思对于历史的阐释》)(New York: Norton, 1965, p. 9。
⑥ 在此所讨论的社会发展模式,参见《研究》的《导论》(上海,1930)一章。

阶级、私有财产和国家的出现。作为财产的集体拥有者的氏族组织，现在包括进了奴隶阶级，在政治上从属于国家权力。其次，农牧经济改变了两性之间的关系。男性在新经济中的作用提高了他们的社会地位，在氏族内部，他们已能使女性从属于他们的力量。

第三发展阶段，封建制，随着冶铁技术的提高及其所带来的生产力的进步而出现。如前面所指出的，郭对于导致封建制出现的技术变革交代得并不很清楚。同样，他也尽可能地缩小奴隶制与封建制之间的区别：

> 封建制的社会和奴隶制的社会并没有多大悬殊；不过奴隶制是氏族社会的孑遗，多量的含有血族的成分，而封建制则是多量地含有地域成分的奴隶制罢了。农业上与地主对立的农夫，行帮制下与师傅对立的徒弟，行政上与封建诸侯对立的臣庶，事实上只是变相的奴隶。①

几年后，郭沫若扩大了奴隶制与封建制之间的这一区分。这或许是郭对概念有了更深的理解，或许是因为如我们将看到的，他对关于奴隶制与封建制之间的技术分界线的看法作了一些修正："新观念下的封建制是建设在地主和农奴的关系上的，农奴和奴隶之别在前者有身体上的自由而后者无身体上的自由，前者有半个人格而后者纯粹是生产工具，前者是由后者解放出来的。"不过，很可能是针对那些反对将奴隶制视为一个历史阶段的人，他坚持在奴隶制和封建制之间存在着一种必然的联系："由氏族社会的阶段不经过奴隶制的生产，农奴无从产生。"②他继续坚持农奴只是掌握了生产工具和享有一定程度自由的奴隶。在封建社会，从整体上，宗法关系不再塑造和决定社会关系，部族随着血亲纽带的松弛而逐渐消失。在社会经济组织方面，乡村的庄园和城市的行会取代了氏

---

① 郭沫若，《研究》（上海，1930），页23。
② 郭沫若，《屈原时代》，收入《沫若文集》卷11（北京，1959；初版于1937），页5。

族的重要性。政治上,所有的权力都在封建地主手中。

最后,蒸汽机的发明使得向资本主义的过渡成为可能。资本主义时期,生产力的空前增长和资本的积累促使资本家试图侵占任何可能的市场,并使得资本主义进入其最后的发展阶段——帝国主义。

在中国历史的背景下讨论过上述问题之后,郭提出了如下中国历史分期的简表:

时代	社会形态	组织成分	阶级性
西周以前	原始共产制	氏族社会	无阶级
时代	社会形态	组织成分	阶级性
西周时代	奴隶制	王侯/贵族/庶民/奴隶	身份的阶级
春秋以后	封建制	官僚——人民 地主——农夫 师傅——徒弟	
最近百年	资本制	帝国主义——弱小民族 资本家——无产者	最后形态的阶级对立

在这些时期中,成为争论主题的是周代早期的奴隶制问题,以及争议稍少一些的前周时期问题。一些马克思主义史学家反对郭沫若关于亚细亚社会和原始共产主义社会的区分。由于这些争论牵涉到我们下一章将讨论的"亚细亚生产方式"的概念问题,所以看来最好还是稍后再来讨论这一问题。1931—1933年之间,由郭的历史分期引发的最重要的争论是围绕着中国的奴隶制问题。在本章的余下部分,我将检视他关于周初社会的论述及其激起的反对意见,以及郭沫若在30年代对于其观点的修正。

第五章　郭沫若与中国历史上的奴隶社会

奴隶制问题

收入《中国古代社会研究》一书的各篇论文，其共同的目的就是要说明，在人类通往文明的道路中，在可以比较的发展阶段上，中国社会的发展轨迹与摩尔根和恩格斯在其他社会中所发现的是一致的。郭沫若将他的注意力集中于商代的后半期和周代的前半期（约前1500—前500），他认为在这一时期中国经历了进入现代社会之前的仅有的两次革命性大变革。郭沫若用马克思主义的范畴这样描述这些变革的性质："大抵在西周以前就是所谓'亚细亚的'原始共产社会，西周是与希腊罗马的奴隶制相当，东周以后，特别是秦（前255—前206）以后，才真正进入了封建时代。"[1]使郭沫若最感兴趣，亦占据其研究最大比重的，正是使中国从原始社会进入文明社会的最初的社会变革。运用据称是属于这一时期的中国经典（包括《易经》、《诗经》、《尚书》）作为史料来源，同时使用晚近考古发掘的甲骨文，郭沫若给自己设定的主要任务就是要用这些文献来证明这场中国社会最初的大变革。

郭沫若研究覆盖的最重要的历史时期，特别是西周时期（大致是前12世纪—前8世纪），被当时的中国史学界广泛认为是中国历史上的封建时期。在其早期的论文中，郭沫若完全忽略了这一不同的解释。这很可能是由于他在1928年初离开了中国，而且在此后10年的绝大部分时间都在日本度过，他无法接触到中国马克思主义史学的最新发展。就是在1929年晚期他首次直接论及封建制度问题时，也是从中国传统史学观的角度，而非当时马克思主义历史解释的最新视角，来进行回答的。[2]

---

[1] 郭沫若，《研究》（上海，1930），页176。亦可参见页177。
[2] 李麦麦后来指出郭沫若曾经在《新思潮》发表的一篇论文中批评陶希圣的观点，我并没有见过郭的这篇论文。参见李麦麦，《评郭沫若的〈中国古代社会研究〉》，载于《读书杂志》2卷6期（1932年6月），页1—30，尤其是页28。

郭沫若认为,西周封建论之所以长期存在,是由于用中文的"封建制度"一词来同时描述盛行于欧洲中世纪的社会形式和周代社会所产生的混淆。他指出,这种混淆,最初源于儒家对"封建"一词的曲解。这一词的两个成分在周代初期都存在。然而,"封"和"建"具体的本义和后世儒家将它们合在一起使用所赋予它们的意义并不相同。"封"最初是指种树以划定土地的界限或就是指筑土,"建"就是指"建立社稷"。这两个字合用最初或是指植树以划定疆域,或是指一种将统治者祖先祭坛上的一块土移植到受封的子孙的疆土上,以确认其对土地的所有权的一种宗教仪式。① 当晚周的儒者试图在周初找到他们心目中的理想社会时,这些原始时期遗迹的本来意义都被他们屏除了。封建本来所指的宗教仪式,变成了一套儒者们认为在周初存在的精致的政治等级系统以及与之相应的一套根据等级制进行土地分配的制度。② 依照这一传统,封建一词在儒家史学就被用于描绘周初的一整套社会政治制度。中国人晚近对于欧洲中世纪封建制度的发现,使以上对于封建本义的扭曲进一步复杂化了。西周制度与欧洲中世纪制度外在的相似导致外国人用"封建"一词指称西欧的封建制度;在另一方面,"封建"一词又在这种关联中获得了新的涵义。

郭沫若抱怨,大多数学者都忽视了"封建"一词意义的演化,似乎认为它所指的周初社会制度和欧洲中世纪的封建制度就是一回事。郭沫若对作为儒家历史观支柱和当代史学评断重要标准(例如在陶希圣的著作就是如此)的两大历史现象——"井田制"和"五等五服制"③的真实性提出了质疑。他运用考古资料来批驳传统经典文献的真实性。他指出:首

---

① 郭沫若,《研究》(上海,1930),页 309—310。关于这一问题的简要讨论,参见 Greel, Herlee G.(顾立雅),*The Origins of Statecraft in China*,vol. 1(《中国治术的起源》第 1 卷)(Chicago: Univ. of Chicago Press, 1970),pp. 322—323。
② 关于周初封建制度最为系统的论述见于《孟子·万章下》,尤其是以下一段:"天子之制,地方千里,公侯皆方百里,伯七十里,子、男凡五十里,凡四等。不能五十里,不达于天子,附于诸侯,曰附庸。"
③ 参见《尚书·禹贡》。

先,尽管多次提及土地的授予,周代金文中从未使用"井田"一词;其次,尽管铭文曾提到贵族的名号,但是它并没有显示出周初具有像孟子所认为的一整套理性化的政治等级系统。① 郭沫若并没有像顾立雅那样认为对周初的传统描画是孟子的"生动的、如果不说是创造性的想像",但是他相信,在出土的青铜器中缺乏足够的证据证明封建制度在这一时期的存在。②

不过,郭沫若对周代封建制的排斥,绝不只是因为缺乏足够的考古证据来证实儒家传统的解释——周初存在一个分配政治和经济权力的复杂体系这么简单,尤其是考虑到郭本人同样也毫不犹豫地描绘出一个高度系统化的周代社会的形象。更为重要的是,他对这一时期的看法,被一种根本上就排除了封建制度在中国历史的这一特定阶段存在的可能性的历史观念所支配:"周代社会历来以为是封建制度,然与社会进展的程序不合,因在氏族制崩溃以后,必尚有一个奴隶制度的阶段,即国家生成的阶段,然后才能进展到封建社会。"③因此,除了偶尔偏出正题去批判传统儒家史学观的虚妄之外,郭沫若把他的主要精力都放在寻找证据来证明西周是一个奴隶社会上。

郭沫若对奴隶社会性质的假定指导着他对于周代早期的研究,这些假定在《研究》一书中还是较为含蓄的。不像这一时期大多数的马克思主义史学家,郭沫若尽量避免过多地涉足于理论和定义的问题,甚至他对于摩尔根和恩格斯的引用也是很少的,并且只限于一些特定的知识点,而不是富于争议性的奴隶制的概念问题。除了在《导论》一章中简要的讨论之外,他并没有非常清楚地阐明评断一个社会是奴隶社会的标准是什么。不过,从他所认为的奴隶社会的几个限定性特征,我们还是可

---

① 郭沫若,《研究》(上海,1930),页299—313。亦可参见页131。
② Greel, *The Origins of Statecraft in China*(《中国治术的起源》), p. 326.
③ 郭沫若,《研究》(上海,1930),页293。郭沫若后来于1952年承认,早期中国的不同地区的发展是不均衡的。参见《奴隶制时代》(北京,1972),页293。这本书主要是其50年代初期的一些论文的合集。

以洞悉他的主旨。从他的历史分期来看,显然,他把原始氏族制到奴隶制生产方式过渡的完成视为是生产进步到以农业为本位的结果,它又是以铁器的使用这一技术突破为前提条件的。因而,冶铁技术的进步及铁器的使用,发达的农业生产和奴隶劳动作为劳动的主导形式,是奴隶制"基本的"(这里的"基本的"具有在本质上和与物质基础有关的双重内涵)内容。伴随着奴隶制生产方式成熟的是国家在政治上层建筑以及宗族作为基本的社会组织的出现。最后,这些变革也反映在思想意识领域——从万物有灵的多神论到祖先的一神崇拜观念的转变,鼓励节制和顺从权威的价值观的日渐凸显。奴隶社会的这些经济、社会、政治和意识形态的特征为郭沫若提供了一个多样的途径,使他在不同的论文中探索如何证明自己有关西周是奴隶社会的论断。

郭沫若对于奴隶制度的经济特征的表述非常清楚:"原始氏族社会向奴隶制的推移,当以畜牧的发现为开始,以农业的发达而完成。"①在《尚书》和《诗经》提供的证据的基础上,郭将中国农业的起源追溯到后稷时代。后稷是传说中周朝的始祖,生活在公元前23世纪左右的时期,是传说中的农神(他的名字本身就具有这种意思)。自后稷之后周民族不断地发展壮大,到了文王时代(约前12世纪),农业经济在周的属地已经繁荣起来。② 此时中原的统治民族——商,在盘庚时代(约前14世纪)农业也已开始发展,但是一直停留在较为初级的水平上,且从属于畜牧业。③ 周商之间在生产方式上的这一高下之别,使得周在与商的竞争中获得了优势并最终取而代之。④ 简而言之,到周灭商之时(前1122),中国已经具备了成熟的奴隶制生产方式的一切前提条件。

郭沫若认为,铁的发现是农业在整体经济中的地位迅速上升的最重

---

① 郭沫若,《研究》(上海,1930),页112。
② 同上书,页13;亦可参见页117—125。
③ 同上书,页114—115。
④ 同上书,页15。

要原因。尽管他对于铁的相关议论还是推测性和极度不确定的,他依然满怀信心地断言,"铁的发现,论理应该是在周初,不然那农业发达的原因便无从说明,中国历史上的一个重大的社会变革的时期也无从说明了"。① 金属工具最初应用于农业是在商代;然而那时使用的金属是青铜,而且整个商代,尚处于金石并用的时期。② 周代继续使用青铜器;事实上,在一处郭沫若不得不承认铁器在周代的使用并无明证,在另一个地方,郭沫若甚至说周代是中国历史上的青铜器时代。③ 然而,尽管郭不能在其时的资料中发现使用铁器的明证,他坚持就理论而言铁器在周代已经存在了,并在农业生产中发挥着至关重要的作用。④

这些经济变革引发了商周之际中国社会和政治的革命性的变革。其中最为重要的变革是社会分裂为贵族和奴隶两大阶级,中国从此进入了阶级社会。郭沫若从两个角度来处理社会分化的问题。一是从史料中寻找奴隶在当时存在的确实证据;二是追溯家族结构(kinship structure)的演化,以表明这一时期从氏族组织向核心家庭的转变是建立在财产私有化基础之上的。

郭沫若认为,奴隶在中国最初出现于商代。他在甲骨文中至少发现了三个可以互相替换地用来指代奴隶的字。这些字的字形也表明,中国最初的奴隶是在战争中被抓获的异族的成员。不过,商代时奴隶制尚处于幼年时期,奴隶劳动的价值还没有获得完全的体现。尽管奴隶在家内也执行一些生产性任务甚至被用于军事,但是他们中的绝大部分还是被用于作"人牲"。⑤

---

① 郭沫若,《研究》(上海,1930),页123。
② 同上书,《导论》;亦见页220。
③ 同上书,页43、295。
④ 郭沫若承认有关铁器使用的最早证据只能回溯到周代中期,但是他认为这本身已经可以证明铁器在周初的存在,因为铁器时代是一个经历了用作耕器、用作手工业器具、用作武器三个阶段的漫长的过程。参见他的《研究》,页13。
⑤ 同上书,页283。

商周之际的经济变革为奴隶用于生产提供了可能性,被征服的商民族为周提供了现成的奴隶劳动供应。正是周公率先意识到了奴隶劳动的重要性,并使其成为周代政治体系的经济基础。郭沫若带着强烈的讽刺指出:正是这位在儒家史学中备受推崇的圣人奠定了奴隶制度的根基,他试图欺骗商民,使其相信他们沦为奴隶是上天的意旨,他对于商民的凶恶险狠可以和统治台湾的日本人相比。① 周公推行的一系列改革,官方地确立了中国社会贵族和奴隶两大阶级的分立,这种阶级对立反映在当时的文献之中:"大人"和"君子"是指贵族;"小人"和"行人"是指奴隶;除了少数例外,所谓"庶人"也基本是指奴隶。② 奴隶在贵族们自给自足的大地产上为其进行劳动。由于周初的生活相对比较简朴,工业生产和交换都接近于原始的水平,所以农业劳动构成了奴隶唯一最为重要的功能。奴隶涉足于工艺—器用等其他生产性活动和服军役仅仅是季节性的或是偶发的。事实上,郭沫若将西周社会置于社会发展的前文明阶段,介于摩尔根所提出的社会发展模式的"野蛮"阶段的中、上级之间。③

郭沫若使用的另外一种方法是从家庭结构的演化来追寻这些社会变革的踪迹。必须注意的是,家庭结构在郭沫若理论中的位置,决不只是作为一种表明从原始共产主义向阶级社会转变的分析性工具这么简单,它的地位相当重要。作为摩尔根的一个信徒,郭沫若相信家庭内部包含着一种作为历史变革的自发源泉的发展动力。在其对中国家庭结构演变的研究中,郭沫若一字不差地采用了摩尔根在《古代社会》中提出的演化模式。根据摩尔根,在人类刚刚与野兽区别开来的蒙昧时期的低级阶段,两性之间是一种混交的关系,之后家庭结构经过一系列的发展阶段(这是与人类普世的社会发展阶段相对应的):血婚制家庭、伙婚制家庭[彭那鲁亚家庭(Punaluan Family),亦即郭沫若所谓亚血族群婚]、

---

① 郭沫若,《研究》(上海,1930),页138—143。
② 同上书,页54—55、296—297。
③ 同上书,页37—41。关于摩尔根所提出的这些社会发展阶段,参见本章注。

偶婚制家庭、父权制家庭(这是一个过渡阶段)和专偶制家庭(郭沫若所谓一夫一妻制家庭)。① 在蒙昧时期的中级阶段,氏族组织就已经形成了,这极有可能是与首次废除了两性之间乱伦关系的彭那鲁亚家庭的出现紧密联系在一起的。氏族组织的意义超出了家庭之外,它一旦形成,就一直作为所有社会关系的组织母体而存在,直至"政治社会"或者说国家的出现,人类进入文明社会。《古代社会》更大的篇幅是考察不同民族的氏族社会演化情况。在蒙昧的中级阶段和进入文明社会之间(是一夫一妻家庭使得氏族制最终瓦解),氏族制度经历了两大主要的变革:其一,由偶婚制家庭出现而导致的从母系继承制向父系继承制的转变;其二,"在原始阶段,氏族成员死后,其遗产由本族成员继承,后来改由死者的同宗亲属继承,最后转变为由其子女继承"的变革。② 继承制度演变的最后这一阶段对应的是男性主导下的一夫一妻家庭的成熟和在野蛮的高级阶段——这一人类前文明社会的最高阶段,私有财产的顺次兴起以及国家的出现。

　　郭沫若把这种家庭形式的演化一一套入早期中国历史。他将杂交或血族群婚以及彭那鲁亚家庭的最初的起源对应于前商时期,也就是将传统所认为的圣王政治和黄金时代置于蒙昧时期。③ 彭那鲁亚家庭,"这种家族形态的基础就是若干兄弟是他们彼此的妻子的共同配偶,或者,若干姐妹是他们彼此的丈夫的共同配偶",④在中国一直持续到商代的末年。郭沫若把甲骨文中的"多母""多父"和"兄终弟及"的王位继承制的持续存在作为商代彭那鲁亚家庭的证据。而且,由"先妣特祭""帝王称'毓'"和"兄终弟及"的继承制可见,母系一直居于氏族关系的中心地

---

① Morgan(摩尔根), *Ancient Society*(《古代社会》). pp. 498—499.
② 同上书,页64。
③ 同上书,页267。
④ 同上书,页27;中译本(商务版),页25。

位。① 郭沫若这一关于继承制性质的结论是与摩尔根对彭那鲁亚家庭的研究中得出的观点是一致的:"世系必须通过女系追溯,因为子女的父亲不能很有把握地确定。"②最终,占支配地位的社会组织是建立在财产公有制基础上的氏族社会,郭从儒家经典《礼记》(成书时间尚无法确定,或早至晚周,或迟至汉代)的《礼运》篇中描述古代"大同"社会的那一经典段落,发现了氏族公有制的所有特征。③

这一系统在商代末年由于伴随着一夫一妻家庭兴起的财产公有制向私有制的转变而衰落了。尽管从后来的标准看,周代初期的王和贵族很难算是富裕,但是他们确实控制了私有财产,这标志着奴隶社会的终结。商业的兴起,尽管量也不是很大,是财产关系变革的又一表现。④ 这些经济变革是和家庭结构的变革联系在一起的。在对《易经》的研究中,郭沫若发现了母系氏族制度的残存:群婚的遗习虽无从考见,但是偶婚或一时的一夫一妻的痕迹则俨然存在。男性婚后从事家务劳动和女性氏族酋长的存在都表明母系制度在当时的残存。但是当时的家庭制度也已出现了向父系推移的迹象,表现在一夫多妻现象和男性继承人的出现。⑤ 无论如何,氏族社会的崩溃导致了社会各个方面不平等关系的出现:经济的、政治的和两性的。家庭内部女性对于男性的从属是与经济和政治上的阶级压迫联系在一起的。按照郭沫若的社会发展观,紧接着原始共产主义氏族制的必然是奴隶社会,不平等现象的出现无可避免地是指向社会向奴隶制生产方式的转变。⑥

---

① 郭沫若,《研究》页 43—45、267—275。
② Morgan, *Ancient Society*(《古代社会》), p. 434. 中译本(商务版),页 432。
③ 郭沫若,《研究》(上海,1930),页 279。
④ 同上书,页 280。
⑤ 同上书,页 43—45。郭沫若在关于家族的讨论中用以支持其论点的证据是非常模糊的,带有很强的先入之见。郭沫若从以下《易经》中的一些句子竟发现了偶婚制的痕迹,足以表明郭沫若研究方法的主观性:"枯杨生梯老夫得其女妻"(大过九二),"枯杨生华老妇得其士夫"(大过九五),"睽孤遇元夫"(睽九四)。
⑥ 郭沫若,《研究》(上海,1930),页 109—110。

随着私有财产和一夫一妻家庭的出现——尽管是以偶婚制家庭的原始形式,国家出现的条件在这时已经成熟了。随着氏族制的崩溃,社会的氏族组织从属于政治的组织。到了商末,政治权力已经集中于氏族或部落联盟(它们是民主制的一种原始形式);到了周初,政治权力和经济上的财产都转移到了统治者和贵族的手中。国家现在掌握了行政、战争、赏罚的功能。不过,郭沫若指出,周初的国家仅是雏形,和氏族社会相隔并不甚远,"国"还很像部落,"政治社会"在更大程度上代表的是一种趋向而非既定的事实。①

最后,郭沫若又阐明了西周时期的意识形态变革,以使他的论述更趋完善。他断言这一时期的政治和社会变革必然反映在其时的文学、宗教和思想中。这一时期作品中表示等级的术语的激增表明了阶级意识的深化,文学和艺术的繁荣则表明了有闲阶级的出现。② 特别具有重要意义的是宗教观念的变革:"天"和"上帝"作为超越的神在这时出现,是与政治领域里权力的集中联系在一起的;反过来,统治者又运用这些观念来宣传和支持其统治的合法性。就社会一般而言,与私有财产在社会和经济的层面得到确立相随的,是原始社会的多神教让位于祖先崇拜。③

不过,周初意义最为深远的变革是世界观的变革,这也是郭沫若理论分析中最为精妙的部分。从对《易经》的分析中,郭沫若认为,这部书将自然的辩证法植入社会,压抑进步的思想,限制激进主义,取消变革社会的努力。《易经》中的"变"的观念假定一个极端总会导致另一个极端,它宣扬的是一种追求"中行"的智慧,因而产生了一种为统治阶级利益服务的伦理,通过取消变革的要求而使他们的统治永远存在下去。郭沫若认为,《易传》是紧接下来奴隶制为封建制取代时期的产物,使得这种思想趋向进一步深化——这一次是有意识有目的的。撰作《易传》的儒者

---

① 郭沫若,《研究》(上海,1930),页45—47。
② 同上书,页53—54。
③ 同上书,页58—60。

们,通过描绘出一个"道"的存在,将"变"的思想置于超越于社会的形而上学领域。于是,道,作为先于社会的一切变革的来源,成为人类自身的影响所无法到达的领域。儒者们有意识地运用"中"或"中行"的伦理来削弱西周末年兴起的社会激进主义。郭沫若从未说明为何这一思想特别适合于奴隶社会或封建社会,但除此之外,他要表达的意思是非常明确的:西周时期,中国思想逐渐开始强调这样一种终极智慧——人无力通过自身的力量来追求进步,这种思想进而通过禁止人民对于自己的社会地位有所不满和反抗阶级压迫,而为统治阶级的根本利益服务。①

我上述对于郭沫若思想的概括,或多或少扭曲了其本来的面目,赋予了一种其原本并不具备的内在一致性。《中国古代社会研究》的各篇论文是分别撰作的,并不构成一个内在统一的系统论述。郭沫若也并未试图去对其关于奴隶社会的不同的特征之间的相对重要性作出评估。无论这种疏忽是有意还是无意,缺乏对奴隶社会清晰的定义,大大降低了其论述的内在一致性。而且,他也没有能够说明,有哪些他所认为的奴隶社会的普世性的先决条件在周朝已经实现了。郭沫若对关键问题的论述常常自相矛盾,他只有通过对偶然性证据的反复地赘述,才能为他的周代社会观提供一个大致的说明。对郭沫若而言最为尴尬的是,作为一个马克思主义者,在总体上,他并未能从周代社会的制度特征和意识形态的"上层建筑"中,找到生产方式与生产关系的矛盾运动的直接证据。郭的论敌们很快就抓住了他论述中的这些弱点。

对于郭沫若的批评及郭对其早期中国历史观的修正

对于郭沫若著作的批评有两种类型。更为理论化的批评关注于郭沫若的历史分期观、他对于社会形式的理解和他对摩尔根《古代社会》

---

① 郭沫若,《研究》(上海,1930),页64—96。

的理论范畴的应用。这一类的批评不可避免地带上了特定作者关于马克思主义历史分期观的印记。另一类批评则把矛头指向郭沫若对中国历史资料的解释。尽管绝大多数郭的批评者并未把这两类批评割裂开来,或是把它们简单地视为非此即彼的两面,这样一种区分,对于正确地评价郭沫若所取得的成绩,以及对其批评的有效性与合理性,都是必要的。

对于郭沫若的一个广泛的指责,是他处理马克思主义概念范畴的"机械主义"。批评者们认为:马克思在《政治经济学批判导论》序言中提出的社会类型只是一个总体上的陈述,马克思并未认定所有社会形式都是普世的,也并未明言它们一定要按照他所叙述的顺序排列;相反,郭沫若的理论分析,是建立在所有社会的发展演化都是同一的这一假定之上的。① 这些批评者,尤其是其中的马克思主义者,聚焦于亚细亚生产方式和奴隶制问题,来批评郭的中国历史分期观。关于郭将原始社会、氏族社会、亚细亚社会等同起来,批评者们指责郭对马克思历史发展观的变化严重无知。他们承认马克思在其早期的著作中曾把原始社会、氏族社会、亚细亚社会视为是同一的,但是在马克思获悉了摩尔根的研究成果后就改变了自己的看法,视它们为不同的范畴。郭沫若显然对马克思的这一转变非常无知,使用了一个马克思本人已经废弃的历史分期观。② 对于郭沫若批评最为详尽的李季,进一步指出:亚细亚社会的突出特征是一个强大的国家的存在,郭沫若用"亚细亚"这一名称指代一个国家出现之前的时期,恰恰暴露了他对亚细亚社会的构成实质的严重无知。③

---

① 程憬,《郭沫若的中国古代社会研究》,载于《图书评论》1卷2期(1932年10月),页8—9。亦可参见丁迪豪,《中国奴隶社会的批判》,载于《历史科学》1卷5期(1933年9月),页2—3。
② 李季,《对于中国社会史论战的贡献与批评》,载于《读书杂志》2卷2—3期(1932年3月),页90;杜畏之,《古代中国研究批判引论》,载于《读书杂志》2卷2—3期(1932年3月),页16;胡秋原,《中国社会——文化发展草书》,载于《读书杂志》3卷3—4期(1933年4月),页22—23。
③ 季子(李季的化名),《中国古代社会史的研究》,载于《中山文化教育馆季刊》1卷1期(1934年8月),页277。

对郭沫若关于西周是奴隶社会的观点的批评则更为重要。批评者从各个不同的角度对郭进行攻击,有人指责他把奴隶社会变成一个具有普世性的历史发展阶段,有人批评他反转了历史发展的次序,有人批评他不能够给出有关奴隶制生产方式的定义。丁迪豪否认奴隶制是马克思主义历史分期中一个具有普世性的范畴,他批评郭沫若无视中国历史文献的记载,简单地将与希腊罗马奴隶制相关的一些特征强加于周初的历史。① 从同样的角度批评郭沫若的陈邦国和王伯平二人(不过,他们二人之间的分歧甚至更为严重),把奴隶社会视为一个介乎原始社会和封建社会之间的过渡阶段,认为它并不值得被作为一个独立的历史阶段来处理。② 其他作者,尽管认同奴隶制是一个普世的历史发展阶段,但批评郭沫若调换了奴隶社会和封建社会的次序。李麦麦认为,由于奴隶制生产方式较封建制更为发达这一事实,奴隶制应当历史地后于封建制。欧洲在古代社会之后向封建制的倒退,并不适宜于其他社会的发展。真正的封建阶段是在早期历史上介于氏族社会和奴隶社会之间的阶段。③ 最后,一些作者指出郭沫若从未明确给出关于奴隶社会的定义。丁迪豪断言:第一,仅是奴隶的存在并不构成奴隶制生产方式存在的证据,奴隶在历史上是普遍存在的,如果以此作为奴隶制生产方式的定义,那么所有的社会都可以被视为奴隶社会。④ 而且,丁迪豪指出:郭沫若并没有在家内奴隶和作为社会劳动力的奴隶阶级之间作出区分,郭所描述的绝大多数奴隶都属于前者。丁迪豪尖锐地指出,由于缺乏足够的证据,郭甚至从两性之间的不平等来推演出奴隶制的存在。⑤ 如一位批评者所指出:

---

① 丁迪豪,《中国奴隶社会的批判》,载于本章注所引期刊,页2。
② 陈邦国,《中国历史发展的道路》,载于《读书杂志》1卷4—5期(1931年8月),页5;王伯平,《中国古代社会研究之发轫》,载于《读书杂志》2卷7—8期(1932年8月),页13—14。
③ 李麦麦,《评郭沫若的〈中国古代社会研究〉》,载于《读书杂志》2卷6期(1932年6月),页3—8。
④ 丁迪豪,《中国奴隶社会的批判》,载于本章注所引期刊,页13。
⑤ 载于同上注所引期刊,页4。

郭沫若整个论述都是由他相信奴隶社会必然紧随着原始社会这一"信念"塑造的。对于那些与他信念不同的人,郭的论述显然是缺乏实质内容的。①

除了历史分期问题之外,在理论领域,郭沫若还因为其对摩尔根关于家族结构演进观的解释(或者更准确地说,是误解)而受到攻击。李季指责郭沫若混淆了家族组织之间的关系,偏离了摩尔根在处理家庭演化问题时提出的理论模式。李季特别是指郭沫若在其著作中使得杂交时期和彭那鲁亚家庭时期交叠起来,并使杂交时期延伸到整个蒙昧时期。其次,李季指出,郭沫若错误地将彭那鲁亚群婚(郭沫若也称之为"亚血族群婚")包括在氏族社会里面。这和摩尔根的原意相反,因为摩尔根仅是表明彭那鲁亚家庭为氏族制的萌芽准备了基础,但是并没有将氏族制建立在任何一种特定的家庭类型上:彭那鲁亚家庭对应的是蒙昧(savagery)的中级阶段,而一夫一妻家庭对应的是野蛮(barbarism)的高级阶段,氏族社会在不同社会、不同的发展阶段包含了不同类型的家庭组织。而且,更为重要的是,在氏族组织的不同表现中既包括了母系也包括了父系的继承制度,郭沫若将氏族社会和母系制度等同起来无疑是对摩尔根观点的一种简单的扭曲。同样严重的是,李季指责郭沫若武断地运用了摩尔根关于前文明社会的发展阶段的观点:李季认为郭沫若虽然声言历史发展阶段的普世性,但是郭对于跳过那些不适合其论述目的的历史阶段并未表现出任何的良心不安——最相关的例子就是郭沫若将商代描述为野蛮的中级阶段而将西周描述为奴隶社会。令李季不解的是,如果摩尔根的分期观真像郭沫若所声言的那样有效,那么野蛮的高级阶段又怎会莫名其妙地消失了呢?或者如郭沫若在另外一处所指出的——西周尚处于野蛮的中级阶段,那么难道中国社会经历了下一个大变革即帝国建立之后进入的竟是野蛮的高级阶段,而且这一阶段一直

---

① 程憬,《郭沫若的中国古代社会研究》,载于本章注所引期刊,页17。

持续到最近?①

我将在第七章讨论中国历史的马克思主义分期观时再来详细讨论郭沫若提出的历史分期模式所引发的问题,但在此还是有必要大略评估一下郭沫若的批评者从摩尔根著作的角度对郭进行的批评是否合理。至少,李季对郭沫若的前两点批评是可以从摩尔根的《古代社会》中找到证据支持的。例如"杂交",摩尔根将"这一蒙昧的最低阶段"等同于"人类和环绕于其身边的动物还几乎不能区分开来"的阶段,这时家庭的概念甚至还不存在。② 而郭沫若,却将杂交视同于整个"蒙昧"时期——它涵盖了人类在超越了自身兽性的存在、进入文明之后的最初的三个阶段,或者用摩尔根的话说,"从人类的幼儿期一直持续到陶艺发明"的历史阶段。而且,摩尔根确实认为,向彭那鲁亚家庭的转变发生在蒙昧的高级阶段。③

郭沫若的结论是"杂交时期"在中国一直持续到公元前3000年左右,这只有让"杂交"涵盖一个比摩尔根的本意要长得多的历史时期才有可能。更为严重的是郭沫若将氏族社会混同于母系社会,并将母系社会向父系社会的转变视为氏族制崩溃、奴隶制出现的一个标志。郭沫若在《研究》中所总结的摩尔根的"先史民族之进化阶段表",是他曲解摩尔根原意的无可辩驳的一个明证。在表中(以及建立在此表基础上的分析中),郭将氏族社会包含在母系中心这一更大的范畴之下。但如李季所指出,这和摩尔根本人的论述是完全不同的。④ 毫无疑问,在《古代社会》中,摩尔根认为氏族制在其"野蛮"高级阶段的发展中(例如希腊和罗

---

① 李季,《对于中国社会史论战的贡献与批评》,载于《读书杂志》2卷2—3期(1932年3月),页72—90。关于类似的观点,亦可参见程憬《郭沫若的中国古代社会研究》,载于本章注所引期刊,页9、11—12。
② Morgan, *Ancient Society*(《古代社会》), p. 540.
③ Morgan, *Ancient Society*(《古代社会》), p. 425.
④ 郭沫若和李季对于摩尔根理论的各自的总结列表清楚地表明了他们在这一关键问题上的分歧。

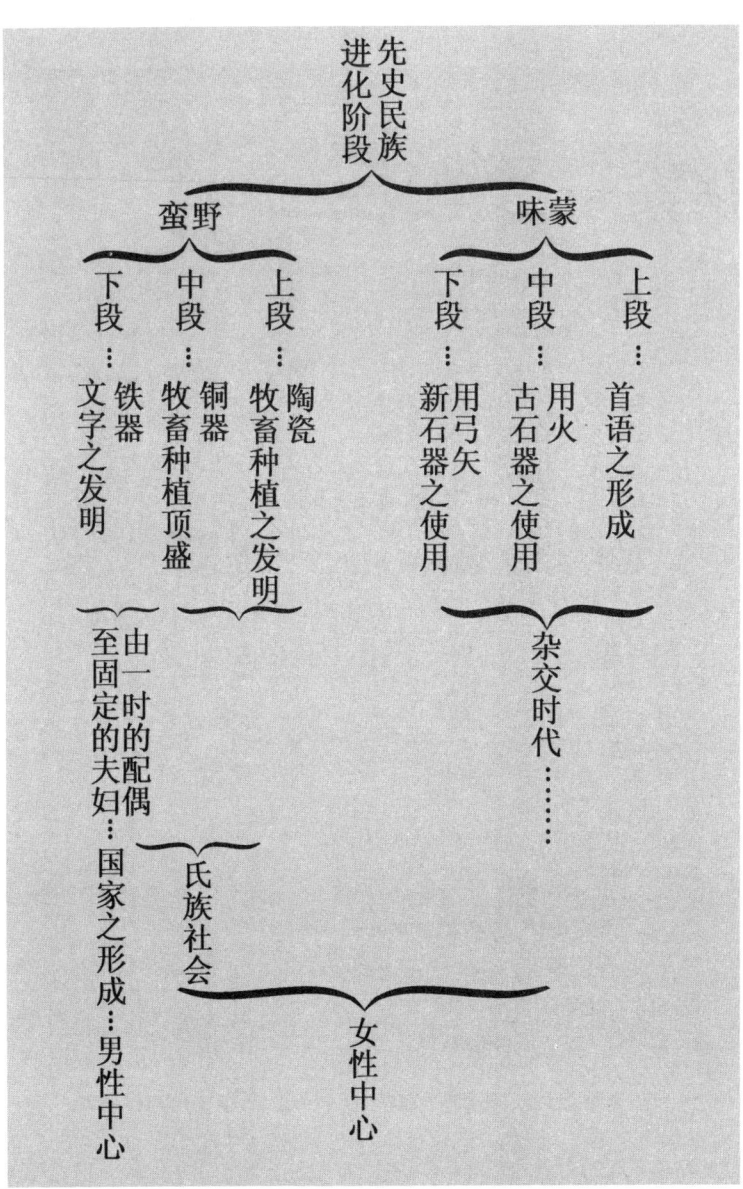

出自：郭沫若，《中国古代社会研究》，页 42。

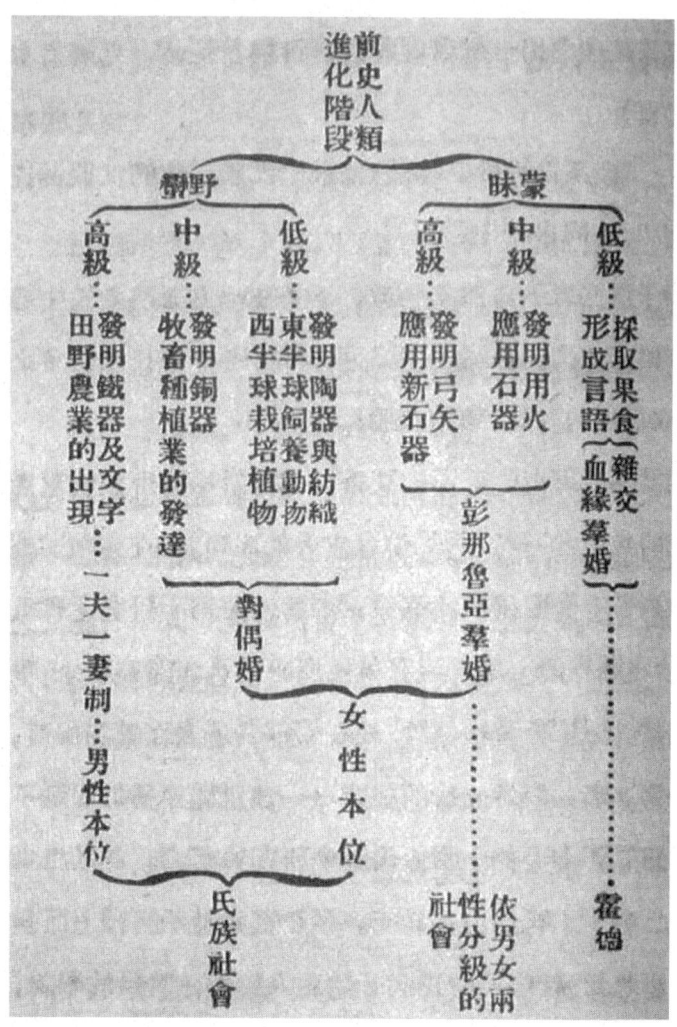

出自：李季，《贡献与批评》，载于《读书杂志》2 卷 2—3 期，页 78。

以上郭李二人的列表均是对摩尔根在《古代社会》一书的页 10—13 及页 498—508 有关史前人类进化阶段的阐述的综合。比照之下，李季的列表更接近摩尔根的原意。

马),是一个父系组织。不过,郭沫若的这一混淆对其立论的颠覆性并不像其批评者所认为的那样大。因为摩尔根也视父系家庭的兴起为私有财产出现的一个结果,是和"体系化的奴隶制"同时出现的。① 所以摩尔根在处理氏族组织和父系继承制度关系时,同样存在一定的模糊,这使得郭沫若可以找到一些为自己立场辩护的有利之处。根据摩尔根的有关论述,氏族社会可能包含父系制度,但是父系继承制的出现也可能通过加强一夫一妻家庭、催生经济和政治权力上的阶级差异,最终破坏氏族组织。而以上这些现象出现在"野蛮"的高级阶段——它同时也是氏族组织衰落的时期。② 有关这一时期发展的含糊性,也是郭沫若将奴隶制套入"野蛮"中级阶段的主要原因。由于这个问题是由恩格斯将马克思的分期观和摩尔根关于前文明社会的观点融合在一起而产生的,我将在下一部分对这个问题进行进一步的讨论。

对于郭沫若的第二类批评,矛头主要指向郭对历史资料尤其是那些儒家经典的使用。当著名的法国汉学家马伯乐指出郭沫若在使用这些文献时对其真实性完全未予考虑时,其实是表达了很多人共同的观点。③ 必须注意的是,在材料问题上,郭沫若表现得比许多马克思主义史学家(包括那些在这方面批评他的人)都要谨慎得多。他对于古代文献的分析总是以对其历史真实性和时间性的评估为开始。不过,与其他马克思主义史学家不同的是,他认为,即使这些文献及其所包含的神话不能作为精确的历史材料,但是它们还是为理解古代中国社会的性质提供了线索。④ 不过,他多少有些武断地认定一些文献是真实的,而同时,将那些不能支持其立场的文献斥为伪作。

---

① Morgan, *Ancient Society*(《古代社会》), p. 540.
② 同上书,页345。亦可参考全书第二部分第10、13章和第四部分第2章。
③ 马伯乐,《评郭沫若近著两种》,载于《文学年报》,1936年4月,页69;梁园东,《中国社会各阶段的讨论》,载于《读书杂志》2卷7—8期,页3—4。
④ 郭沫若,《研究》,页106。亦可参见郭沫若《答马伯乐》,载于《文学年报》2期(1936年4月25日),页4。

对《研究》的又一批评,是质疑运用考古发掘材料作为研究中国早期社会的主要资料是否足够。李季从20世纪20年代对顾颉刚的批评回忆起,认为考古出土的甲骨文和青铜器寥寥无几,诘问郭沫若如何可以根据少数的器具断定商代只有铜器没有铁器?也就是说,他认为尽管考古发掘材料这些硬证据的确揭示了古代社会的一些特征,但是对其的使用必须十分谨慎,必须与古代的典籍互相参证。① 批评者们还认为郭沫若提出的证据并不足以否定西周封建制度的存在,也不足以证明奴隶制在这时的盛行。程憬指出,郭沫若推论中最基本的瑕疵就是他"非此即彼"的处理手法:"郭君以为……既不是封建制,当然是奴隶制了!"而且,程憬接着指出,反驳"井田制"和"五服五等制"的存在,并不必然能否定封建制度的存在,因为封建制度并不依赖于这些因素中的任何一个而存在。相反,劳动的状况才是决定性的因素。郭沫若本人的一些论述也证明周初农民在自己耕作的土地上还有相当大的自由,这更接近封建农奴而非奴隶的特征。至于奴隶制,程憬像丁迪豪一样,认为奴隶的存在和社会整体的封建结构并不必然矛盾。② 李季和陈邦国还认为郭沫若之否定西周封建,是因为他将封建制度和行帮制划了等号,郭没有在西周发现行会,所以自然认为西周不可能是一个封建社会。③

多少有些奇怪的是,郭沫若的批评者们并没有把更大的注意力放在郭提出的历史材料与他所认为的奴隶社会的普世的先决条件的不协调上。郭无力发现任何有关铁的实际证据,也没有找到任何在生产中使用奴隶的具体证据,而且郭关于农业在周初仍然处于较为原始的阶段的结论等于是取消了他自己关于中国社会在这时已经具备了建立奴隶制生产方式的必要条件的理论假定。结果,郭仅能"确定地"声称在社会的政

---

① 季子(李季的化名),《中国古代社会史的研究》,载于本章注所引期刊,页275。
② 程憬,《郭沫若的中国古代社会研究》,载于本章注所引期刊,页15。
③ 李季,《贡献与批评》,载于本章注所引期刊,页88—89;程憬,《郭沫若的中国古代社会研究》,载于本章注所引期刊,页12。

治特征方面,西周社会已经具备了那些理论上会出现于奴隶制阶段的普世性的特征——说得更确切些,郭的结论在很大程度上是按照具体情况作出的推测,具有高度的不确定性。① 在其最终的分析中,郭从国家的出现、父系制度和两性的不平等推出奴隶制生产方式的存在。他寻找奴隶制存在的直接证据的努力有一些成果,但是即使是在这种时候,他在很大程度上也还得从农民过着奴隶般的生活来推论奴隶制的存在;他没有能够证明农民像奴隶那样受到束缚和奴役。

批评者们之所以没注意到郭沫若未能证明奴隶制的物质条件的存在,是因为他们忙于证明:郭沫若将西周描绘成一个较原始社会先进不了多少的社会是大错特错。首先,他们根据摩尔根的理论,认为中国在商代就有书写存在,这证明中国早在周之前就已进入了文明社会。② 更重要的是,大多数人都认为农业在周初比郭沫若所认为的要发达得多。③ 李季——他比郭沫若更为肆无忌惮地依赖古代的神话来支持自己的立论,将中华文明和集权化国家的起源都上溯到公元前 3000 年左右。他还坚持,尽管缺乏考古的证据,铁器在这时一定已经存在了。④ 另一些人认为,氏族社会和母系制度在周代之前早就解体了;商代贵族统治的存在,证明在这一时期私有财产、父系继承制和国家均已经形成了。⑤ 尽管一些人有可能(不过确实没有明确的证据)是出于民族的自尊心,而反对郭沫若将西周这一在中国传统上备受尊崇的时期描绘成原始的或前文明的,但是必须记住:许多外国的专家在当时或之后,都对诸多批评郭沫若的观点表示赞同。马伯乐就是其中一位批评郭沫若认为西周农业处

---

① 大约 20 多年后,郭沫若承认:由于缺乏直接的证据,他绝大多数的研究不得不依赖于间接的证据。参见《奴隶制时代》(北京,1972),页 286—287。
② Morgan 在其书第 12 页给出了这个定义。
③ 马伯乐,《评郭沫若近著两种》,页 67;季子,《中国古代社会史的研究》,页 269;李麦麦,《评郭沫若的〈中国古代社会研究〉》,页 4。
④ 季子,《中国古代社会史的研究》,载于本章注所引期刊,页 260—268。
⑤ 王伯平,《中国古代社会研究之发轫》,载于本章注所引期刊,页 10—11。

于原始水平的汉学家。① 而且,在郭沫若本人的著作中也有足够的证据表明,郭沫若为了恪守其历史分期模式而大大低估了商代社会政治组织的复杂性。②

很难说是否是这些对于《研究》的批评,促使郭沫若于 30 年代晚期、40 年代初期修正自己早前的观点——因为他仅是偶尔不点名地论及一些西周封建论的支持者。另外正如前面所指出,郭沫若对这些批评并没有多大的感觉的一个简单的原因,就是他直到 1937 年才重新回到中国。所以,他对自己观点的修正,可能仅仅是其研究深化的一个产物。到了 30 年代中期,他已经成了中国最重要的甲骨文和金文的研究学者之一。③ 他在这些年中总体的倾向是从理论问题转向传统式的"考证"分析。他越来越多地把研究的注意力放在考古材料而非经典文献上;他虽然还在研究中使用后者,但是他公开地宣称:只要经典文献与考古所获材料有所冲突,则无论如何它们都无甚价值了。④ 同样地,与以前的著作相比,这一时期郭沫若对于马克思主义经典文献的援引也显得不太起眼。他拒绝改变自己在 1928—1930 年间提出的中国历史分期模式。他的一些具有实质意义的修正,也仅限于对历史阶段的起止时间的改动和论据的提纯和润色上(这主要是由他对考古材料的研究而得出的)。⑤ 不过,这些改动对于其观点而言并非无足轻重的,它着实回应并避免了许多早前对其著作的批评。

郭沫若最为重要的观点变化是在奴隶制持续的时间上。最迟到 1937 年,他已经认定奴隶制在中国历史上应该占据更长的时间:上起商

---

① 当然,另一位汉学家顾立雅在其 1937 年的著作《中国的诞生》中也得出了相同的结论。
② 例如,王伯平几乎完全依靠郭沫若提供的历史材料,证明了商代社会比郭沫若所描述的要复杂得多。
③ 何干之,《中国社会史问题论战》(上海,1937),页 95。郭沫若的盛名主要源于这些年他所出版的一系列著作:《卜辞通纂》、《两周金文辞大系》、《甲骨文字研究》、《青铜器研究要纂》。
④ 郭沫若,《论古代社会》,收入《沫若文集》卷 12(北京,1959;初版于 1943),页 276。
⑤ 参见郭沫若讨论历史分期的文章,尤其是其少数几篇专门讨论理论问题的文章之一:《社会发展阶段之再认识》,收入《沫若文集》卷 11(北京,1959;初发表于 1936),页 21—27。

代中期(约前14世纪),下至春秋甚至战国时期。① 奴隶制在商周之际的历史变革中达到其顶峰,之后开始衰落。这一时间上的改动对于郭的早期中国社会观具有深远的意义。首先,郭现在愿意承认,商代的生产力发展水平比其之前所认为的要高得多。尽管他仍然坚持资金的频繁转换可以证明商代直到公元前15世纪仍然是以游牧业为主;但是他承认此后商代经济就向充分发展的农业转变了。相应地,他也很少再提及商代的母系制度和氏族制度。郭的新观点认为,周直到文王武王当政之前一直是很落后的,只是在灭商之后,他们才从商民那里继承了高度发展的文化。郭还将周灭商归因于商军中奴隶的倒戈——这使得商军的士气在更为团结的周军面前丧失殆尽。②

其次,郭承认他之前夸大了商周之际历史变革的重要性。按他自己的解释说,这是因其对王国维的《殷周制度论》(该文视殷周之变为中国历史上最为剧烈的大变革)未加批判的接受而导致的。③ 最后,郭现在对于奴隶制的处理较其之前的著作要精确得多。他在奴隶的存在和奴隶制之间作出了明确的区分:"仅仅家内奴隶,不能构成奴隶制度,奴隶制度非有大规模的生产奴隶不可。"④通过考古材料(青铜器)的辅助,他发现周初奴隶买卖的证据,以此来证明当时存在着大范围的奴隶制度。姑且不论这些考古资料的时间性和精确性,郭沫若现在无疑已经在直接证据和间接证据之间作出了方法论的区分。⑤

郭沫若开始疏离理论和间接性证据,这一点在他对铁的处理上也是明显的。之前他认为铁的使用对于奴隶制而言是根本的,现在他承认缺

---

① 郭沫若,《屈原时代》(收入《沫若文集》卷11,北京,1959),页4。
② 郭沫若,《论古代社会》(收入《沫若文集》,北京,1959),页279—280。
③ 郭沫若,《古代研究的自我批判》,为《十批判书》之一篇,收入《沫若文集》卷15(北京,1961;初版于1945),页7—8。
④ 郭沫若,《论古代社会》(收入《沫若文集》卷12,北京,1959),页280。
⑤ 郭沫若引用的青铜器铭文,主要是说奴隶和其他动物及商品一起被买卖或用于赏赐。他最常引用的主要是《武丁》和《大盂鼎》。不过这些青铜器的铭文只是表明奴隶的价值有时还不如动物,并没有提及奴隶的任何劳动功能。

乏铁在商代甚至周初存在的证据,关于使用铁器的最早证据,是在春秋晚期和战国时期。他仍然辩称较早前铁器"应该"已经用于农业生产了,不过他不愿意将其起源推至西周之前的时期。无论如何,他现在认为生产工具向铁器的转变、奴隶制向封建制的转变,以及大一统的帝国的建立,是同时发生的。①

郭沫若与其早前观点最具象征性的背离是他对周初存在"井田制"的认可。他认为孟子的"井田制"并非凭空的杜撰,孟子的错误只是在于把周代的土地分配制度乌托邦化了,视其为公有制;此外,确实有证据表明"井田制"的历史真实性。最重要的就是"田"这个字,本身就是"井田制"的一个象形。但是,郭沫若又突然插了一句,认为一些史学家将"井田制"等同于封建制度的采邑是错误的。在周初,所有的土地都属于国家,财产私有制的意义非常薄弱,田(或"井田")只是用于土地分配的单位而已。②

郭沫若也阐明了他对西周封建论的反对。他认为,理论混淆的根源,除了术语之外,就是许多史学家基于个人自由程度将奴隶和农奴混同起来;他们认为由于周初的奴隶有一定的自由,就不可能是奴隶。郭沫若反驳道,这实际上并不是一种有效的标准,因为农业上的奴隶与手工业的生产奴隶或商业奴隶相比——"有充分的身体自由,这是因为农业的土地便发挥着更大的缧绁髡钳的作用,耕作不能离开土地"。在这个意义上,奴隶和农奴并没有很大的区别,所以很多史学家把他们搞混了。③ 不过无论如何,很显然郭沫若对于西周封建论的反对仍然是建立在推理的基础上,他并没有找到足够的证据来证明西周的农民是奴隶而非农奴。他继续坚持等级制度在商代和周代并没有制度化,但是他也未能反驳它们的存在。他试图求助于封建社会的定义以摆脱这种理论困

---

① 郭沫若,《青铜器时代》,收入《青铜时代》(香港,1958;初版于1945),页297—308。
② 郭沫若,《古代研究的自我批判》(收入《十批判书》、《沫若文集》卷15,北京,1961),页26—28。
③ 同上书,页39—40。

境——这种定义使得贵族甚至农奴看来都与封建制不相关了。这一定义预示了此后的中国史学对于封建制概念的处理。正如朱佩我对封建制度的定义,郭的这一定义也很难适用于源于中世纪欧洲的社会状况,甚至与马克思处理这一概念的方法也没有什么联系。然而,它却与此后中国马克思主义史学对这一概念的发展是一致的:

> 现代的封建社会是由奴隶社会蜕化出来的阶段。生产者已经不再是奴隶,而是被解放了的农工。重要的生产工具,以农业而言,便是土地已正式分割,归为私有,而有剥削者的地主阶层出现;在工商方面则是脱离了官家的豢养,而成立了行帮企业。建立在这阶层上面的国家靠着地主和工商业者所献纳的税收所维持着的。这是我们现代所说的封建社会。①

郭沫若在30年代中后期修正其观点的时候,社会史论战已经趋于沉寂。何干之在1937年的《中国社会史问题论战》中指出,尽管许多史学家最初反对郭沫若的历史解释,但是之后的几年间却有越来越多的人赞同他的观点。所以,姑且先不考虑理论本身的优劣,郭沫若关于早期中国社会的观点,成为其后中国史学的主导性趋势。

摩尔根、恩格斯和郭沫若

郭沫若的马克思主义,如他的一位批评者在《读书杂志》上所指,非常"肤"浅,他不过是把社会科学用作其传统考据学分析的一个装饰而已。② 当然人们也可以从相同的隐喻出发,为郭辩护说:有此"肤"亦不应被嘲笑,因为它毕竟把一堆历史资料塑造成一本具有清晰的马克思主义面貌的文集。不管怎样,郭在《研究》一书中表现出的他对于马克思主义

---

① 郭沫若,《古代研究的自我批判》,页16。
② 杜畏之,《古代中国研究批判引论》,页9。在这篇文章中,杜还指出人们慑于郭沫若的文学声名,在批评他时一度表现得很谨慎。

理论的熟悉程度,成为备受争议的热点问题。如果郭沫若确实知道马克思著作对于社会发展的其他诠释,这至少没有从他此时对于中国社会的研究中表现出来。① 而且,不知是出于鄙视还是疏忽,郭沫若完全忽略了外国学者对于早期中国社会的解释。② 对于郭沫若的分析产生很大的指导作用的,仅有摩尔根和恩格斯。至少从《研究》这本书中可以看出,郭沫若对于马克思的理解主要是通过恩格斯的《家庭、私有制和国家的起源》(以下或简称《起源》)获得的。

《起源》基本上是摩尔根《古代社会》的一个节本,再补充上一些恩格斯自己的评论。恩格斯认为,没有必要从马克思主义的视角来评估摩尔根的著作,因为他相信"摩尔根在美国,以自己的方式重新发现了四十年前马克思所发现的唯物主义历史观,并且以此为指导,在把野蛮时代和文明时代加以对比的时候,基本上得出了与马克思相同的结果"。③ 不过,恩格斯将摩尔根的著作植入历史唯物主义,却给马克思关于社会发展动力和早期社会发展的观点增加了新的混淆。事实上,一些论敌指责郭沫若所犯的失误,应该追溯到《起源》一书中对马克思和摩尔根观点的混融。

有关两性关系和家庭结构在历史发展中所发挥的作用问题,情况就是如此。拒绝将恩格斯著作和马克思区分开来的霍布斯鲍姆曾经指出:"前阶级社会本身构成了一个很大很复杂的历史时代,由于其自身的历史和发展法则,由于其自身社会经济组织的多样性,马克思现在(按:在

---

① 郭沫若是通过河上肇的著作开始接触马克思主义思想的。在他的回忆录中,郭声称他曾试图向商务印书馆提出翻译《资本论》一书,但遭到拒绝。参见《革命春秋》(上海,1951),页205。当然,这并不能证明郭在此时确实读过了《资本论》。他在1928年初的日记中曾提及他正在读《资本论》第1卷。目前所能断定的是,郭非常熟悉的一本书是马克思的《政治经济学批判》,他在1931年将它译为了中文,这本书中提出的历史发展模式成为郭沫若历史观最为重要的理论来源。
② 参见郭沫若《研究》(上海,1930)序言。马伯乐批评郭沫若懂得外文却未读过格拉南(M. Granet)1929年出版的《中国文明》,这本书研究的主题和郭著非常接近。郭沫若后来以一反常态的谦虚承认自己的学识还很有限。参见《答马伯乐》(载于《文学年报》2期,1936),页14。
③ 恩格斯,《家庭、私有制和国家的起源》,初版序言。

其后期著作中)倾向于整体地将其称为'古代形式'或'类型'。"①在《起源》中,恩格斯将摩尔根在《古代社会》中归纳出来的原始社会发展进程吸纳入马克思主义。他甚至比摩尔根更为直接地赋予两性关系在早期历史发展中的中心地位:

> 根据唯物主义观点,历史中的决定性因素,归根结底是直接生活的生产和再生产。但是,生产本身又有两种。一方面是生活资料即食物、衣服、住房以及为此所必需的工具的生产;另一方面是人类自身的生产,即种族的繁衍。**一定历史时代和一定地区内的人们生活于其下的社会制度,受着两种生产的制约:一方面受劳动的发展阶段的制约,另一方面受家庭的发展阶段的制约。劳动愈不发展,劳动产品的数量、从而社会财富愈受限制,社会制度就在愈大程度上受两性关系的支配**(按:黑体为本书作者所加)。②

换句话说,只是随着生产力的增长,经济因素才上升为社会进步的首要推动力。而贯穿整个史前时期,是两性关系的精致化推动了家庭形式和社会组织的变革。根据摩尔根的看法,恩格斯指出:父母与子女之间性交的禁止消除了蒙昧时期之初的男女混交,而同辈兄弟姐妹之间婚姻的禁止标志着蒙昧时期血亲家庭向彭那鲁亚家庭的转变。氏族制度在绝大多数场合下都是由彭那鲁亚制度"直接发生"的,它又进一步促进了可允许的两性关系圈的进一步缩小,结果是在野蛮时期之初"对偶制家庭"(pairing family)的出现。正是在这个时候,经济因素开始在社会发展中发挥重要的角色。按照恩格斯的说法,直到野蛮时期,仍然是母系继承制,继承不是发生在家庭之间而是在共产的氏族内部。随着生产力和财富的

---

① E. Hobsbawm(霍布斯鲍姆), Introduction to Karl Marx, *Pre-capitalist Economic Formations*(《马克思"前资本主义经济方式"》导论)(New York: International Publishers, 1965), p. 51.

② 恩格斯,《家庭、私有制和国家的起源》,页6。译文采自《马克思恩格斯选集》第四卷(北京,人民出版社,1972),页2,略有改动。

增加,到了野蛮的中级阶段,父系继承制逐渐发展,这一发展又增强了在家庭关系演进中原本较为含蓄的趋向。这两者结合在一起标志着氏族组织的最终解体和阶级社会的同时出现。① 恩格斯,甚至比摩尔根更为清晰地,在父系家庭内日益增长的两性不平等中看到了历史上第一次的"阶级对抗"和总体的社会不平等的范式:"这样,在个体家庭中,在它仍然忠实于自己的历史起源,并且男女之间的冲突由于丈夫的独占统治而明白显露出来的场合,我们就看到了,它是自文明时代起分裂为各个阶级的社会在其中运动着,但是既不能解决又不能克服的那些对立和矛盾的一幅缩图。"②

不仅如此,采用摩尔根的史前文明观,恩格斯将奴隶制推回到史前时期。他赞同摩尔根的看法:奴隶制在野蛮的中级阶段初次出现,并在野蛮的高级阶段随着生产的繁荣而达到充分的发展。③ 从《政治经济学批判导论》序言的历史分期观出发,奴隶制与氏族制的重合,改变了史前时期和文明社会的分界线,因为奴隶劳动贯穿于这两个时期。或者,从另一个不同的角度看,史前时期和文明社会的区别不再与"原始共产主义"和"奴隶制"之间的区分相对应了;原始共产主义只是构成了史前时期的早段,而后一段则被纳入了阶级(奴隶)社会。

不管怎样,恩格斯在写作《起源》时使用了马克思阅读《古代社会》时的笔记,也没有理据认为他这样处理奴隶制歪曲了马克思在这一问题上的看法。尽管马克思在讨论奴隶制时绝大多数情况确实是指高度发展的罗马社会,但是马克思并没有非常确定地把奴隶社会的顶点限制在古代(希腊罗马)社会之内。狭义地说,在罗马社会,奴隶制生产方式的特征是在庞大的农业和工业企业内奴隶的集中劳动,为市场而生产商品;而根据马克思,繁荣的贸易则是奴隶制产生的一个前提条件。④ 摩尔根和恩格斯所论及

---

① 恩格斯,《家庭、私有制和国家的起源》,页47—55。
② 同上书,页66—68,引文见页68,页63。
③ 同上书,页159。
④ 马克思,《资本论》第三卷,页332。

的经济上相当原始的奴隶制阶段(这也是郭沫若关于西周奴隶制论述的理论来源),乍看起来和马克思的奴隶制生产方式有天壤之别。然而,对马克思的著作的仔细审查显示,和摩尔根与恩格斯一样,马克思也把罗马成熟的奴隶制社会视为是一个漫长的发展过程的产物。① 而且,马克思关于《古代社会》的笔记,没有任何不同意摩尔根关于奴隶制起源和发展观点的表示。②

如恩格斯所述,马克思在其生命的最后几年才发现摩尔根的著作,他已经无力去把摩尔根的发现融入自己有关氏族制向奴隶制转变的观点中,这个任务留给了恩格斯。不管怎样,很显然,是马克思的默许,令恩格斯将野蛮的中级阶段套入了奴隶制阶段,而非如李季所言,是郭沫若的无知妄为。郭沫若做的,是把他本人也承认的经济落后的周初社会,视为中国奴隶制生产方式的高峰。标志着文明到来的创新和生产没有什么关系,而是在于文化的领域——书写和文字的发明。恩格斯接受了这一由摩尔根提出的标准。③ 但是很可能是因为意识到了这一标准在历史唯物主义内部所引发的问题,恩格斯在《起源》中并没有给其一个重要的位置。在最后一章讨论文明的出现时,他专注于描述这时所发生的经济和政治的变革:劳动分工日渐复杂、生产力的突破性增长、原始的物物交换向大范围贸易的转变、奴隶制发展到其"最为充分的"阶段、氏族组织被以新兴城市为行政中心的"领土"国家所取代。不管情况怎样,向文明社会的过渡并非以社会经济结构的根本性突破为标志,而仅仅是由在史前社会已经产生的各种因素的进一步发展所表征。④

恩格斯对奴隶制在马克思主义历史分期上的位置的修正,使得郭沫若面临一个他自己无法克服的困境。根据郭沫若所采用的分期模式,奴

---

① Hobsbawm,本章注所引书,页34。
② S. Krader(克拉德),*The Ethnological Notebooks of Karl Marx*(《马克思民族学笔记》)(Assen Nertherlands:Van Gorcum,1972)。
③ 恩格斯,《家庭、私有制和国家的起源》,页27。
④ 恩格斯,《家庭、私有制和国家的起源》,第9章。

隶制生产方式构成了人类进入文明社会的第一个阶段——与高度发展的希腊罗马社会相对应的"古代的"生产方式。恩格斯则将奴隶制伸展至上起人类刚刚迈出征服自然的第一步的野蛮中级阶段，下至封建制度之前的人类文明的第一阶段的漫长时期。郭沫若没有意识到恩格斯所指的奴隶制实际上是对马克思在《批导》序言中的"古代的"生产方式的一种背离，他在《研究》中试图通过将恩格斯所描述的漫长而复杂的奴隶制发展阶段压缩到人类文明的最初阶段，来克服马克思、恩格斯两种不同的奴隶制版本之间的不一致。这也是引致郭沫若理论混乱的原因——如李季所注意到的：郭沫若在处理西周社会时，一方面认为其大致与欧洲的希腊罗马社会相当，然而一方面却认为其还处于相当原始的阶段——郭在不同的场合曾将其描述为"野蛮的中级阶段""野蛮的高级阶段""文明的最初阶段"。这同样也解释了郭沫若在归纳摩尔根的"先史民族演化表"时处理家族制度问题上产生的混乱。

不过，在一些关键问题上，郭沫若和恩格斯（以及摩尔根）也并不一致。最重要的是他认为这些发展过程具有普世性的理论假定。尽管恩格斯和摩尔根也都认为人类的演进是单向的，但是他们承认这种发展仅是一个总体上的趋势而已，并不代表所有民族的实际历史经验。在东西半球不同的自然环境下，社会的演化是不同的。发展的速度也依据条件而有不同，只有少数的几个民族成功地从氏族组织进入了文明社会。摩尔根分别地处理不同社会的情况，指出了它们的歧异性和相似性：在其研究中，仅在将不同的社会放置到一个进步的发展阶梯上时，才会论及普世性。①

---

① 摩尔根相信社会如果取得进步，必然是通过普世的阶段发展起来的。但至少从历史的证据来看，并非所有的社会都能够取得进步；所有社会的进步也并不以同样的速率发生。而且，一旦一个社会达到了一定的发展水平，由于文化的交流与扩散，其他的社会是否会完全遵循它的脚步向前发展，则成为一个值得讨论的学术问题。摩尔根甚至曾经暗示氏族制的普世性可能是文化传播的一个结果："究竟氏族是在一定的社会条件下自发产生的，因而在不相毗连的地域里它本身会不断出现呢，还是它只是一个单独的来源，从这个来源中心通过人类不断地迁徙而传播于全球的呢？这确实是一个值得思考的问题。"参见《古代社会》，页377；中译本，页372。

在这一点上恩格斯也遵从摩尔根,但是他在处理罗马社会和在欧洲继承了罗马政治力量的日耳曼部落的关系时,提出了一个非常具有挑战性的问题:一个已经进入文明阶段的社会,对于其相对落后的邻居的意义究竟如何?换句话说,文化传播在历史上的作用究竟是怎样的?日耳曼部落进入了罗马帝国衰败之后留下的真空,从氏族组织直接发展进入封建社会,越过了奴隶制的发展阶段。尽管恩格斯认为农奴制成熟的条件在罗马帝国衰落时已经准备好了,但是这并不能改变这样一个事实,即日耳曼部落本身并没有遵循一条与希腊罗马社会相同的发展道路,而是利用罗马社会准备好的条件进入了一个更为高级的发展阶段。当然,这一发展过程,在历史唯物主义领域内产生出了一定的问题。但是即使恩格斯在《起源》一书中指出了这样一次非常重要的偶然性的情况,郭沫若依然在总体上完全否认历史发展具有歧异性的可能——这一点无论如何是非常具有研究意义的。

郭沫若的理论分析中的另一个令人感兴趣之处,是有关从奴隶制向封建制转变的问题。我们应该还记得:郭沫若将这两种社会形式的区别最小化了。他认为两者的主要不同在于一个是血缘关系占支配地位,一个是地域关系占支配地位。在摩尔根的论述中,这样一种区分不是被用于从奴隶制向封建制的转变,而是用于人类文明肇端时政治社会(political society)对氏族组织的取代。地域性并不是任何一种社会形式的特征,而是贯穿文明时期的一切国家的特征。从血缘性到地域性的直接转变,只有在日耳曼部落(它绕过了奴隶制阶段)才是与向封建制的转变同时发生的;而在希腊罗马,领土国家的兴起是与奴隶制的兴起相对应的。至于说血亲性与奴隶制如果有什么关系,那也只是在前文明社会的初始阶段才存在的。

由于郭沫若并没有对这一问题进行详细阐发,我们只能推测他之所以会误用这一在《古代社会》和《起源》中都很突出的论点的原因。郭沫若在其对周代社会的处理中,不得不认为大贵族势力一度获取了政治的权力,但按照郭的理论假定,这时他们本该已经消失了。宗族势力直到春秋晚期和战国时期才开始逐渐解体,而直到大一统帝国的建立,中央政府才粉碎了这些作为地方贵族势力根基的宗族组织。① 由于在郭沫若的历史分期中,帝国的建立是与向"封建制度"的转变相一致的,所以看来在中国的情形下,血缘性就和奴隶制联系在一起,而地域性则与封建制联系在一起了。在进行这一区分时,郭沫若实际上将中国的历史经验(以及日耳曼部落的经验)归纳为普世的封建制度的特征。他将封建制度和地域性的政治组织联系在一起,这无论如何是与摩尔根和恩格斯的观点不一致的。在另一方面,他将血缘性和奴隶制联系在一起,又与他自己关于商末周初氏族组织已经让位于政治国家的论述是相矛盾的。很可能是意识到了这一问题,所以尽管周代宗族组织是当时社会政治组织非常重要的一个方面,郭沫若却对于这一问题保持着沉默。

1930年之后郭沫若几次修正了自己的观点。然而,这些修正,多是关于一些材料问题和时间问题。郭的中国历史分期观一直保持着他在《中国古代社会研究》中提出的基本架构。② 尽管1949年之后,郭沫若多是引用斯大林和毛泽东作为理论的权威根据,很少再引用恩格斯和摩尔根的观点,但是从他转向史学撰作的那时起,他从这两人的理论所得出的历史发展观就一直塑造着其史学思想的结构。

---

① 关于这一问题最新的社会学分析,参见 Hsu Cho-yun(许倬云),*Ancient China in Transiton*(《变动中的古代中国》),(Standford: Standford Univ. Press, 1965)的第2章。
② 郭沫若,《中国古代史的分期问题》载于《红旗》(1972年7月1日)。在这篇文章中,郭沫若概述了自己中国历史分期观的三点主要变化及其背后的理据。值得注意的是,尽管郭沫若在1949年之后(1954年)将《中国古代社会研究》修订再版,但是他所有的基本论点都原封未动,甚至包括他概括的那张谬误颇多的"摩尔根先史民族演化表"。

第六章 中国历史分期

当马克思主义史学家们将他们的注意力转向历史时,历史分期的问题成了论战的中心。在中国马克思主义者一心只想着当代社会的问题的时候,历史分期问题就始终只能停留在讨论的边缘,仅有一两个人表达过对于整体历史分期问题的直接兴趣。郭沫若的《中国古代社会研究》通过使马克思主义史学家注意早期中国历史,在一定程度上激发了对历史分期问题的兴趣;此外,同样重要的是:1928年苏联为回应中国革命过程中遭遇挫折而进行过有关历史分期问题的辩论。

我们应该记得在第三章中,共产国际内的一些中国专家认为20世纪20年代中国革命的失败是由于未能认识到中国是一个具有与欧洲社会不同特征的"亚细亚社会",因而,他们认为需要对中国革命的策略进行特别的考虑。由于这种看法否定了反封建的土地革命的必要性,所以为当时的苏联政治领导人所拒斥。不过,它在史学上还是激起了一场关于亚细亚生产方式在马克思主义史学中的地位的大论战,并一直持续到1931年在列宁格勒召开的一次特别会议。这次会议对于受到官方拒斥的"亚细亚生产方式"本身是不是一种社会形式进行了激烈的争论。① 在整个讨论的过程中,马克思主义的历史分期问题受到了一次空前、彻底的再审查。

中国马克思主义者非常清楚苏联发生的这场大争论。苏联论战的问题,尤其是中国历史特殊性的问题,在 30 年代中国史学家的笔下显得很突出。他们的主要目的之一就是要表明中国社会符合马克思在其关于欧洲的研究中所发现的历史发展的普世"法则"。中国马克思主义者不仅欢迎列宁格勒会议的决定,也许还应该加上一句,20 世纪 30 年代他们在马克思主义历史分期的诠释问题上更倾向于追随苏联领导人的步伐。到 30 年代末,最重要的几位中国马克思主义史学家——尽管他们的理论背景与最初发起这场论战的人并不相同,都接受了这种 1931 年之后在苏联史学中占支配地位的历史分期观。②

这种历史解释中的一致性趋向,是与中国 30 年代马克思主义论战的发展联系在一起的。马克思主义史学在 1930 年后经历了两个发展阶段。最初几年,随着争论的深化,马克思主义史学著述激增,并在《读书杂志》1931—1933 年的所谓"社会史论战"中达到顶点。随着论战的白热化,它日益演变为一场思想的"群架",社会和历史问题,甚至是政治问题都遮蔽了。论战者们在一些没有太大分歧的历史解释问题上也能进行夸张的史学争论——并没有什么明显的理由,只是为了使他们自己的论述与那些预设的"论敌"区别开来。③ 当然,还是有一些论者成功地提出了一些关于中国历史的新见解。尽

---

① 关于这场论战的讨论,参见 K. Shteppa(斯特帕),*Russian Historian and the Soviet State*(《俄国史学家和苏联》)(New Brunswick: Rutgers University Press, 1962)一书的第二部分。R. Thornton(桑顿), *The Comintern and the Chinese Communists*, 1928—1931《共产国际和中国共产主义运动,1928—1931》)(Seattle: University of Washington Press, 1969)一书也简要讨论了关于亚细亚社会问题的政策争论(页 4—8)。关于这场论战的详细讨论也可以参考何干之的《中国社会史问题论战》(上海,1937)一书。
② 参考本章最后部分。
③ 参见本章的列表。这一结论看起来也许严苛了一些,但是当时论战文字的笔调和对一些琐碎差异的近乎好斗的顽固坚持,确可以证实这一点。

管他们的理论分析并不像他们所自称的那样具有原创性,但多少还是丰富了马克思主义历史解释的多样性。

由于我们下面即将论及的一些因素的结合,马克思主义史学在1933年之后进入了一个更为平和的学院化阶段。在此后的几年中,那些最早进行历史分析的革命者的名字,绝大多数已不再出现于出版的马克思主义著作中。这些著作多带有学院的纽带,一改此前革命者主持下的期刊关注现实问题的特征,强调对论战的问题进行更为细致的学术研究。到30年代末,许多早前的对于中国历史的不同解释,连同提倡这些观点的论者,都向来源于苏联的马克思主义史学"正统"交枪投降,销声匿迹了。

在所有这些变化当中,马克思主义史学家都被支配他们理论分析的问题绑在一起。陶希圣和郭沫若的史学论著为30年代的许多马克思主义史学著述提供了出发点。我们甚至可以把30年代的绝大多数史学撰作看成是这两位史学家著作的注脚——尽管这似乎显得有些苛刻。王礼锡在对社会史论战的介绍中公开承认陶希圣和郭沫若对于论战的启发性影响,并宣称《读书杂志》将基本上继续与此前其他期刊特别是《新生命》相类的史学研究:

> 这个战,渐渐打得热闹了。本期如果尽量收录这类的稿件,几乎超过八万字。为着篇幅有限,只好先披露这最短的一篇。万一收得更多些,不妨为这个问题,出一个专号。其实为这个问题,就出十个专号也值得的。

第三期的内容,可以说是一个挑战的专号,对各方面批评的文字都有。挑战的内容有下列人物:

(1) 顾孟余 (2) 陶希圣 (3) 梅思平 (4) 陈独秀 (5) 郭沫若

提出的问题有下列的各方面:

(1) 中国封建社会是否在春秋时已经崩溃?

(2) 士大夫阶级是不是应当重视?

(3) 殷周时到底是一个什么社会?

(4) 现在中国到底是一个什么社会？

至于结论如何，我们暂时不管，我们要的是打出来的客观的结论，我们不要主观的独断的结论。

我们希望得着更广大更普遍的研究者参加这个论战。①

王礼锡提及的这些作者，以及他所列明的作为论战指针的这些问题，清楚地表明了早前的著作——尤其是陶、郭二人的著作，对于历史研究所起的启发性作用。1930年之后论战力度的加大，部分是由于这些将马克思主义运用于中国历史的先辈为后来的好辩之人提供了现成的"靶子"。而且，在最初的讨论中所提出的问题，在论战的学院化阶段依然保持着活力——尽管它们已较少与那些最初提出它们的人的名字联系在一起。

不过，有两个与史学问题本身没有多少关系的重要因素，也导致了1930年之后论战的尖锐化。其一是《读书杂志》开放式地鼓励争论，收到了激发马克思主义史学撰作的效果。1931—1933年这两年间，《读书杂志》作为一盏引路的明灯，将所有对社会和历史感兴趣的激进主义者吸引在它周围。和这些年里所有马克思主义期刊一样，《读书杂志》也是革命运动的产物，它的编辑与具有社会民主主义倾向的"第三势力"关系密切。他们既反对国民党也反对共产党，试图在权力斗争的两极之间寻找中间点，既避免像国民党那样背叛革命，又不至于像共产党人那样滥用权谋。1933年底，随着陈铭枢领导的"福建事变"失败，《读书杂志》的编辑们不得不转入地下活动，杂志也被迫关闭。《读书杂志》对于论战的影响从其关闭后情况也可以看得出来——缺乏新的具有同等影响力的论坛作为理论角力的竞技场，论战的力度旋即大不如前。

《读书杂志》事业的活力本身也得益于二三十年代之交失意的革命者的数量上涨。论战的许多投稿者都是托派或其他在20年代末在共产

---

① 参见王礼锡在专栏"中国社会史的论战"朱伯康的文章前所加的编者小序，载于《读书杂志》1卷2期(1931年6月)，页7。

党党内斗争中被抛弃或驱逐的异见分子。不像那些发起1927年之后最初的理论讨论的革命者具有清楚的政治从属关系,30年代论战的参与者多是一些个人或是分裂出来的革命小派系。至于他们的政治倾向,则缺乏一个清楚的意识形态或政治的中心立场。他们之间的冲突通常是由一种针对所有革命对手的模糊的敌意所引起的,在革命的目标和策略上则看不出有什么真正的差异。他们在革命活动中受到挫折,就将不能在革命运动中释放的能量投入史学的争论中。在争论中频繁提及的"战役""战场""战士"(甚至形容论争的术语都是"笔战")这些与战争有关的隐喻中,让读者强烈感受到他们由于革命失败而产生的失落感就渗透在他们此时的历史写作中。论战者彼此之间毫不退让的态度亦揭示了他们孤注一掷的彻底的幻觉——这也为他们参与这种变相的革命活动提供了外在的正当理由——创造一种能够使所有革命者重新联合起来的革命战略。"福建事变"是非共产党的左派分子企图重现像20年代那样波澜壮阔的革命运动的最后努力。它的失败,熄灭了复兴革命的任何残留的希冀,革命者对于史学作为革命神圣智慧之源泉的兴趣也随之消退了。

郑学稼曾指出,对于历史唯物主义的兴趣在1933年之后减弱了。在他看来,论战中将马克思主义运用于中国历史的大而无当的尝试,使中国知识分子意识到马克思对于中国知之甚少,使他们对将马克思主义运用于中国历史失去了信心。① 尽管在1933年之后讨论的力度和马克思主义史学撰作的密度确实均有下降,但是把这归因于对历史唯物主义兴趣的消失却是有误的。首先,郑学稼忽视了,像《读书杂志》这样重要的论坛的关闭,不是因为缺乏对于历史唯物主义的兴趣,而是由于政治的压制。更为重要的是,对于1933年之后的期刊文献的细致的检查表明,对于历史唯物主义的兴趣非但没有消失,而且呈现出更为可观的学

---

① 郑学稼,《社会史论战的起因和内容》(台北,1965),页103—104。

术的面相——从而也并不是那么显眼:这些年中,当最初由马克思主义史学家所提出的问题,或是其更为精致的分支,被并入了欣欣向荣的社会—历史研究,马克思主义史学自然显得不是那么突出了。许多继续运用历史唯物主义理论的规范结构的论者,从理论性的讨论转向了更为细节化的史学研究。

同样地,1933年后消失的不是对于历史唯物主义的兴趣,而是对于历史研究与革命行动具有直接相关性的信念——这种信念在讨论的前几年曾经成为马克思主义史学家的写作动机,它也曾经大大提高了社会对于他们著作的关注。作为一个历史学家,陶希圣跨越了这个10年,他的情况就表明了这种转变。1928年,陶希圣为了解决革命运动受挫所产生的问题而转向史学研究,并希望以此能使革命重回正确的道路。1934年,他在《食货》半月刊(它是此后四年间最为重要的社会史以及马克思主义史学的论坛之一)创刊号的"编辑的话"中宣称,如果想要获得对于中国历史更为深刻的理解,就必须切断史学研究和现实关注之间的联系。① 当然,并非所有人都同意陶的观点,但是在随后的几年间,使马克思主义史学的精致性上升到一个新水平的,恰恰是那些尽管没有公开承认,但是遵循着将历史与现实分开这一指针的史学家。②

以下这张表列出了1928—1937年间马克思主义作者们关于中国历史分期的概观。它证实了绝大多数的分期只是论战最初几年所出现的分期模式的变种这一论断。本章将把注意力集中于社会史论战中更有意义、更具原创性的观点,和少数一直持续到30年代末的较引人注目的小论争。

---

① 陶希圣,《编辑的话》,载于《食货》半月刊第1卷第1期(1934年12月1日),页29—30。陶声称拒绝出版有关当代中国的著作的更为强硬的言论,参见《食货》4卷2期的《附言》(1936年6月16日),页48。
② 这并不等于说这些史学家放弃了对于史学与当代社会之间的关联性的信念。如何干之所公开地指出的(参见本书第二章末),人们甚至可以争辩,执意坚持帝制时期的中国是封建社会,正表明历史解释还是被现实的革命策略所制约着。但是我想指的事实是,绝大多数的史学家这时确实是将他们的关注点集中于古代及帝制早期的中国。

中国社会史论战主要作者之中国历史分期表

论者	前段	殷	西周	东周	帝国(秦至清)	现在	主要理论来源
陈邦国	原始共产主义-氏族	奴隶制	封建制	过渡(商业兴起)	过渡(商业资本主义与地主所有制)	资本主义殖民地	波格丹诺夫、奥本海、拉德克
陈伯达			封建制	过渡		亚细亚制(基本上是封建社会)	陶希圣
翦伯赞	原始氏族	奴隶制		封建制		半封建半殖民地	
周谷城		从游牧部落到集权化国家				封建制	
周绍臻		封建制	封建制	过渡(商业兴起)	商业资本主义(奴隶制)	?	方岳(陶希圣)
朱伯康		?			封建制解体(地主统治)		
朱佩我					封建制		
范文澜	原始共产主义(黄帝至夏周)	奴隶制(夏商)	封建制	过渡	官僚封建主义		奥本海
何干之	亚细亚社会	奴隶制	奴隶制	过渡(商业兴起)	封建制		
谢铁山(音)			封建制				
熊得山	原始共产主义	井田制(前夏—西周)		过渡	商业资本主义(封建)		
胡目(音)	原始共产主义(黄帝之前)		"强大的封建势力"		亚细亚社会	?	
胡秋原		氏族制	封建制		专制主义	封建制瓦解	波格丹诺夫
康生	原始共产主义-氏族制				封建地主制	专制主义至殖民地	普列汉诺夫、杜傅洛夫斯基、波可罗夫斯基
郭沫若		封建制(夏一)	奴隶制	过渡(商业)	封建制(至1840年)	资本主义	恩格斯(摩尔根)
黎际涛(音)	原始氏族制	部落斗争—封建制			专制主义	?	陶希圣

续表

论者	前殷	殷	西周	东周	帝国（秦至清）	现在	主要理论来源
李季	原始共产主义	亚细亚生产方式	封建制	封建制	前资本主义	资本主义	波格丹诺夫
李立中			封建制	过渡	商业资本主义	半封建	
李立三	原始共产主义-氏族制	氏族制-封建制	封建制	过渡（商业资本主义兴起）	晚期封建制	？	奥本海
梁园东	氏族制	父系制（奴隶制）	封建制	过渡（商业资本主义）	半封建	半殖民地	
刘兴唐	向封建制过渡	氏族制	封建制	过渡（商业资本主义兴起）	亚细亚社会	封建专制	
罗楚秋（音）	原始共产主义	奴隶制	封建制	过渡	土地资本主义（集权化）		普列汉诺夫
吕振羽	种族斗争-原始封建制（夏之前）	原始帝国主义（夏商）	新封建制		封建制（集权化）		
马扎尔	氏族制	氏族制	封建制（无政府的）	封建制	亚细亚社会		
沙发诺夫	原始共产主义	奴隶制	封建制	奴隶制	过渡（官僚制）	资本主义	梅因，奥本海
戴行绍		氏族制（部落）	氏族制（至前5世纪）	奴隶制（至3世纪）	商业资本主义（士绅社会）	半殖民地（伴随封建势力）	
陶希圣-1			封建制	封建制	封建制（至9世纪）	前资本主义（自宋朝始）	考茨基（？）
陶希圣-2			奴隶制	封建制	过渡	资本主义（1927—）	
丁道谦	氏族制-奴隶制	奴隶制		封建制			
丁迪豪			封建制	封建制（至西晋）			
王宜昌	原始共产主义	氏族制	奴隶制（至西晋）	封建制	封建制（至1911）	专制主义-殖民主义	同胡秋原
王礼锡				封建制			
维特福格尔	原始共产主义	原始共产主义			亚细亚社会		普列汉诺夫

说明：由于文中所有论战者都奉马克思为导师，所以马克思的理论影响在表中不再特别注明。

这些观点都是以批评(或辩护)陶希圣或郭沫若首次提出的历史解释为出发点,并在这个过程中提出他们自己的替代性解释。不过,我们首先需要简要考察一下亚细亚社会的问题。尽管中国马克思主义者对亚细亚社会的问题并没有太大的热情,然而一再想要驳斥它或是绕过它的企图恰恰清楚地显示:它触及到了许多中国马克思主义史学家意识中的敏感地带,并对论战产生了富有启发性的影响。

中国社会和亚细亚生产方式

中国对亚细亚生产方式的第一次讨论是与共产国际内部的辩论同时的。1928年,当时关于亚细亚社会问题最主要的理论家马扎尔(L. Madyar)的《中国农村经济分析》出版,而苏联中国问题研究所则在书前的《编辑者序言》表达了与马扎尔不同的看法。① 1929年,《新生命》刊出了马扎尔和魏特夫(K. Wittfogel)将亚细亚生产方式概念运用于中国历史的论文。② 同年,"亚细亚社会"的又一个重要提倡者瓦尔加(E. Varga)的观点也被介绍给中国公众。③ 不过,中国的作者依然很少提及亚细亚社会的问题。直到《读书杂志》的"论战",一些作者才跟随苏联内部批评亚细亚生产方式的论点对这一概念进行攻击。在余下的几年间,苏联和日本学者对于亚细亚社会的讨论仍偶尔见诸文字;而中国作者对此仍然相对比较沉默,他们基本上倾向于拒绝这一概念的有效性。

---

① 参见何干之《中国社会史问题论战》,页10—15。我在此使用的版本是马扎尔著,颂华译,《中国农村经济之特性》(上海,1930)。
② 马迪亚(即马扎尔),《中国的农业经济》和维特福格尔(K. Wittfogel),《中国阶级之史的考察》,均载于《新生命》2卷8期(1929年8月)。
③ 瓦尔加,《中国革命之诸根本问题》,收于樊仲云编,《东西学者之中国革命论》(上海,1929),页1—48。

有关亚细亚社会的问题主要有两种不同的看法。① 其一,根据马克思在《政治经济学批判导论》序言中有关社会形式的排列的提示,认为亚细亚社会乃是指早期的社会。这种看法在中国马克思主义者中有相当多的支持者,其中最主要的两人是郭沫若和李季。尽管郭、李二人在亚细亚社会在早期中国历史上该怎么排置这一问题上观点并不一致,但是他们都认为亚细亚社会是一种原始的社会形式。另一种看法,提倡者主要是中国之外的理论家,他们认为亚细亚社会是原始社会之后、资本主义社会之前的一种社会形式,它是和欧洲历史上的奴隶社会和封建社会相对应的。而中国的马克思主义者,绝大多数都拒绝认为中国在历史演化中有任何特别或唯一之处,所以显而易见这种看法在中国多半只会激起负面的反应。少数几个使用这一术语的作者认为亚细亚生产方式是其他的社会形式在亚洲的一个变种,这和1931年列宁格勒会议达成的结论是一致的。②

那些视中国为一个亚细亚社会的作者都同意稳定性或停滞性是中国历史的突出特征,但是他们在如何区分亚细亚社会和其他社会形式这一问题上意见分歧。根据马扎尔,中国上起周代氏族社会的崩溃,下至19世纪西方资本主义入侵之前,都是亚细亚生产方式时期,它代表了一个比封建主义更为落后的阶段,因为在西方封建社会,至少私有财产的概念已经出现了。③ 相反,瓦尔加则认为它是一个较封建主义更为先进的社会形式;维特福格尔则认为中国的亚细亚生产方式是从一个早期封

---

① 对于亚细亚社会问题的各种不同看法的一个简要的概述,可以参考佐久达雄,《亚细亚生产方式论》,载于《文化批判》1卷4—5期(1934年9月15日),页196—217。
② 参见本章表中陈伯达和熊得山的看法。熊得山比中国任何一个马克思主义者都更接近于接受中国是一个亚细亚社会,它的特征是经济的停滞。参见熊得山,《中国农民问题之史的叙述》,载于《读书杂志》1卷4—5期(1931年8月)和3卷3—4期(1933年4月)。这种观点在中国的较早的提倡者是王志澄。参见其《中国革命与农业问题》,载于《新生命》2卷10期(1929年10月)。刘兴唐强调中国的农村共同体阻碍了经济的发展。参见刘兴唐,《中国社会发展形势之探险》,载于《食货》2卷9期(1935年10月1日),页7—27,尤其是页27。
③ 马扎尔,《中国的农业经济》,载于本书页164注②所引期刊,页14。

建阶段发展出来的。① 如果不是西方的入侵,中国社会将呈现怎样的发展特征,这在这些论者的理论表述中并不是非常清楚。不过,即使是马扎尔也承认,帝制时期的中国社会已经出现了资本主义萌芽、剩余资本和劳动,而现代中国社会在西方的压力之下,尽管仍然受到亚细亚社会的残余遗产的阻碍,但已经在经历着走向资本主义的转变。

根据这些作者,国家对社会的统治是亚细亚生产方式的普遍特征,它遮蔽了"亚细亚"社会在其他方面所表现出的不同之处。② 马扎尔认为,一些流行的用于区分亚细亚社会和其他社会形式的标准——商品经济和货币交换的低水平发展,商人和高利贷资本的重要性,实物地租、农业和工业在家庭内部的紧密结合,乡村的公共组织,并没有多少意义。他指出,所有的前资本主义社会在这些方面都非常相像,反过来,当这些元素被置于不同的时空条件下时,就是相同的社会形式也会表现出一些重要的不同之处。③ 因而,区分不同社会形式的标准只能在财产关系中找寻;而在亚细亚社会中,国家的强势地位阻碍了私有财产的发展。

马扎尔并不否认自晚周交换经济的兴起消融了氏族社会之后,私有财产在中国社会已经很普遍,他也从未声称私有财产在任何一个前资本主义社会完全成熟过。他的区分是在于意识形态领域:尽管私有财产在中国从很早的时候开始就存在,个人手中的私产的积累也达到了相当可观的水平,但是私有财产的观念却一直未能得到发展,结果是缺乏很强的动力去建立法律—政治制度来保证私人财产的权利。马扎尔认为,关于私有财产的明确的概念,直到西方入侵中国以后才开始出现。马扎尔的这一区分看起来似乎没有什么实际意义,而且它无疑使亚细亚社会的

---

① 瓦尔加,《中国革命之诸根本问题》,载于本书页 164 注③所引书,页 8—9;维特福格尔,《中国阶级之史的考察》。
② 马扎尔,《中国的农业经济》载于本书页 164 注②所引期刊,页 20。
③ 载于同上注所引期刊,页 9—13。也可参看他的《中国农村经济之特性》(上海,1930),页 8—9。

提倡者更容易受到以下的攻击——他们是从社会的上层建筑出发来辩论经济基础的问题。不过,马扎尔等人的这种观点还是有效地达到了反驳中国是一个封建社会的目的。

马扎尔承认,私有财产的概念在现代资本主义出现以前的任何社会都没有取得支配性的地位;但是他认为西方的封建制度使得个人权利和特权的观念制度化了,为私有财产观念的成熟准备了基础。相反,在中国,国家的强势却限制了本该凸显而出的私有财产观点,使其与国家组织所代表的公共权力处于一种对抗的状态。① 瓦尔加在论及中世纪欧洲社会的特征是政治权力的分散化,而中国则是几乎所有的权力都集中在国家手中时,甚至更为明白地指出:"国家"是帝国时期中国与欧洲封建社会的主要的区别特征。② 在这种观点看来,强大的集权化的国家的作用,塑造了中国历史上的所有的社会政治关系,是中西社会发展歧异的主要原因。

亚细亚社会的提倡者将中国政治权力溯源于国家在社会的经济生计中发挥的根本性的作用。相比起欧洲"干"(dry)的农业,中国的农业是"湿"(wet)的,也就是说,农业生产在中国(和其他亚细亚生产方式盛行的地区)高度依赖于水资源的规制。③ 这种条件产生了魏特夫描述的所谓"灌溉社会"。④ 所有这些作者都认为,只有具有一个广为延伸的官僚机构的集权化的政府管理才能达到水资源控制的组织要求。马扎尔又加上了一点:在中国的情况下,长存的来自北方游牧部落入侵的威胁要求中原政府持续地保有军事上的准备,这加重了集中权力的组织需

---

① 马扎尔,《中国的农业经济》载于本书页 164 注②所引期刊,页 3—4。
② 瓦尔加,《中国革命之诸根本问题》,载于本书页 164 注③所引书,页 8。在进行中西区分时,瓦尔加也强调了中国土地所有制的商业化的向度和农奴的缺乏(见页 6)。
③ 同上书,页 7。马扎尔,《中国的农业经济》,载于本书页 164 注②所引期刊,页 18。
④ K. Wittfogel(魏特夫), *Oriental Despotism: A Comparative Study of Total Power* (《东方专制主义》)(New Haven: Yale University Press, 1957).

要。① 这两个因素结合在一起,使得政治上层建筑完全地控制了社会。

然而,亚细亚社会的提倡者并不情愿从他们的分析中得出中国的国家高于社会或至少是,国家对于社会的强势权力使得决定社会经济关系的社会分层的作用变小这个显然的结论。马扎尔否认国家权力在阶级之上而独立存在,而断言中国官僚和地主—商人精英之间的亲密关系,使得国家为经济统治阶级的利益而运转。② 瓦尔加则走得更远,如陶希圣此前所指出的,他认为中国政府的官僚在其对于社会的剥削关系上表现出封建的性质。③ 不过,对于反对亚细亚生产方式的人来说,这样的论述仅仅是门面的装饰而已。他们敏锐地意识到,赞成亚细亚社会论述的要旨在于:以国家与社会之间更深的对立的名义,来降低阶级和阶级斗争在社会发展中所发挥的中心作用。这种观点对于马克思主义的社会理论和中国的革命策略都有一定的暗示作用,这也是它在苏联和中国的马克思主义者中均激起了反对意见的原因。

亚细亚生产方式所暗示的历史发展"多元论"是其在马克思主义史学脉络下最有意义的特征。④ 亚细亚生产方式和其他在一定程度上承认中西发展不同的观点的最为重要的区别,在于它们关于历史发展概念的不同。中国封建论的支持者和反对者都相信全世界的历史发展模式都是一致的,区别只是在于历史发展的速率,而性质上并无二致。在另一方面,亚细亚生产方式的提倡者则认为,历史发展能够,事实上也确实是,依循着由社会所处的地理环境所决定的不同的发展道路。历史是多

---

① 马扎尔,《中国的农业经济》,载于本书页 164 注②所引期刊,页 18。
② 同本书页 164 注②所引期刊,页 109。
③ 瓦尔加,《中国革命之诸根本问题》,载于本书页 164 注③所引书,页 8。
④ 有一位作者注意到,在社会史论争中,许多中国马克思主义者提出关于过渡社会的诸多不同形式,在其根本性的论据上与亚细亚社会并无不同。参见吴明,《中国社会史论战之检讨》,载于《中山文化教育馆季刊》2 卷 1 期(1935 年 1 月),页 169—190。这或许不假,一个简要的比较显示:这些观点均运用类似的概念(强大的国家、商业化的土地所有制、非扩张性的"简单再生产经济");但是它们在许多细节上以及对于革命斗争的暗示上均有不同。不管怎样,亚细亚社会最为重要的理论特征是其对历史一元论的明确的背离。

样的,而不是划一的。这种看起来和马克思主义所蕴涵的一元历史观相矛盾的观点,成为马克思主义史学内部诸多争论的根源。其中最主要的争议是:这种观点究竟是来自马克思,还是代表了后来的历史唯物主义的诠释者对于马克思观点的一种扭曲。① 和亚细亚生产方式关系最为紧密的马克思主义理论家是"俄国马克思主义之父"普列汉诺夫,他第一次系统地阐释了马克思在这一问题上的含糊之处,并被 20 年代亚细亚生产方式的提倡者公开尊奉为思想导师。②

普列汉诺夫认为历史遵循着两种主要的发展道路之一。其一是欧洲社会的发展道路:跟随着氏族社会解体的是奴隶社会,然后是封建社会和资本主义社会。其二是亚细亚社会的发展模式:跟随着氏族社会的是亚细亚生产方式,其特征是具有一个强大的国家组织,而缺乏像欧洲社会那样的内部的发展动力。普列汉诺夫并未努力去隐瞒,他所作出的上述区分(或如他所坚持的,这一区分最初是由马克思所作出的),最终可以归结为欧洲与亚细亚社会在地理环境上的不同:亚细亚社会的特征是这些社会在经济上依赖于水资源规制的必然结果。③ 尽管他没有公开地承认,但是他的观点本质上是"地理决定论"。他是否认识到地理环境是原因或条件并不太重要,因为在以上任何一种情况下,地理环境都规定了历史发展的道路。无论人们如何评估这一观点的价值,它显然是与

---

① 关于这一问题的马克思主义文献的全面的考察,参见 K. Wittfogel,"The Marxist View of China"(《马克思主义中国观》),载于 *China Quarterly*(《中国季刊》), 11 (July-September 1962):1-20, and 12 (October-December 1962):154-169。

② S. H. Baron(巴伦),"Plekhanov, Trostsky, and Development of Soviet Historiography"(《普列汉诺夫、托洛茨基和苏联历史编撰学的发展》),载于 *Soviet Studies*(《苏联研究》), 24.3 (July 1974):380—395. 关于马扎尔对于普列汉诺夫观点的仰仗,参见马扎尔《中国的农业经济》,载于本书页 164 注②所引期刊,页 15—16。

③ G. V. Plekhanov(普列汉诺夫),*Fundamental Problems of Marxism*(《马克思主义的基本问题》)(New York:International Publishers, 1909), p. 63. and *The Monist View of History*(《历史一元论》)(New York:International Publishers, 1972), pp. 127—129. 关于马扎尔对于地理因素的至关重要的作用的接受,参见马扎尔《中国的农业经济》,载于本书页 164 注②所引期刊,页 16。

马克思关于社会内部力量的相互作用是社会发展的基本驱动力这一假定背道而驰的。这正是20年代晚期,普列汉诺夫的思想继承者将其关于历史唯物主义的解释运用于中国历史而招致批评的重要理论原因。①

在苏联,标志着对亚细亚生产方式发起进攻的是杜博洛夫斯基(S. M. Dubrovsky)1929年在莫斯科发表的《亚细亚生产方式·封建制度·农奴制度及商业资本之本质问题》。在随后的几年间,苏联内部的争论围绕着杜博洛夫斯基——这位苏共科学院农业研究所的领导人的书中收录的论文而展开。他的论文也对中国马克思主义者寻找反对亚细亚社会的论据产生了非常重要的影响。② 杜博洛夫斯基回避处理亚细亚生产方式的提倡者们用来证明中国社会与亚细亚生产方式的联系的具体证据,他也不否认中国私有财产的缺乏和存在一个权力源于水力规制活动的超阶级的国家,而是通过"抽象的演绎"试图证明这些现象属于上层建筑,由于它们能广泛地存在于不同的历史条件之下,所以并不足以构成一种社会形式。不过,为了使亚细亚生产方式的有关特征能够容纳于"正统的"马克思主义社会形式之内,杜博洛夫斯基本人也不得不扩大"正统"的范围,在马克思最初所列举的五六种社会形式上再加上几种:在马克思、恩格斯和列宁论述的基础上,很可能还受到了波格丹诺夫和普列汉诺夫等马克思主义理论家先前的历史解释的启发,杜博洛夫斯基一共列举了十种社会形式来涵盖欧洲和世界其他地方的历史发展。③

苏联的争论主要围绕杜博洛夫斯基所论及的社会形式,特别是他将封建社会切分为封建制、农奴制和小生产三个阶段而展开。在论争的过

---

① 苏联史学家在反对亚细亚生产方式时,考虑的出发点是国家的需要和避免苏联和亚细亚社会的"相似"引起的困窘。这种看法漠视中国革命的问题对于论战起源上的作用,甚至更为重要的是,漠视亚细亚生产方式的概念在马克思主义历史发展理论内部所引发的真正的问题。关于这种观点的一个例证,参见 shteppa, k(斯特帕), *Russian Historian and the Soviet state*(《俄国史学家和苏联》)(New Brunswick: Rutgers University Press, 1962), P. 87。
② 同上书,页71—73。
③ 同上书,页67—80。这十种生产方式是:原始社会、父系社会、奴隶制、封建制、农奴制、小生产者经济、资本主义、过渡时期经济、社会主义、世界共产主义时期经济(页78)。

程中,苏联的史学家们达成了心照不宣的共识:亚细亚社会并不是一种独立的生产方式,而是一种其他的生产方式的变异。大多数人认为是封建制的一种变异,但也有人认为是奴隶制的一种修正形式。① 1931年之后,这种解释支配了苏联史学界,先是心照不宣地,其后于1938年,斯大林正统史学又将亚细亚生产方式排除于可接受的社会形式之外。直到60年代,有关亚细亚生产方式概念的讨论才在苏联史学内部再次复苏。②

反对将亚细亚生产方式运用于中国社会的中国马克思主义者,在理论上追随着苏联史学家的引领。他们尽管也接受亚细亚社会的支持者们关于中国社会特殊性的一些重要的论述,但是他们拒绝承认这些特征标志着中国的历史发展是特殊的。和他们的苏联同事一样,他们致力于阐明这些特征是从封建制度向资本主义制度过渡的一种表现。

社会史论战

《读书杂志》的大多数论文之所以重要,首先是因为他们对于早前的马克思主义史学著述采取了批判性的视角。由于许多的批评性的观点在前几章已经提及了,这里的讨论将限于那些在《读书杂志》上提出了关于中国历史的有意义的新观点,并将着重强调这些观点增益马克思主义历史解释之处。必须谨记于心的是:这些观点很大程度上是它们的作者为了反驳其所认定的论敌的历史解释而形成的,许多论述都是随着论战的进展而零碎地呈现出来的。出于论述清晰和简洁的考虑,我将较为系统地而不是以它们的原始面目来处理和讨论这些观点。

---

① 何干之,《中国社会史问题论战》,页14—15。认为亚细亚社会是奴隶社会的变异一个重要人物是V. Reikhardt,他的观点在30年代的中国颇为流行。
② S. H. Baron, "Marx's Crundrisse and the Asiatic Mode of Production"(《马克思的〈政治经济学批判大纲〉与亚细亚生产方式》),载于 *Survey*(《观察》),1—2 (winter-spring 1975): 128—147.

李季和前资本主义社会论

李季是其同侪公认的论战时期最为博学的中国马克思主义者之一。他 20 年代曾在德国学习,不仅对马克思主义理论文献,而且对于总体的德国史学理论均有令人叹服的掌握。除一些不太重要的人物外,论战中所有重要的马克思主义史学家都难逃他的批评。而他的批评,除了偶有的意气和失态之外,总是富于理论深度的。李季在将马克思主义理论运用于中国历史取得的成就,与他在发现其他作者的理论缺陷时表现出的敏锐的批判性并不相称。他的理论自信令他敢于延伸理论使其配合中国的历史条件,这是其他绝大多数马克思主义者都极力回避的。除此之外,他在运用马克思主义理论时的选择性并不比那些他所批评的人低。

如前表所示,李季将中国历史分为五个主要的阶段:(1) 自商以前至商末为原始共产主义的生产方式时代,(2) 自殷至殷末为亚细亚的生产方式时代,(3) 自周至周末为封建的生产方式时代,(4) 自秦至鸦片战争前为前资本主义的生产方式时代,(5) 自鸦片战争至现在为资本主义的生产方式时代。① 李季对马克思主义史学最具原创性和争议性的贡献是他对第二和第四阶段的阐释,这也是他最为关注的两个阶段。

李季认为各种社会形式具有重叠的特征,但是如果考虑到在不同时期占支配地位的财产关系和阶级结构,各种社会形式之间又是可以进行区分的。他确实曾提及生产方式是进行历史分期唯一适合的标准;不过不管怎样,很清楚的是,他所指的生产方式不仅包括技术,还在其范围内纳入了劳动组织以及隐含的财产关系。尽管他承认技术对于社会发展尤其是早期社会发展的意义,但是他认为用其来解释从一种社会形式向

---

① 李季,《贡献与批评》,载于《读书杂志》2 卷 2—3 期,页 14—15。李季后来修改了关于早期阶段的划分,在 1934 年的《中国古代社会史的研究》中,他将亚细亚生产方式扩展至夏朝和殷朝(页 260)。

另一种社会形式之间的演进是不充分的。以资本主义为例,他特别反对用机器的使用来解释资本主义生产方式的观点。①

李季从对生产手段的占有及其在劳动组织上的后果这一首要的角度来描述社会形式的"内容":他认为,在原始共产主义下,一切天然资料和土地为社会所公有,氏族社员共同劳动;下一阶段,亚细亚社会的最显著特征,是土地为贵族的国家所有,农业和手工业直接结合的私人生产;"古代"(希腊和罗马)的生产方式的主要内容是土地大多为贵族所私有,以及规模颇大的农业和工业的奴隶生产,劳动的成果通常为市场而非直接使用的需要而决定;封建生产方式的主要内容是土地大多为封建贵族所领有(实际上是私有)以及自给自足的小农经济和独立手工业的农奴、工奴生产,农奴拥有基本的生产工具,他们通过依附于土地而臣属于贵族;封建组织内部交换的兴起导致封建贵族被新式的地主和小资产阶级所取代,新兴阶级既占有土地也占有资本,在解放农民的同时逐步地迫使农民仅仅成为一个劳动阶级,这种关系体现的就是前资本主义社会的内容;最后,生产大范围地为市场而进行,商品交换繁荣,前资本主义社会过渡为资本主义社会,资产阶级掌握了各种生产手段的唯一控制权,劳动转变为无产阶级劳动,即被剥夺了一切生产手段的劳动。② 李季在另一个场合下曾指出,只有当财产关系像在资本主义制度下那样唯一地只仅仅呈现为经济的形式时,它才合适被称为"阶级"。和郭沫若一样,恩格斯和摩尔根的观点也为李季对古代历史的研究提供了出发点。不过,他和郭沫若在所采用的历史解释标准和对于可获得的早期历史的史料的评估标准上并不相同。首先,在中国文明的起源上,他上溯的比郭沫若要远得多。他尖锐地批判了顾颉刚等"疑古"史学家,认为他们是受到了"实证主义"和"经验主义"的诱使而怀疑《尚书》等古文献的真实性。③ 李

---

① 李季,《贡献与批评》,载于《读书杂志》2卷2—3期,页57。
② 李季,《中国社会史论战批判》(上海,1933),页487—489。
③ 李季,《贡献与批评》,载于《读书杂志》2卷2—3期,页20、37。

季认为,这些文献记录尽管不是历史,但是确实反映了它们当时所存在的社会,只要使用适当的理论工具,它们可以被用以揭示历史的真实。而理论的工具就是从社会发展的比较研究中得出的模式。李季非常乐意在早期中国历史中发现那些在其他社会中显然没有"可能"具备的特性。①

李季的早期中国社会观在理论上容易引起争议的一个地方,是他关于殷代(他修正自己观点之后是从夏至殷)是中国历史上的"亚细亚社会"阶段的观点。和郭沫若一样,李季采用了马克思在《政治经济学批判导论》序言中的分期模式,将亚细亚生产方式置于历史发展的早期;但是他不同意郭沫若将亚细亚生产方式等同于氏族社会,因为他视土地国有制为亚细亚社会的最显著特征,他认为这一阶段只有在社会发展超越了原始共产主义阶段后才能实现。李季赞同普列汉诺夫关于马克思在获悉了摩尔根的研究成果后改变了他先前关于早期社会发展观的看法,将亚细亚社会置于原始社会之后的历史阶段。他又根据普列汉诺夫的论述认为,马克思在改变观点后,已经视亚细亚社会为"古代"(希腊和罗马)社会的一种替代性发展道路。他总结道,中国社会从未经历奴隶制阶段,而是在殷代末期直接从亚细亚社会进入了封建社会。② 李季相当权宜地忽略了普列汉诺夫不仅仅视亚细亚社会为奴隶社会的一种替代性道路,而且视之为同时包括了封建制和奴隶制的欧洲社会的总体发展的替代性道路的观点。从李季的著述看,这一忽略显然不是无心的,而是由于他拒绝将亚细亚社会视为紧挨在资本主义社会之前的一个社会发展阶段。③

李季对于中国封建制度的处理在其基本特征上和陶希圣并无不同,他也认同封建制度在晚周消亡。唯一不同的是他可能更为看重铁器的

---

① 李季,《中国社会史论战批判》(上海,1933),页260—270。
② 李季,《贡献与批评》,载于《读书杂志》2卷2—3期,页12—14。
③ 载于同上注所引期刊,页11—12。

使用在提高生产力以及刺激交换经济繁荣等方面的作用。李季很不愿意放弃铁器早在公元前 3000 年就已用于生产的可能性,但是他承认直到周代中期铁器才成为具有重要意义的生产元素,这加速了中国封建社会的消亡和"前资本主义"社会的出现。① 这一概念是李季对中国马克思主义史学最为重要的贡献。李季,至少如他自己所声言,与陶希圣和其他封建中国论的提倡者的最大的不同,就在于对商业化对其后的中国历史的意义的解释上——尽管如王礼锡后来所指出,李季夸大他与这些作者(尤其是他攻击最烈的陶希圣)的不同。②

李季将从秦至清的帝国时期归为"前资本主义"社会,他并不是在一种先于资本主义的一般意义上来使用这一名词,而是用它来特指一种在封建制度和资本主义制度之间并是后者产生的前提条件的社会形式。他认为,欧洲历史在中世纪和现代之间也经历了一段类似的时期,但是它持续的时间相对较短,而在中国,这一阶段持续了近两千年而未发生显著的变化。③ 如李季所定义,"前资本主义"生产方式是"一种包含此前各种生产方式的残余的过渡形的生产方式"。④ 这一社会的权力仍然停留在地主手中,但是不宜将前资本主义社会的地主混同于封建地主。在商人资本和商品交换的压力下,前资本主义社会随着自给自足的封建经济崩溃而出现,于是,封建制度的"超经济"的依附关系在前资本主义社会让位于部分的经济依附关系。这种转变导致了财产关系的重要变革,因而也导致了社会的阶级性质和社会发展动力的变革,正是在这一点上李季将自己与陶希圣的立场区别开来:"我们如果将他(按:陶)这些说法

---

① 李季,《胡适中国哲学史大纲批判》(上海,1931),页 12。关于他对于铁在早期中国存在的坚持,参见《中国古代社会史的研究》,页 263 以及《贡献与批评》,载于《读书杂志》2 卷 2—3 期,页 44。李季有关铁器在中国的论点大量地是依赖于德国史学家 G. Schmoller 的著作。
② 王礼锡,《中国社会形态发展史中之谜的时代》,载于《读书杂志》2 卷 7—8 期(1932 年 8 月),页 12。
③ 李季,《贡献与批评》,载于《读书杂志》2 卷 2—3 期,页 54—55。
④ 载于同上注所引期刊,页 51。亦见《中国社会史论战批判》,页 559。

仔细玩味一下,便知道他所谓前资本主义时期和我们所说的没有共同之点。他的前资本主义时期的社会是封建社会,至少也是'后封建制度时期'的社会。我们所谓前资本主义时期的社会不仅不是封建社会,而且也不是'后封建制度时期'的社会,乃是封建的生产方法破坏以后,前资本主义的生产方法兴起时的社会。"①

这一区分初看起来并没有什么实际意义。因为李季自己所归纳的前资本主义社会的基本特征与陶希圣的商业资本主义社会大体相同:(1)小农业与家庭手工业的直接结合,构成一个地方小市场的网;(2)高利贷资本和商人资本很占优势;(3)商业宰制工业;(4)地主阶级和其他上等阶级的存在;(5)独立生产者—手艺工人的存在;(6)向来各种生产方式残余的存在;(7)农工的破产流为贫民和生产工具的集中。② 没有任何理由认为陶希圣会不同意以上特征在帝国时期中国社会的存在。不过,陶李二人各自强调了帝国时期中国社会结构的不同方面:陶希圣强调政治关系的持续的主导权(用奥本海的话说,一种为了经济目的的政治剥削),李季则认为帝国时期的社会关系基本上是以一种经济的矩阵为中心。这一分歧导致的最为重要的问题,是他们对于帝国时期中国的阶级问题的认识不同。陶的观点使他认为政治精英和经济精英之间的分歧盖过了阶级的分立,成为帝国时期中国社会发展的决定因素;而在另一方面,李季则把社会内部的阶级对立作为其理论分析的出发点。实际上,人们可以从李季关于"阀阅""身份""阶级"的区分推出它们分别对应着这个社会中政治的、社会的、经济的分化;只有当帝国时期之初,经济关系开始取代政治关系成为社会组织的基础时,阶级的对立和冲突才成为社会发展动力的自发的源泉。③

---

① 李季《贡献与批评》,载于《读书杂志》2卷7—8期,页48。
② 李季《贡献与批评》,载于《读书杂志》2卷2—3期,页51—52。
③ 李季《贡献与批评》,载于《读书杂志》3卷3—4期,页20—32。关于他对社会的经济元素和阶级斗争重要性的强调,参见页33—71。

最终，这些分歧导致陶希圣和李季对于帝国时期中国社会的发展具有不同的看法。李季有充足的理由指责陶希圣——陶尽管视帝国时期的中国为一个后封建社会，但是却认为落后的"封建势力"或封建残余妨碍了中国社会的进步，成为决定中国社会发展命运的最重要的因素。相反，李季的"前资本主义"概念，意味的是一个在封建制度衰落和资本主义兴起之间的进步的、必经的阶段，中国或欧洲的资本主义不可能跳过这一阶段而发展起来。

李季同样也未能克服大多数中国马克思主义者表现出的裁剪中国历史以适应源于欧洲经验的社会发展模式的不良倾向。不过，在处理马克思主义社会形式的手法上，他还是表现得比大多数人都要灵活，愿意调整历史唯物主义中的一些既定思想的相对重要性。其中最重要的就是他视前资本主义社会为一种社会形式而非仅仅是一个过渡阶段。这一观点，连同他对奴隶制在中国历史上的存在的否定，表明他比其绝大多数马克思主义同侪都要更近于将社会形式视为一种"类型"，而非是历史发展的连续性的阶段。最后，李季批评陶希圣和朱其华过于恪守马克思著作的字字句句，实际上是对历史唯物主义的精髓——具体情形具体分析的背叛。李季自称他愿意根据实际情况的需要对于马克思主义理论做必要的调校。①

王礼锡、胡秋原和专制主义社会论

王礼锡和胡秋原不仅共同负责《读书杂志》的编辑事务，而且他们关于中国历史的观点也几近一致。他们对于中国马克思主义史学最重要的贡献是其有关帝国时期的中国是"专制主义"社会或"绝对主义"社会的论述。这一观点并非他们所独有的，但是他们确是论战中这种观点的最热衷的提倡者。

---

① 李季《贡献与批评》，载于《读书杂志》2卷7—8期，页52。

在《读书杂志》的论战中,帝国时期中国"国家"的性质及其与"社会"的关系,显然从一开始就成为马克思主义史学最关注的问题之一。最早阐述专制主义问题的是拉德克,之后,它反复地以各种面目出现在论战中。但是直到王礼锡和胡秋原有关论述的出现(这显然是受到了苏联有关这一问题的辩论的启发),"专制主义"(与"东方专制主义"相区别)的概念问题才变得显著起来。追随苏联的亚细亚社会的反对者以杜博洛夫斯基(Dubrovsky)为甚,王礼锡、胡秋原二人在与其他中国马克思主义者辩论的过程中,对亚细亚社会的提倡者们的批评最为严厉。尽管他们二人也不赞成杜博洛夫斯基的一些理论表述,但是他们都同意杜氏有关马克思并没有将亚细亚社会视为一种特殊的社会形式的看法,而认为马克斯·韦伯和普列汉诺夫的"地理决定论"要为这一"背离"负责。为了反对亚细亚生产方式在中国或是其他什么地方曾经盛行的看法,王礼锡和胡秋原发现用以解释帝国时期中国社会的最合适的替代主张是一种后封建、前资本主义的"专制主义"——这一波可罗夫斯基(Pokrovsky)曾用来解释俄国前现代社会发展的概念。①

两人都同意,在经过了原始共产主义的、氏族的、封建的发展阶段之后,周朝末期,由于商业对封建社会的消解作用,中国社会呈现出一种过渡的形式。② 王礼锡这样描述周末社会变革的发生:

> 自然经济,为商品经济所分解,因此"古老的资本主义"就孕育在封建社会的胎中。并且地主为了商品的大量生产而发生豪强兼并的现象,即土地集中的现象。地主与商业资本相互联系起来,商业资本家常常是地主,地主又常兼营商业,而加重封建的剥削。区

---

① 王礼锡,《中国社会形态发展史中之谜的时代》,载于《读书杂志》2卷7—8期,页20;胡秋原,《亚细亚生产方式与专制主义》,载于《读书杂志》2卷7—8期,页1—7。
② 关于早期中国历史的讨论,参见王礼锡《古代的中国社会》,载于《读书杂志》3卷3—4期(1933年4月),页1—30及胡秋原,《中国社会——文化发展草书》,载于《读书杂志》3卷3—4期,页1—96。

域的政权为了商业的集中现象而毁坏,专制主义政权于是在这样的情形之下产生起来。①

胡秋原对专制主义社会作了更为细致的描绘:(1)专制主义之发生,由于封建主义与商业资本主义之结合;因商品经济之发展,破坏封建政权之孤立性与分散性,促进政权之集中化,形成专制主义君主制。(2)这种专制主义君主制,维持封建主及商人之利益,调和他们之间的斗争,但这并不排除国家的阶级性。(3)而这新政权的最大任务,在镇压因剥削之加深而反抗的农民,这更明显地加强了这政权的阶级性。(4)因货币的发展,增加了统治者的蓄积的欲望与无度的奢侈,使得剥削益加残酷,因而发生了货币税租。(5)为巩固并完善这个政体,官僚与雇佣军队就应运而生。(6)专制主义政权为镇压农民而益加发挥其专制性,然而农民暴动常常颠覆了专制政权;因为农民的散漫、幼稚以及政治意识低下,胜利为专制主义下失意的地主或流氓所利用,于是他们又借地主、商人、官僚之援助,从事于专制主义之再组织,这样便造成中国历史上王朝的起伏。②按照胡秋原的看法,官僚、常备军和货币租税的存在是专制主义社会最重要的三个特征,它们在其本质上具有反封建性,但是整个专制主义的体系还是容忍并使得封建主义和封建剥削的残余物一直保存下来。③

王礼锡和胡秋原关于帝国时期中国社会的这些论述,根本上是从波可罗夫斯基"绝对主义君主制度作为一种国家制度是在商业资本主义的基础上出现的"④这一理论前提推导而出的。波可罗夫斯基认为,中央集

---

① 王礼锡,《中国社会形态发展史中之谜的时代》,载于《读书杂志》2卷7—8期,页22。
② 胡秋原,《专制主义——专制主义论与中国专制主义之事实》,载于《读书杂志》2卷11—12期(1932年12月)。此处参考的是郑学稼的概括,参见《社会史论战的起因和内容》(台北,1965),页76—77。
③ 胡秋原,《亚细亚生产方式与专制主义》,载于本章注所引期刊,页14。
④ M. N. Pokrovsky(波可罗夫斯基),*Russia in World history*(《世界历史上的俄国》), ed. By R. Szporluk(舒波卢克编)(Ann Arbor: Univ. of Michigan Press, 1970), p. 47.

权的专制君主制度只有在一个商品经济(对比于自然经济)的条件下才能发生:在封建自然经济下,君主为了保证其权利的行使必须依赖于封臣,必须与封建主共享权力以确保他们的合作;只有在商品经济活动(以及,大概是,直接的征税经济)兴起以后,君主才能在财政上承负雇佣官僚和军队的开支以取代封臣的地位。一旦这种收入的来源有了保障,君主会迅速地转向反对封建主,以提升自己的权力。① 而且,如波可罗夫斯基所指出,专制主义不仅注定了封建制度的灭亡而且还为资本主义的崛起提供了动力。

胡秋原和王礼锡赞同波可罗夫斯基"商人或商业资本……是资本主义的一个低级阶段"的观点,认为绝对主义君主制建立在"对于资本的原始积累的积极参与组织"②这种经济基础之上。王胡二人强调,在中国,专制主义国家和城市的商业阶级之间存在着密切的勾连关系;他们甚至认为,正是得到了商人的支持,秦统一中国才成为可能;新立的帝国也反过来通过允许商人(其中最著名的代表就是吕不韦)晋身最高权力核心以示酬谢。③ 不管怎样,专制国家通过对下层阶级的压迫,来延续其对于由地主和商人构成的整个经济精英阶级的保护;其雇佣的军队用以镇压农民的叛乱,而官僚则在地主和商人之间充当中间人,以防统治精英内部分裂性的矛盾的出现。

将帝国时期的中国视为"专制主义社会",这与我们所论及的其他观点的不同何在?"专制主义社会"论的提倡者们不仅将自己和亚细亚社会的支持者区别开来,而且也与实际上与其观点有很多共同之处的陶希圣和李季划清界限。王礼锡声称,陶希圣和李季在本质上都认为帝国时

---

① 同本书页 178 注④,页 48。
② 同上书,舒波卢克(Szporluk)所作的导论,页 17。
③ 胡秋原,《中国社会——文化发展草书》,载于本章注所引期刊,页 78—83;王礼锡,《中国社会形态发展史中之谜的时代》,载于本章注所引期刊,页 20—25。亦可参见李麦麦《中国封建制度之崩溃与专制主义之成熟》,载于《读书杂志》2 卷 11—12 期(1932 年 12 月)。

期的中国是一个后封建的社会,而他的看法则更甚于此。毫无疑问,像当时的许多论战者一样,王、胡二人都夸大了其理论分析的原创性和独特性。他们关于帝国的经济结构的起源、在此经济结构上的精英的组成、强势国家的存在、混合了不同生产方式特征的过渡社会等等观点,与陶希圣和李季并无太大的分别。在处理帝国时期社会的发展动力时,事实上他们的观点远比他们所愿意承认的要接近陶希圣。即使王、胡都像李季那样认为"专制主义社会"是一个从封建制度发展到资本主义制度并为后者的兴起铺平道路的过渡阶段,他们依然不能忽略历史对于塑造帝国社会的重要性。胡秋原特别强调这一过渡阶段的封建的方面,而他对于帝国社会的发展动力的观点与陶希圣也没有什么本质区别:"在封建主义之胎中,商品经济最初例外存在,后来日益增大发展,前者妨碍后者之发达,后者分解前者——最初慢慢地,后来急速地。"①这不过是在重述陶希圣的观点而已,除了可能他认为过渡时期的变革速度更快一些之外——而这不过是一个毫无实际意义的分别,因为在陶和胡都认为直到20世纪才发生了具有实质意义的重大变革。

当然,王胡二人的论述在侧重点上与类似的观点确有一些不同。与亚细亚社会论的提倡者相比,他们二人更强调专制国家的阶级基础(或至少是阶级关系)。他们也把专制主义社会视为向资本主义发展过程中的后封建状态,而非一个停滞的特殊社会。最后,正如波可罗夫斯基在论述俄国历史时那样,他们并没有求助于特殊的地理环境特征而是试图从经济的角度来解释一个强大的国家的存在。他们二人的观点如果不是在论证(demonstration)上也在假定(premise)上与陶希圣和李季有所不同。李季视前资本主义社会里的国家为一个主要是"先资本主义"的地主阶级(a protocapitalist landlord class)的保护者;而王胡二人则强调

---

① 胡秋原,《亚细亚生产方式与专制主义》,页14。胡在其他地方也曾称帝国时期的中国社会是封建制度的一种亚细亚变种。参见胡秋原《略覆孙倬章君并略论中国社会之性质》,载于《读书杂志》2卷2—3期(1932年3月),尤其是页8—26。

专制主义国家与城市商业阶级的亲密关系。这也使他们的观点与陶希圣有所不同,陶强调的是国家保护地主的利益。而且,在君主与政治精英或士大夫的关系上,他们与陶也不相同。陶强调士大夫的封建的、离心的一面;而王和胡则认为士大夫的首要角色是充当为绝对主义君主制服务的官僚。

王宜昌、陶希圣及其中国奴隶社会论

王宜昌,再加上1932年之后的陶希圣,在力图建立中国社会发展与欧洲社会发展之间的正相对应关系方面,比其他中国马克思主义史学家走得都要远。他们二人提出的分期方案在中西历史的相等性上非常引人注目:他们认为中西社会形式的性质和发展顺序是完全一致的,而且发生变革的时间也几乎是一致的。他们所采用的社会发展模式建立在马克思《政治经济学批判》所列出的社会形式的清单上,依序是:氏族(原始共产主义)社会、奴隶社会、封建社会和资本主义社会。王宜昌是公开地,而陶希圣则是含蓄地(通过其理论分析)表明:中西社会都经历了(而且在时间上大致是同时经历了)这些社会发展阶段。①

王宜昌是以上看法的始作俑者。他认为中国在西周时期发生了由原始社会向奴隶社会的转变;由于北方蛮族的入侵,中国在公元3—6世纪经历了大分裂的时期,也由此进入了封建社会;封建社会一致持续到1911年,中国才进入了资本主义的发展阶段。②

1932年,陶希圣公开对自己此前关于中国社会发展的观点进行自我批判,并提出了一种新的分期观点——它与王宜昌的观点非常地近

---

① 王宜昌,《中国奴隶社会史——附论》,载于《读书杂志》2卷7—8期(1932年8月),页77。
② 除了注释的那篇论文外,王宜昌的部分观点亦见于讨论总体分期问题的《中国社会史短论》,载于《读书杂志》2卷2—3期(1931年8月)以及《中国封建社会史》,载于《读书杂志》3卷3—4期(1933年4月)。

似,而且在中西的对等性上甚至走得更远。陶给出了导致他观点改变的两点理由。首先,他承认,他此前将帝国时期的中国社会视为一个两千年不变的社会,与历史的材料并不相符;其次,陶声明他近来逐渐认识到血族关系(kinship)在周朝所发挥的作用远比他此前认为的要大;所以,他感到有必要修正自己关于中国封建制度的看法。① 陶希圣改变观点的另一个合理的解释也许是他对马克思主义文献的日渐熟悉。这也正可以解释(他自己提出的两点理由却没有解释)他的新观点对于中国历史上的奴隶社会的强调。早前,他的理论兴趣主要是限于封建制度和资本主义制度的关系上。郭沫若和其他马克思主义史学家对于中国古代社会的解释可能使得陶希圣把注意力转到他先前较为忽略的中国早期历史,并开始思考中国的奴隶社会问题。这在另一方面也反映了卡尔·考茨基的《基督教的基础》对陶在30年代初的思想的重大影响,这种影响在陶希圣这一时期的著作中留下了明显的痕迹。②

不管是出于什么原因,陶希圣关于中国历史的新的分期与他先前的观点非常地不同,至少在早期中国历史方面可以说是如此。他现在认为,中国直到春秋时代都还是一个氏族社会;而春秋时期由于生产技术的进步,社会开始商业化,导致了私有财产和奴隶制的出现。奴隶制在汉代达到了高峰,并一直持续到三国时期(3世纪)。而紧接着北方蛮族的入侵导致了封建制度的兴起并一直持续了五个世纪。最后,社会的第二波的商业化浪潮在10世纪的唐末五代时期开始兴起,从宋代往后,中

---

① 陶希圣,《中国社会形式发达过程的新估定》,载于《读书杂志》2卷7—8期(1932年8月),页1—9,尤其是页3—4。
② 陶希圣在他早前的著作中提及过奴隶的存在,但是显然他并不认为其重要到足以支配经济生产。关于陶希圣承认考茨基对于其思想的影响,参见陶希圣《潮流与点滴》(台北,1964),页111。考茨基《基督教的基础》中的一些思想,特别是关于流氓无产阶级革命和"消费者社会主义"的思想(两者都暗示一种短视的对分配进行革命的倾向),可以在陶希圣这些年中关于中国当代革命以及历史分析的一系列著作中找到它们的身影。可以参考《辩士与游侠》(上海,1931),陶希圣在这本书中讨论了晚周无主的知识分子的状况;亦可以参考《革命论之基础知识》(上海,1930),陶讨论了过往农民革命的失败。

国就一直是一个"先资本主义"社会,封建制度仅在元朝时有过短暂的复辟。①

王宜昌和陶希圣都认为奴隶社会是氏族社会受到商业冲击的结果。在奴隶制的起源问题上,王宜昌在某种程度上更为强调种族征服的重要性,将中国奴隶制的开端上溯到周对商的征服。② 不过,这个差异并不太重要。王本人也将奴隶制生产方式的崛起定位在春秋时期,并指出齐国最早完成了从氏族社会向奴隶社会的转变。根据王宜昌的看法,齐对当时其他国家的优势在于其有利的海事条件,这使得它可以获得诸多商业的资源,正如欧洲爱琴海沿岸的古代城邦国家那样。换句话说,正是因为齐国在繁荣的沿海与内地的贸易之间获得的巨利,使得它能够先于其他国家进入一个崭新的发展阶段。③ 一旦上了路,在奴隶劳动基础上的生产和商业便互相推进,迈向奴隶制的完全成熟。奴隶制在秦汉社会发展到其顶峰,在农业和手工业中,奴隶生产均成为占支配地位的生产方式。从这些方面来看,汉代社会,尤其是东汉社会,与古罗马的奴隶制几乎没有什么分别。奴隶们被圈禁在豪族所有的大农庄(latifundia)内从事生产,这种开始为市场而进行生产的方式取代了先前的氏族生产方式。④

当北方蛮族入侵引发了向自然经济的倒退时,这种劳动组织又成了

---

① 陶希圣,《中国社会形式发达过程的新估定》,载于本章注所引期刊。亦可参见《战国至清代社会史略论》,载于《食货》2卷11期(1935年11月1日),页17—19。陶在其1949年之前的最后一本主要著作《中国社会史》(重庆,1944)中重申了相同的观点。他在这本书中的分期如下:氏族社会到原始封建社会(商周)、奴隶社会(战国至汉)、发达的封建社会(汉末至唐)、城市商业兴起的社会(宋至清)。他关于原始/发达的封建社会的区分源于奥本海在《论国家》中的观点。
② 王宜昌,《中国奴隶社会史——附论》,载于本章注所引期刊,页37。
③ 载于同上注所引期刊,页49—50。
④ 载于同上注所引期刊,页66—74。关于"豪族",参见 L. S. Yang(杨联陞),"Great Families of Eastern Han"(《东汉豪族》),载 in E-tu C. Sun and J. DeFrancis (eds.)(孙和德弗朗斯编),*Chinese Social History*(《中国社会史》)(Washington, D. C.: American Council of Learned Societies, 1956), pp. 103—134。

封建制度的基础。蛮族入侵的结果是大农庄变成了自给自足的封建庄园(这是封建制度的"核心"),奴隶变成了半自由的农民,或农奴。为适应自给自足经济的需要,大农庄式的专业化生产让位于为了庄园内部使用而进行的农业和手工业生产——王宜昌和陶希圣均认为这是封建生产的特征之一。① 王宜昌还把与欧洲社会发展的比附从经济结构领域推到了社会上层建筑的意识形态领域,将中国此时对于佛教的接受与欧洲中世纪基督教的扩散关联了起来。②

王宜昌和陶希圣都同意商业化的第二个阶段在唐朝又开始,但是对于其带来的结果却意见不一。王宜昌认为由于中国缺乏"内海",所以商业从未得到充分的发展,封建制度一直持续到西方势力进入中国。在另一方面,陶希圣则在商业的复苏中看到了中国前资本主义社会的开始:从宋朝开始,中国经济的重心再次由乡村转移到城市,这也开始了政治权力的集中化运动;宋朝之后,中国社会不仅较从前更为都市化,而且政治的组织也较以前集中和稳定得多。③ 陶希圣认为,不幸的是,由于中国政治精英实行闭关锁国政策,破坏了资本主义的增长,使得生产力的增长徒劳无功,这种状况一直维持到19世纪西方的入侵。有趣的是,尽管陶希圣新的分期观与此前的大为不同,但是他对当代中国社会性质的看法却原封未变。

尽管王宜昌和陶希圣关于中西历史发展在时间上一致的看法荒谬得确实值得厚非,但是他们的分期观有两点却比在此讨论的其他观点更

---

① 陶希圣,《战国至清代社会史略论》,载于本章注所引期刊,页18。王宜昌,《中国封建社会史》,载于本章注所引期刊,页19—21,39—59。在另一篇论文中,王宜昌强调将生产方式(他将其与生产关系和分配关系相对起来)作为历史分期的基础。在这个背景下,他强调庄园在农业劳动组织中的中心地位。从某种意义上说,它为整个封建社会的组织提供了一个范本,它在城市中的对应物是行会,在宗教组织中的对应物是修道院。参见《封建论》,载于《文化批判》2卷2—3期(1935年1月10日),页301。
② 王宜昌,《中国封建社会史》,载于本章注所引期刊,页25—34。在这篇论文中王宜昌还批评陶希圣忽略了宗教在中国封建制度中发挥的作用。
③ 陶希圣,《战国至清代社会史略论》,载于本章注所引期刊,页19。

为重要。首先,王宜昌和陶希圣的观点是唯一不将帝国时期的中国社会视为一个无差异的整体而又能对其作出系统地解释的论述;所以,他们能够正视东汉之后中国政治再度分崩离析这一具有重要意义的现实,尤其是陶希圣,能够正视宋朝之后中国社会和政治所发生的重要变革。其次,他们把奴隶制阶段放在晚周和汉朝的商业化的背景之下,这比郭沫若把奴隶制设定在周初的原始经济条件下,要更为接近马克思、恩格斯历史分期观的本意。不像郭沫若所找到的关于奴隶制的证据稀少且非常模糊,王宜昌在汉代发现了有关奴隶和奴隶劳动存在的相当大量的证据。

王宜昌的问题在于对其获得的证据该如何评估。如他的批评者所指出以及最近的研究所表明,汉代的奴隶只占总体人口的一小部分,他们的劳动主要限于家族内部。至于东汉豪族的"大庄园",进一步的研究显示其性质更接近农奴劳动而非奴隶劳动。① 王宜昌著作的这些问题,又在论战的下一个阶段引起了新一轮的讨论。

论战的消退

中国社会史论战,在总体上被一种各执己见、意气用事的论辩氛围所笼罩,这令其无法消弭各种历史解释之间的差异。直至1934年,解决那些激起论战的问题仍然是马克思主义史学所面临的任务:"商业资本主义社会"问题、奴隶制生产方式的普世性问题、亚细亚生产方式问题。② 在随后的几年中,马克思主义者仍然在围绕这些问题进行着断断续续的争论。1937年抗日战争爆发时,这些问题还是悬而未决——从当时讨论

---

① 参见注释杨联陞的论文。关于奴隶制,参见 C. M. Wilbur(威尔伯), *Slavery in China during the Former Han Dynasty*(《西汉时期的奴隶制度》)(Chicago: Field Museum of Natural History, 1943)。
② 关于这些问题的详细讨论,参见吕振羽《史前期中国社会研究》(北京,1934),页12—31。

的趋向看,即使条件允许讨论继续下去,这些问题看来很可能也还是解决不了。

再把这些讨论的细节详细介绍下去没有多少意义。各方的争执大多是对早前有关相同问题的看法的重述。对于这些争论中较为突出的观点作一个简要的考察,就足以描绘出中国马克思主义史学第一阶段的结局了。

1933年之后,一个相对维持不变的讨论是有关奴隶制问题的争论。当几个作者分别批评奴隶制概念于中国的应用时,这一社会史论战的重要议题又骤然重新升温。批评主要针对王宜昌,也包括了陶希圣和郭沫若的历史解释。这些批评者依据的理论基础是奴隶社会并不是一个普世的历史发展阶段;具体到中国,商业这一奴隶制生产方式的前提条件,从未充分到足以产生成熟的奴隶制。一些作者还补充道:在中国历史上,奴隶从未占劳动人口的足够多数,可以证明使用"奴隶制生产方式"这一术语是合理的。① 王宜昌是受批评者中唯一起而反击的。在一系列的文章中,他不仅从理论基础为自己的立场辩护,而且还举出了一些他认为足以支持其论点("奴隶曾经在中国大量存在并在一直到东汉末年之前的生产中发挥着决定性的作用")的细节证据。② 这场在王宜昌和他的两个主要的批评者刘兴唐和丁迪豪之间的争论,在1934年的一段时间里一度显得很活跃,它涉及的有反共的左派期刊《文化批判》(王宜昌和刘兴唐的论文主要发表于此)和国立北京师范大学的《历史科学》(它

---

① 关于对王宜昌观点的批评,参见参考书目中刘兴唐和丁迪豪的论文。王雄瑞(音)和李季以奴隶的数量少作为批评王宜昌的理据。关于李季对陶希圣的批评,参见李季,《中国社会史论战批判》(上海,1936),页441—444。王雄瑞对王宜昌的批评,转见王宜昌,《再为奴隶社会辩护》,载于《文化批判》1卷4—5期(1934年9月15日),页131。在这篇论文中,王宜昌还引了一些我没能列在参考书目中的刘兴唐和丁迪豪批评他的文章(页128)。

② 王宜昌,《再为奴隶社会辩护》,载于同上注所引期刊,亦可参见《为奴隶社会辩护》,载于《世界日报》(每周社会科学副刊,1934年2月21日)以及《中国奴隶社会和封建社会之比较研究》,载于《文化批判》1卷6期(1934年10月15日)。

出版了一个关于奴隶制研究的专号，其中有丁迪豪的两篇长文）。① 争论迅速就降温了，但是有关的作者继续不断地重申他们的主张，直至1937年抗日战争爆发前夕。②

持续到1933年之后的第二场"小论战"是关于商业资本主义社会的问题。它在1935年初再度浮现，而这时它最初的提倡者陶希圣早已放弃它多时了。③ 这场争论由李立中在《食货》上发表的一篇文章所引发，李在文中比此前的陶希圣走得还要远，他认为，中国历史从秦到清这么大跨度的时间内处于商业资本主义时期，这不仅是一个过渡阶段，其本身就是一种生产方式。④ 在随后一期的《食货》中，一些作者发表了他们反驳李的文章。正像此前的作者反驳陶希圣那样，他们认为商业对于消解一种生产方式起的仅仅是一种"反作用"（破坏的作用），它本身并不构成一种生产方式，所以也不能被用于单独界定一个历史阶段。⑤

李立中最终收回了一些较为夸大的言辞，提出了一个折衷的方案："商业资本主义"是向资本主义过渡的第一个阶段（原始积累时期），与马克思所描述的"手工业时代"或是资本主义的前机器化时代相对应。⑥ 然而，即使是李的让步（这已经相当接近陶希圣早前的观点了），依然没有平息其反对者的不满，他们继续攻击李的观点。最后一篇攻击李的文章发表于1937年5月，仅仅一个月之后，《食货》就因中日战事吃紧而停刊

---

① 《历史科学》1卷5期（1933年9月）。
② 参见丁道谦《中国果真没有存在过奴隶社会吗？》，载于《食货》5卷7期（1937年4月1日），页1—9和刘兴唐《奴隶社会的症结》，载于《食货》5卷11期（1937年6月1日），页6—9。
③ 关于这次争论，参见参考书目中李立中、丁道谦、傅安华、范振兴的论文。陶希圣在《食货》2卷9期（1935年10月1日）的"附言"中重申他不再持这一观点（页36）。
④ 李立中，《试谈谈中国社会史上的一个"谜"》，载于《食货》2卷11期（1935年11月1日），页14—16。
⑤ 傅安华，《商业资本主义社会商榷》，载于《食货》3卷11期（1936年5月1日），页1—19，尤其是页2。
⑥ 李立中，《商业资本主义社会的生产形态》，载于《食货》5卷2期（1937年1月16日），页1—11。

了。这场讨论中唯一令人关注之处是李愿意赋予"商业资本主义"一个历史发展的独立阶段的地位;除此之外,这场讨论并不像奴隶制的讨论那样具有高度的理论性,作者们把更多的注意力放在了马克思主义的引经据典而非确凿的历史证据上,因而对于马克思主义史学可谓贡献寥寥。

如前所述,第三个问题,有关亚细亚社会的讨论,也是源于前一阶段的论战。它由一篇论文颇为偶然地重新触发,但是据我现在所能做的论断:它并未能成为任何一场持久的争论的主题。绝大多数这些论文的作者,无论是中国的还是外国的,都是在我们前面已经讨论的理据的基础上拒绝这一概念。① 一个在30年代晚期出现的折衷方案值得我们关注,因为它考虑了亚细亚生产方式这一概念及其与中国的相关性而又没有承认中国脱离了历史发展的普世法则。如这一观点的提倡者之一何干之所解释的,西方入侵之前的中国社会本质上是封建的,但是封建制度和先前的各种生产方式的残余共存着;换句话说,中国社会代表了所有前资本主义生产方式的混合体。他认为,中国经过了西方所有经历的阶段,但是由于受到先前的生产方式的残余元素的干扰,没有任何一个阶段能够真正地发展成熟:由于原始社会残余的存在,奴隶社会从未完全发展成熟;而由于奴隶社会和原始社会残余的存在,封建社会从未完全发展成熟。这种僵死的残余因素阻碍了中国社会的发展,使得中国看起来特别像一个停滞的或是"亚细亚"社会。② 一举两得,何干之在使得对于"亚细亚"社会的解释合理化的同时,还解决了为什么中国的封建社会从未能够完成向资本主义社会过渡的问题;并在这整个过程中一直坚持反封建的革命才是未来中国发展进步的需要。

---

① 关于中国、日本、苏联对亚细亚社会的持续关注的详细讨论,参见何干之《中国社会史问题论战》,同本书页164注①所引书,页1—78。
② 同上书,《前记》,页2—3。

马克思主义史学的学院化

1933年之后更具主导性,从长远来看也更有意义的趋向是历史唯物主义的学院化。陶希圣在1935年的一个不经意的申明为马克思主义史学的这一微妙转向提供了线索。在1935年7月1日出版的《食货》上,陶希圣号召复兴对于中国社会史分期的辩论。他指出,由于暑假临近,人们得以有时间从课内的任务中抽身来专心进行史学的写作和讨论。① 在1933年之前曾是革命最为急迫的任务之一的马克思主义史学,如今进入了学院的领域,成为了一项"课余的"活动! 这一时期的马克思主义从两个意义上来说是学院化的:首先,它主要由学院中人撰作或是发表在具有学院背景的期刊上(这对于前面部分讨论的那些"小论战"也是如此);其次,这一时期的马克思主义史学,趋于更为琐细的或是专题性的研究,极少顾及此前马克思主义史学家所关注的理论问题。

学院化的马克思主义史学呈现出三种趋向。第一种趋向由以陶希圣为中心的北京大学的社会经济史家和《食货》半月刊为代表。在这些年间,陶希圣是中国最主要的社会经济史学家之一,也是北大最受欢迎的教师之一,对于其学生和同事产生了很大的影响。② 一位在此时开始其学术生涯并成为一位著名的史学家的人,这样赞美陶希圣的贡献:"陶希圣先生精通中国政治和社会制度……他的贡献在于他整体地揭示了中国社会史的真实状况。"③这一派的史学家们将重点放在历史资料的考证和专题论文的写作上。陶希圣本人在30年代中期写了一些论文(主

---

① 《食货》2卷3期(1935年7月1日)。
② 据陶希圣本人回忆,他的讲演在当时非常受欢迎(《潮流与点滴》,页132—134)。他的学生也证明这一事实,全汉昇在1970年的一次访谈中告诉我,正是陶希圣的影响使他转向社会史研究的。
③ Teng Ssu-yu(邓嗣禹), "Chinese Historiography in the Last Fifty Years"(《五十年来的中国编史学》),载于 *Far Eastern Quarterly*(《远东季刊》),8.2 (Feb. 1949):148。

要是他早前关于中国历史的思索的延伸),也对社会经济史研究具有重要意义的贡献。①《食货》很快就成为社会经济史研究的主要论坛,它的供稿者包括了许多后来成为杰出社会经济史学家的青年史学工作者。②《食货》并没有完全忽略理论问题的讨论,不过,大概是受到编辑方针的影响,它将理论思索和历史资料的考察视为虽有联系但在总体上相互独立的两个研究领域。

马克思主义史学学院化的第二个趋向是有选择地使用历史唯物主义和其他社会学理论来分析中国历史。其最主要的代表人物是周谷城,他的《中国通史》,初版于1939年,到1947年已经9次重印,成为40年代一些大学使用的教科书。③ 周谷城在"社会史论战"中受到马克思主义理论启发,在《读书杂志》发表了他第一篇关于中国历史研究的论文,在文中他主要是出于启发性而非规范性的目的来运用马克思主义的概念,他并不执迷于理论的问题,而是给予历史证据恰当的关注。④ 他从这篇论文开始就一直采取这样一种研究态度,即历史唯物主义是一种指导史学研究与解释的"史观",但是不能和史学本身混为一谈。在《中国通史》的前言中,他对史学、史料和史观进行了区分;他认为,历史学家的目标就

---

① 陶希圣在《食货》创刊号(1卷1期)的"编辑的话"中强调《食货》的宗旨是收集和分析史料。陶的《秦汉政治制度》(上海,1936)曾被认为是对中国政治制度的"第一次系统的研究"。正是在这些年间,他建立起政治—社会制度研究的基础,并不断有成果出版。但是这些年间他最为引人注目的成果是四卷本的《中国政治思想史》(上海),陶于1932—1937年之间完成了这部书的初稿。他的研究小组也帮忙为维特福格尔的《辽代中国社会史》收集资料,参见《潮流与点滴》,页137。

② 例如,全汉昇和杨联陞。值得注意的是在 E-tu C. Sun and J. DeFrancis (eds.)(孙和德弗朗斯编), *Chinese Social History*(《中国社会史》)(Washington, D. C.: American Council of Learned Societies, 1956)这本非常重要的论集的25篇文章中,共有5篇最初是在《食货》上发表的。

③ Teng Ssu-yu, 邓嗣禹"Chinese Historiography in the Last Fifty Years",(《五十年来的中国编史学》)载于 *Far Eastern Quarterly*, p. 147。

④ 周谷城的研究重点从一开始就在社会关系的历史调查而非历史分期上。参见《中国社会的结构》(上海,1930)一书的序言。

是要综合史观与史料,制造出对于历史的"活的描述",这就是史学。①《中国通史》就是在这种精神指导下写作的:他所处理的问题与其他马克思主义者所关注的几近相同,采用的历史分期框架显然也受到了马克思主义的启发,而且广泛地运用了马克思主义的概念(尤其是阶级)。不过,他的历史分期观在对变革的敏感度方面较其他绝大多数的方案都要精细,他的历史解释充分考虑了那些曾经影响了中国历史进程的重大事件,而且他充分地意识到了历史证据的必要性,以至于一位非马克思主义的史学家抱怨他书中的引文太多。② 无论成败,他的富于企图心的《中国通史》,可能是运用历史唯物主义来组织和解释历史资料的最具成果的范例之一。

马克思主义史学学院化的最后一种趋向表现在翦伯赞、范文澜、何干之、吕振羽③这几位在1949年之后的中国学界大名鼎鼎的史学家的著作中。除了吕振羽之外,其余三人的名字都是在30年代中期之后才开始见诸学界,而且直到40年代才在史学领域获得较大的声誉。他们的史学解释的共同之处是都采用所谓的五阶段论:原始共产主义、奴隶制、封建制、资本主义和社会主义——这是斯大林在1938年的《联共(布)党史》中"钦定"的正统马克思主义史学观,④1949年之后它也成为在中华

---

① 周谷城,《中国通史》(上海,1939),页2—3、4。在此值得注意的是,1949年之后周将他的论点修正为"历史是'阶级斗争的作用过程'"。参见 A. Feuerwerker and S. Cheng[费维恺和程(音)], *Chinese Communist Studies of Modern Chinese History*(《中国共产主义者对现代中国史之研究》)(Cambridge: Harvard University Press, 1963), p. 8。
② Teng Ssu-yu(邓嗣禹),"Chinese Historiography in the Last Fifty Years"(《五十年来的中国编史学》), p. 147. 周谷城的讨论将中国社会溯源于游牧部落,经过经济—政治的发展和私有财产的出现,到"封建"帝国的建立,再到19世纪的资本主义萌芽。贯穿全书,他强调的是资本主义在中国通过与其他民族的关系所发生的影响。他的分期又根据他所确定的社会和政治变革的要求再细分为一些更小的阶段。
③ 关于这些史学家著作的详细出版资料见本书参考书目,他们的分期观点已经在本章的表中列出。
④ Leo Yaresh(亚雷),"The Problem of Periodization"(《历史分期问题》), in C. Black (ed.)(布莱克编), *Rewriting Russian History*(《重写俄国史》)(New York: Vintage Books, 1962), pp. 35—58.

人民共和国史学界占支配地位的史学范式。我们尚不是很清楚,是否有什么心照不宣的共识令这些史学家采用一致的历史分期模式。1947年出版的范文澜的《中国通史简编》提供了一个线索。这本书尽管是由范文澜所编定,但是它实际上是一些史学家集体撰作的产物;更重要的是,撰作工作是由"中国历史研究会"发起并赞助的。① 这些作者采用五阶段论的历史发展模式,并没有对任何不同的历史模式进行批驳——看来由足够的理据推断,这种分期观代表了"研究会"的共识。所以,至40年代,中国马克思主义史学家已经就最适合中国历史的分期模式达成了共识。

关于这种一致化趋向的意义,我们将在下章讨论。在此先注意到以下这一点就够了:这种历史解释的一致化的趋向并不像它看起来那样谬误十足,在某些方面它甚至代表了对早前马克思主义历史著作的一种改进。采用了一种有效的分期模式,这些史学家们能够暂时搁置令他们的先人耗费过多精力的社会形式和历史分期的理论问题,继续具体的史学研究以支持他们的结论。在这个过程中,他们像其他的学院史学家一样,对于揭示和解释被此前的史学家所忽略的中国史学中富有意义的研究领域作出了有价值的贡献。然而,从长期来看,顽固地坚持单一历史模式的唯一有效性,遮蔽了中国历史的马克思主义分析中具有争议性的一面——这一点在先前的史学争论中看得很清楚:可以对历史进行正相反对的解释而从马克思主义理论来说又都能够解释得通。而且,五阶段论的分期模式和中国历史演进实况的不相符,使得中国马克思主义史学的内部充满了张力,这在1949年之后关于中国资本主义萌芽以及社会转变的发生时机的诸多争论中清楚地表现了出来。

---

① 以中国历史研究会(成立于1941年)名义发表的"序言"承认这本书在其覆盖的范围上存在不足,但是并没有对其结构表示任何的异议。

第七章 革命、马克思主义和中国历史

尽管历经近 20 年的努力而执著的信仰与追求,马克思主义史学家还是未能找到一个可以用来解释中国的历史发展而又不扭曲史实或历史唯物主义概念的无所不包的理论模式。那些把源于欧洲经验的马克思主义理论模式直接运用于中国历史的人,要么使得马克思主义的社会经济概念简化为一些不能与中国历史实质产生有机关联的有名无实的范畴,要么虽强调普遍性,却掩盖了中国社会发展中最显著的一些细节。而在另一方面,那些以确定中国历史的复杂性而见长的史学家,却使得马克思主义理论模式变形走样,引致同侪严重质疑他们的分析是否信守了历史唯物主义的基本原则。

30 年代晚期,有迹象表明马克思主义史学家对于历史唯物主义与中国历史最为吻合的理论模式的共识已经出现;随后的数年中,它在中国马克思主义史学中取得了正统地位,规范着马克思主义的史学解释。然而,这仅仅是一种因为异议观点的消失而形成的共识,并不意味着前面所说的由马克思主义历史理论的要求和中国历史演进实况的不一致所产生的问题已经解决。它仅仅意味着,在 30 年代历史唯物主义运用于中国历史过程中所产生的一些明显的矛盾和问题,现在被暂时地掩盖了。

中西的批评家均指出,中国马克思主义史学家们对于历史普遍性模式的专注败坏了马克思主义史学的信誉。① 然而很明显,在30年代的讨论中,对于理论模式的使用本身和对于历史的理解与研究并非是对立的。在探索以马克思主义模式研究中国历史的新视角方面,马克思主义史学家作出了大量的开创性的研究。替代性的理论模式(alternative models)的存在,表面上看是徒劳的理论争执的一个来源,实则促成了对此前未受重视的中国历史的方方面面进行的深入的探究。回到我们第一章所提出的"范式"概念的类比:新的马克思主义史学范式刺激了历史研究工作,到了30年代中期,已经对于"规范的"(normal)历史研究产生了相当大的影响。

然而,马克思主义史学家没能在用马克思主义理论研究中国历史的理论框架上达成基本的共识,使得他们声称已获得关于历史的科学理论的断言大为贬值。他们对于形式上的理论模式的无休止争论,使他们对于中国史学更富有意义的实际贡献大为失色。更严重的是,他们对于理论模式的固执的坚持,限制了他们创造性地解决他们所发现的历史资料的能力。

马克思主义史学家作为具体的个体的思想失败,并不足以解释中国马克思主义史学的缺陷。尽管确实有一些马克思主义史学家对于理论和(或)中国历史仅有很浅的理解;但是即使是那些理论纯熟、研究细致的史家,也未能克服那些干扰他们对其理论假定进行反思性分析和研究的障碍。中国的马克思主义者,与世界上其他地区的马克思主义者一样,求助于一种更为方便也更为愚昧的权宜之计:将问题归咎于理论对手的教条主义或是修正主义甚至是意识形态的不诚实,指责对手出于不

---

① Feuerwerker(费维恺),*History in Communist China*(《共产主义中国的历史学》),pp. 9—10.

可告人的政治动机而歪曲中国历史或马克思主义理论,同时又坚称自己对于马克思主义和中国历史的理解是绝对的真理。如此的解释,使他们意识不到自己的史学困境实际上是源于历史唯物主义对于中国历史的适用度的问题。最后分析起来,困扰中国马克思主义史学的问题,实是源于史学家们既想谨慎地遵循马克思主义经典理论的字面意义,又想顾及中国历史的实际经验。他们对历史的替代性解释从理论角度而言是正当而有理据的——它们为理解马克思主义历史理论内在的不确定性及其应用于非欧洲社会时所不可避免地产生的问题,提供了重要的线索。

最终,破坏史学家们以马克思主义理论视角重写中国历史的努力的,是历史唯物主义为进步所设定的一个普世的进化论假定——"一个所有人类社会都要逐级爬升的阶梯,尽管速度有异,但是最终都会到达共同的顶端。"[①]尽管试图通过历史研究对这个假定加以证明的努力并不成功,但是它仍然被马克思主义者广泛接受,并得到苏联(直至最近)以及中华人民共和国"官方马克思主义"的肯定。30年代中国马克思主义史学的矛盾和困境见证了中国学者试图解决由这一假定所产生的问题的努力。大多数马克思主义史学家,不是去质疑这一假定的有效性,而是调整历史资料以满足其理论需要。然而,无论他们是否愿意承认,若干不同观点的存在,已经显示出他们意识到了所涉及的问题。这是马克思主义史学普遍遇到的一种现象,除非当局用政治律令强行压制以取消对史学问题的争议。中国马克思主义者决定赞成马克思主义普世性模式以及不愿意强调其争议性后果的考虑,清楚地凸显出了这个对历史唯物主义作为一种史学理论和方法论的演变产生了至关重要影响的极具吸引力的问题。

---

① Karl Marx(马克思), *Pre-Capitalist Economic Formations*(《前资本主义经济方式》). ed. with an introduction by E. Hobsbawm(霍布斯鲍姆编、序)(New York: International Publishers, 1965), p. 60.

为什么甚至当中国马克思主义者中最极端的正统分子都已经意识到了欧洲与中国历史中的不同之处，以及唯物主义公式无力解释中国历史中的许多重要方面时，他们还要坚持对于历史唯物主义的公式化的解释？一个可能的解答是(马克思主义的反对者们一直津津乐道于这一解答)：这是迷信马克思主义的一个很自然的结果。① 然而，这种解答回避了问题的实质，马克思主义是否确实要求它的追随者采取这样一种态度，也就是说，是否应如一些中国马克思主义者所建议的，只有一成不变地坚守历史唯物主义的"原始"概念才能被视为是真正的马克思主义者？② 30年代部分中国马克思主义者认为，从另一种不同的方式来诠释历史唯物主义是可能的。根据这一事实，我们前面所提出的问题就更为切中要害了。

用一个公式化的历史发展普遍"法"来预见所有人类社会的进化是否是马克思的本意，这是一个自马克思主义理论创生以来就将马克思主义者和马克思主义研究者划分开来的问题。历史唯物主义的严肃评论者认为：马克思确实认为欧洲的历史发展模式是普世有效的。③ 在由中国革命所引发的有关"亚细亚生产方式"的争论之后，"官方马克思主义"认可：马克思假定了一个适用于所有社会发展的单一普世模式的观点。具有讽刺意味的是，那些急于令马克思主义理论蒙羞的反对者们竟然赞成这一观点。而在另一方面，反共理论家如魏特夫和一些具有自由主义倾向的

---

① 现有的对于中国和苏联的马克思主义史学的研究在不同程度上都采纳了这一态度。关于苏联史学参见 C. Black (ed.)(布莱克), *Rewriting Russian History*(《重写俄国史》) (New York: Vintage Books, 1973) 和 Shteppa(斯特帕), *Russian Historians*(《俄国史学家和苏联》)；关于中国史学参见 Feuerwerker(费维恺), *History in Communist China*(《共产主义中国的历史学》)，尤其是第 6 页。
② Benjamin Schwartz(史华慈), "Some Stereotypes on the Preordination of Chinese History"(《关于中国史学预定论的一些陈述》)，载于 *Philosophical Forum*(《哲学论坛》), 1. 2 (Winter 1968): 219—230。
③ Martin Bober(鲍伯), *Karl Marx's interpretation of History*(《马克思对于历史的阐释》)(New York: Norton, 1965)，参见第 3 章。

第七章　革命、马克思主义和中国历史

马克思主义者则拒斥这一观点,而赞成历史发展的多元论。他们指出:"亚细亚生产方式"的概念恰好是马克思以及列宁、普列汉诺夫等其他主要马克思主义者看到了亚洲社会发展与欧洲根本不同的有力证据。①

马克思本人的历史撰作比较含混,为这些不同的诠释留下了争辩的空间。他的有关历史论述,无论在实质上还是写作风格上都有很多地方让人觉得他的公式化论述是针对普世的范围而言的。首先,他很少直接论述前资本主义社会的性质和变迁的动力,只是在讨论资本主义之时偶尔附带地提及。② 于是,绝大多数有关现代资本主义之前的历史发展的马克思主义分析,都倾向于从马克思有关资本主义发展和起源的观点推断出历史发展的动力。这样的推断产生了两个问题:其一,能否从与资本主义发展动力相同的条件来认识前资本主义社会的发展动力,这是不确定的。资本主义是一个超群的经济系统,经济(市场)关系统治着社会的方方面面,甚至包括人类劳动的价值,这需要与前资本主义社会区别对待,因为在后者中,经济关系尚不容易与家族、社会和政治等关系显著地区别开来。③

---

① 参见 George Lichtheim(利茨姆),"Oriental Despotism"(《东方专制主义》), in *The Concept of Ideology and Other essays*(《"意识形态"之概念及其他论文》)(New York: Random House, 1967)和 Shlomo, Avineri(ed.)(阿维内里编)*Karl Marx on Colonialism and Modernization*(《马克思的社会和政治思想》)(New York: Anchor Books, 1969)一书的导论。

② 这一结论的一个例外参见本章注。马克思主义理论家近来开始直面历史唯物论的这一不足,并进行了严肃的努力,试图弥补这一点。参见 E. Terray(特里),*Marxism and "Primitive" Societies*(《马克思主义和"原始"社会》)(New York: Monthly Review Press, 1972)和 B. Hindess and P. Q. Hirst(欣德斯和赫斯特),*Pre-Capitalist Mode of Production*(《前资本主义生产方式》)(Boston: Routledge and Kegain Paul, 1975)。

③ 参见 George Lukacs(乔治·卢卡奇),*History and Class Consciousness*(《历史和阶级意识》)(Cambridge: M. I. T. Press, 1972)pp. 230—242;也可以参考 G. Dalton (ed.)(多尔顿编),*Primitive, Archaic and Modern Economics: Essays on Karl Polanyi*(《原始的、古代的和现代的经济学:关于卡尔·波兰尼的论文》)(Boston: Beacon Press, 1971)的绪论,页 xii-xvii。在《资本论》二版(1873)后序中,马克思本人表明他的分析仅可应用于资本主义社会,他引用了一位俄国人在讨论他的方法时的赞许意见:"但是,如果说有一个单一的可以适用于现在和过去的经济生活的总体法则存在,这一点马克思是直接否认的。他认为这样抽象的普遍法并不存在。相反,他认为,每一个历史时期均有其自身的法则。"见《资本论》第一卷,页 18。

其二，更为相关的是，由于马克思相信资本主义第一次使得人类历史普世化了，它扫除了所有前进路上的障碍，牵引不同的社会进入一个真正的世界历史时期，因此马克思确实归纳了资本主义产生于全世界的历史现象。然而，他并没有接着将这样的普世性推及前资本主义时期的社会——那时，不同的历史环境催生了不同的历史结果。即使是在最为核心的阶级问题上，马克思本人亦未能澄清他对于资本主义时期的观察能否应用于前资本主义社会，这成为对于其历史理论的诠释当中诸多争论的根源。

其次，马克思在表现其思想和主张时的写作风格，更容易让人相信他的论述是普世适用的。他的关于历史的观点非常不系统地分散在卷册繁多的著作中，而且在论战性的夸饰、哲学性的概括、理论性的论述以及历史性的解释之间几乎没有做什么区分。即使他的主题是特定的、经验的，他的评注仍然倾向于普遍概括的风格。正如利茨姆所指，马克思将"历史问题哲学化了"，未能"在与一个特殊情势相关的社会学论断和有关总体历史的哲学化的概括之间作出清楚的区分"。① 更严重的是，他主张自己的发现具有科学有效性和普遍性的启示作用。他并没有澄清这一主张究竟是关于他分析推动历史发展的元素的方法，还是同样包括他从这些分析中所得出的结论，尤其是当这些元素相互作用而推动社会进步时，连续性地出现于历史上的社会构成形式。无论是对是错，凭着大量文献上的证明，许多马克思主义者认为，对于马克思在欧洲历史中所确定的社会形式的普遍性的否定，也会导致对于历史发展机制的普遍性的否定，这对于历史唯物主义所承载的理论和政治的意涵均有严重地影响。

《政治经济学批判导论》的序言是马克思有关历史唯物主义基础的

---

① Lichtheim, *The Concept of Ideology and Other essays*（《"意识形态"之概念及其他论文》），pp. 67, 21.

最有力的论述,它比马克思的任何著作都要深地使读者相信马克思认为历史的发展是普世一致的。① 由于这一文本是历史唯物主义理论的核心,并在中国马克思主义史学中占据着至关重要的位置,在此值得长篇征引:

> 人们在自己生活的社会生产中发生一定的、必然的、不以他们的意志为转移的关系,即同他们的物质生产力的一定发展阶段相适合的生产关系。这些生产关系的总和构成社会的经济结构,即有法律的和政治的上层建筑竖立其上并有一定的社会意识形式与之相适应的现实基础。物质生活的生产方式制约着整个社会生活、政治生活和精神生活的过程。不是人们的意识决定人们的存在,相反,是人们的社会存在决定人们的意识。社会的物质生产力发展到一定阶段,便同它们一直在其中活动的现存生产关系或财产关系(这只是生产关系的法律用语)发生矛盾。于是这些关系便由生产力的发展形式变成生产力的桎梏。那时社会革命的时代就到来了。随着经济基础的变更,全部庞大的上层建筑也或快或慢地发生变革。在考察这些变革时,必须时刻把下面两者区别开来:一种是生产的经济条件方面所发生的物质的、可以用自然科学的精确性指明的变革,一种是人们借以意识到这个冲突并力求把它克服的那些法律的、政治的、宗教的、艺术的或哲学的,简言之,意识形态的形式。我们判断一个人不能以他对自己的看法为根据,同样,我们判断一个变革时代也不能以它的意识为根据;相反,这个意识必须从物质生活的矛盾中,从社会生产力和生产关系之间的现存冲突中去解释。无论哪一个社会形态,在它们所能容纳的全部生产力发挥出来以前,是决不会灭亡的;而新的更高的生产关系,在它存在的物质条件在旧社会的胚胎里成熟以前,是决不会出现的。所以人类始终只提

---

① 鲍伯的结论就是建立在《政治经济学批判导论》序言之上的。

出自己能够解决的任务,因为只要仔细考察就可以发现,任务本身,只有在解决它的物质条件本身已经存在或者至少是在形成过程中的时候,才会发生。大体说来,亚细亚的、古代的、封建的和现代资产阶级的生产方式可以看作是社会经济形态演进的几个时代。①

无可否认,无论是否出于马克思的本意,这段话确实暗示了历史发展的普遍性和必须性。整段话的基调,从第一个句子开始,就表明论断是针对人类整体社会的。"尽管作者的本意是经验的和反形而上学的,但援用'人类'一词显然是旨在对历史的整体作出断言。"②马克思从一开始就是这样做的。而且,这段话清楚地指明,生产力与生产关系动态的相互作用推动历史前进是历史发展的内在要求。"新的更高的生产关系,在它存在的物质条件在旧社会的胚胎里成熟以前,是决不会出现的",这句话明确指出一种社会形态是从另一种社会形态中孕育而出,而变革的动力存在于社会经济基础的内在力量的辩证的相互作用之中。这一论断与马克思所列举的"社会经济形态演进的几个时代"的并置,清楚地表明这四种生产方式代表着社会演进的四个连续的、必经的阶段;而按照这段话普世性的语境,它们似乎也可以用来界定所有地区的历史发展。

在另一方面,几乎可以肯定,马克思并非意在用这一发展模式代表所有人类历史演进的普遍公式。这一点在此前并不为人所注目的马克思为《政治经济学批判》和《资本论》做准备而进行的研究的德文手稿(马克思于 1857—1861 年间写作的《政治经济学批判导论》——译者)于1952 年问世之后,就更加显然了。③ 在这一研究的一部分中,马克思比此前任何著作都更为详尽地考察了前资本主义社会的情况。他明白地提出

---

① 马克思,《政治经济学批判》,页 12—13。
② Lichtheim, *The Concept of Ideology and Other essays*(《"意识形态"之概念及其他论文》), p. 20.
③ E. Hobsbawm(霍布斯鲍姆), *Pre-capitalist Economic Formations*(《前资本主义经济方式》), p. 9.

了多元演进的历史发展观。他认为,亚细亚的、奴隶的、封建的生产方式并非一个单一的进步模式顺次的发展阶段,而是原始社会之后三种不同的替代性的发展道路,而其中只有封建生产方式导致了现代资本主义社会的产生。① 即使不论这篇中国史学家在 30 年代还不可能看到的论文,马克思著作中也有足够的证据表明他支持多元演进的历史观。在直接面对这一问题时,马克思否认他关于"西欧资本主义起源的概括"构成了"一个必然可以施用于所有民族(无论他们生活的历史环境是怎样的)的普世发展的历史哲学理论"。② 而且,毫无疑问,尽管亚细亚生产方式的概念有一些问题,但是马克思确实是用来它描绘一个需要与西欧的发展相区别的历史阶段。③ 最后,即使是马克思对欧洲历史的研究也没有使他得出确定性的结论。他不仅在其著作的不同部分提出了有关欧洲发展的不同模式,而且,即便有《政治经济学批判导论》序言的经典论述,他是否认为自己所发现的欧洲历史上的不同社会生产方式是一个必然的发展过程中的连续的阶段,这一点仍然是不确定的。顺便提一句,这也在中国造成了理论的混淆,成为社会史论战中不同发展模式冲突的根源,特别是有关奴隶制的问题(其中同意奴隶制的人便认为历史发展是一元的)。④

在此,我无意介入琐碎的考证工作,而是想指出,尽管马克思观点自身的含混性可以为历史唯物主义规定了历史发展的单线一元模式这一观点提供支持,但这并不意味着根据这种含混性就必然可以得出这一结论。更富于成效的是,在马克思主义理论诠释者的动机中,而不是在马克思的著作中,去寻找他们这样解释的原因。中国马克思主义者相当清

---

① 同本书页 201 注③,参见马克思的论文。
② Marx, Reply to Mikhailovsky(《复米哈伊诺维奇》). 转引自 Tom B. Bottomore(ed.)(巴特摩尔编),*Karl Marx: Select Writing in Sociology and Social Philosophy*(《马克思社会学和社会哲学文选》)(New York: Mcgraw-Hill, 1964), p. 22。
③ Avineri(阿维内里), *Karl Marx on Colonialism and Modernization*(《马克思论殖民主义和现代化》), pp. 5—6。
④ 关于这些不同的发展模式,参见 Hobsbawm, *Pre-capitalist Economic Formations*(《前资本主义经济方式》)一书导论中的讨论。

楚马克思主义是开放的,不只有一种解释,但是他们还是选择了直线的一元发展观。在此,我想试着指出引导他们作出这种选择的动因。

研究中国史的专家们通常将中国人对于历史唯物主义普世要旨的接受归结为一种由民族的自我意识而产生的一种倾向。列文森(Joseph R Levenson)认为,马克思主义者对于中国历史的分期,是中国知识分子用以解决自19世纪西方冲击传统中国以来,令他们困扰不已的"理智"(对于西方的智识的向往)与"情感"(对于中国历史的情感依恋)之间的矛盾的方法。一方面,马克思主义通过表明"中国历史自身也发展出了一条并不仅限于其自身的发展道路",满足了中国知识分子想使"中国历史与西方历史平等化的渴望";①另一方面,马克思主义对于中国历史的分期又使得中国知识分子无须束缚于现实的(反传统)需求而可以和中国传统达成一种妥协。另一种关于中国人对马克思主义反应的更为实际的解释,是将民族的自我意识强调为一种决定因素。本杰明·史华慈在其1954年对社会史论战的研究中,从亚细亚生产方式这一概念对中国的民族自尊心的伤害这一角度解释了中国知识界对这一概念的排斥。②

尽管以上看法确有一定的有效性,但是还不足以解释中国人对于马克思主义的反应的复杂性。列文森以抽象的心理学术语来处理这一问题,很少顾及使马克思主义理论第一次对于中国知识分子富有深远意义的广阔历史背景。同样,他的解释也忽略了历史唯物主义的理论实质对于中国知识分子的吸引力,而过分强调它的作用——舒缓受伤的民族自尊。列文森的论点很难赞成或反对。但是值得指出的是,那些在30年

---

① Joseph R Levenson(列文森), *Confucian China and Its Modern Fate*, vol. 3(《儒教中国及其近代命运》第3卷)(Berkeley and Los Angeles: University of California Press, 1968), pp. 48—49.
② Schwartz(史华慈), "A Marxist Controversy in China"(《中国的一次马克思主义争议》), *Far Eastern Quarterly*(《远东季刊》), 13.2(Feb. 1954).

代对于中国作为一个民族实体具有最强烈认同感的马克思主义者,如陶希圣,同时也是最强烈地反对将中国历史视为西方历史的简单复制品的人。不仅如此,第一个将马克思主义的历史模式应用于中国的马克思主义者不是中国人,而是共产国际的理论家卡尔·拉德克,他心中想的,绝不止舒缓中国知识分子的心理痛苦那么简单。史华慈的解释似乎更为合理,但同样是不全面的。从马克思自己开始,亚细亚生产方式的概念就带有文化落后、社会政治原始的贬损的意味,中国马克思主义者确实有足够的理由对之深恶痛绝。在社会史论战的作者中,胡秋原确实因为这一概念的地理上的关系而反对它。然而值得注意的是,另一位作者李季在回应胡秋原时指出:"亚细亚"仅仅是一个语词的问题,无须看得过于严重。① 像郭沫若这样高度敏感的作者也假设这一术语的意义是指早期历史的一个阶段,并没有对其感到不安;还有作者用它来指帝国时期的中国。最后,必须记住,苏联史学家们同样反对这一概念,这不仅是因为如斯特帕(Shteppa)所解释的——这一概念蕴涵有反对斯大林政权的意味,而是他们在讨论中国革命命运的语境内作出的选择。②

何干之在其1937年对中国马克思主义史学的研究中,表达了对那些否定中国社会特殊性从而挽救中国革命的人的感谢。③ 毫无疑问,何干之的论述暗示了,在1926—1927年出现的有关革命策略的问题为中国历史是否是历史发展的普世法则的一个例外的争论提供了出发点。贯穿整个论战,在革命激进主义与对马克思主义历史发展普世"法则"的肯定之间确实有一个清晰的对应关系。那些反对阶级斗争的人,如陶希圣和其他围绕《新生命》月刊的史学家,或是共产国际内的亚细亚生产方

---

① 李季,《中国社会史论战批判》(上海,1936),页491;胡秋原,《亚细亚生产方式与专制主义》,页6。
② 斯特帕认为讨论是由中国革命所引发;但是他接着撇开这一点,仅仅从亚细亚生产方式具有令斯大林政权讨厌的涵义这一角度来解释苏联史学家对其的拒斥。参见其著 *Russian Historians*(《俄国史学家和苏联》),pp. 74—77。
③ 何干之,《中国社会史问题论战》(上海,1937),页4。

式的提倡者，则为中国社会的复杂性辩护，或是认为与欧洲相比，中国历史的主要矛盾是存在于国家与社会之间。如当时的许多马克思主义者所评述的，在主张中国是亚细亚社会和中国是过渡社会的人之间有相当大的亲和关系，因为他们均十分轻视阶级斗争是中国历史发展的动力这一观点。

阶级的问题甚至还将那些同意中国是一个过渡社会（他们将其同欧洲在封建主义灭亡和资本主义完全发展之间的过渡时期相比），并对帝国时代中国社会性质持极其相近观点的人区分开来。一些人强调封建残余势力或是国家的力量；而另一些更支持现实革命的人，如拉德克和李季，则认为尽管帝国时期社会结构确有一定的模糊性，但是无论如何，仍然存在着一定阶级对其他阶级的统治，所以中国社会仍然具有确定无疑的阶级性。在阶级问题上最为强硬的是中国共产党的理论家，如朱佩我、郭沫若、何干之以及上章提及的学院派马克思主义者。他们不承认中国的社会经济结构有任何的模糊性，不承认中西历史之间有任何的变异，正如他们坚定地认为，当代中国社会性质——处于资本主义前夜，根据马克思的社会发展模式，必然是一个封建社会。尽管他们彼此之间在历史发展模式的选择和分析的精细程度上有着不小的差异，但是他们都认为阶级分析法完全适用于从古至今的整个中国文明史，都确认阶级斗争是中国历史发展的根本推动力，否认中国历史上存在任何阶级结构错综复杂的过渡时期。

中共理论家们内部的观点差异主要是源于他们对欧洲历史发展的理解（马克思在其著作的不同语境下提出了不同的解释）和他们对中国历史的关注程度的相互作用。他们对于历史发展具有普遍性的认识并无不同，而是在普世的发展模式的选择上有所分歧。一些人，如第三章所讨论的朱佩我和托派理论家们，对于历史几乎没有什么兴趣，只是简单地把他们对当代社会的结论投射到历史问题上去。像朱佩我就把封建主义（这样的历史范畴）简化为一个残余的范畴，他把所有不适合资本主义大标题的现象通通置于这个残余范畴底下,于是就得出了中国在原始社会和资本主义社会之间是一个长达3 000年的封建社会的结论。另一些人,如郭沫若、吕振羽、翦伯赞,十分重视历史的证据,强调帝国时代初期的变革的意义。无论他们是否超出了对马克思主义经典文献——《政治经济学批判导论》序言以及恩格斯的《家庭、私有制和国家的起源》的忠实,又或是已经超出了实际的需要,由于他们对整个帝国时代中国是一个封建社会的描述,使得他们留给奴隶社会和原始社会的选择余地很小,他们将周朝定为马克思主义分期中的奴隶制阶段。而奴隶社会的上下限该延伸多远则取决于他们对早期中国历史不同阶段进步水平的估量。尽管这些视当代中国为一个封建社会的人在具体的分期问题上仍有分歧,但是在完全否认中国有丝毫偏离出阶级斗争是历史发展的推动力这一普遍性法则,从而偏离出西欧社会的发展模式这一点上,则是完全一致的。

尽管我们容易看到在革命激进主义与对历史发展普遍性的肯定之间的对应关系,但是如何对其作出解释,却依然有点困难。就某种程度而言,这甚至与我们通常认为的主观主义与马克思主义的决定论是矛盾的这一看法正好相反,因为此时恰恰是革命的马克思主义者在捍卫历史的必然性。不过,从革命与历史在马克思主义中的关系,我们仍然可以解释中国的马克思主义者为何会将这两者结合在一起。由于阶级在马克思的历史和政治理论中的作用,在革命的大背景下,中国马克思主义者对于阶级斗争的信念,使得他们对否认历史发展普遍性的负面意义格外敏感,他们倾向于接受历史唯物主义的解释,因为后者断言了历史发展的普遍性法则,同时也确保了阶级斗争在历史上的中心地位。

尽管从马克思著作本身来看,并没有必然地视历史发展为一个普世的模式,但是如果不放弃革命的阶级斗争在历史变革中的理论必然性,我们也很难否认历史发展的普遍性。正如前面所指出的:当马克思在《政治经济学批判导论》序言中将社会经济基础的内在力量推动历史发展这一观点与他列出的社会形式并置的时候,他认为历史发展遵循一个必然性的普世模式。然而,他在其他地方尤其是在《前资本主义经济形式》一书中对社会形式的讨论,却表明他既不认为这些形式是必然的,也不认为它们是普世的,而只是视之为历史的"类型"(Types)。正如霍布斯鲍姆在分析《前资本主义经济形式》的基础上作出的总结:"于是,有关'亚细亚的、古代的、封建的和现代资产阶级的生产方式可以看作是社会经济形态演进的几个时代'的论述并不意味着历史是简单地单线演进的,而仅仅表明这些社会系统都是人类自原始社会嬗变而来后非常重要的不同方面。"①事实上,确如陶希圣所争辩的,马克思对于科学性及普遍性的断言,仅仅适用于历史发展进步的动力机制,并不能延伸到任一特定的社会形式——如果源于社会经济基础的力量为变革提供推动力,除非起点一致而且生产力以同样的方式发展,否则社会的发展将是不同的。②

尽管这些论述确有根据,指出了如何将历史唯物主义作为一种有效的历史分析工具的方法,但是如果不对马克思主义理论的基本假定进行质疑,它们仍然是靠不住的。首先,在《政治经济学批判导论》序言的文本语境中,社会发展机制与社会形式是与必然性与普遍性分别并置的;而且序言中所描述的发展顺序的必然性,也并不简单的只是一个文献上的正统性的问题;古代的、封建的、资本主义的生产方式在欧洲社会演进中恰好是连续的阶段,如果像霍布斯鲍姆所言,它们并不呈现为一种必然的顺序,那么,这些社会形式要么不能囊括欧洲发展史上的所有阶段,要么的确囊括了,但并不是在变革的内在力量的推动下依次相生的关系。在后一种情况下,对于历史发展的解释,则须考虑生产力和生产关系领域之外的那些内在或外在于总体社会结构的力量所发挥的作用。

---

① E. Hobsbawm, *Pre-capitalist Economic Formations*(《前资本主义经济方式》), p. 38.
② 陶希圣将历史唯物主义的方法和化学的方法加以比较,他认为正如对水和盐进行化学分析得出的结果是不同的,将历史唯物主义运用于不同的社会,得出的结果也是不同的,而这一点确实是科学的。参见《社会科学讲座》,《新生命》2卷5期(1929年5月),页1。

第七章 革命、马克思主义和中国历史

这就是霍布斯鲍姆的立场,并得到马克思本人著作的支持,但是霍布斯鲍姆与马克思一样忽略了这种立场给马克思主义的社会变革理论带来的问题。

马克思和恩格斯,至少从他们的著作来说,并未表明社会形式的数量要扩展到可以容纳欧洲历史上的诸多发展阶段——尽管后来的一些马克思主义者如波格丹诺夫和杜波罗夫斯基这样做了,但也因而招致了马克思主义同侪们的鄙视。相反,马克思花了大量的精力来说明资本主义是如何由封建主义中产生出来的;而恩格斯则致力于阐明古代(奴隶)生产方式的矛盾如果不是直接催生了封建制也为后者准备了基础。这显示:他们都不认为这些社会形式仅仅是欧洲历史的大熔炉中偶然地被摆在一起的泛泛的社会类型。即使是更有疑问的亚细亚生产方式(因为这一概念是被设计来解释非欧洲社会背景下的历史发展的),亦是如此。马克思的确在另一场合评论道:"亚洲或印度的财产形式是欧洲社会初始时各处的形式。"①

如果这些生产方式确实是涵盖了欧洲社会演进的连续性的发展阶段,就有理由相信马克思本人视这种演进为历史的,而非社会的内在必然性要求的结果。在其对资本主义演进的分析中,马克思认为国际贸易对于刺激资本主义发展具有至关重要的意义。类似地,在恩格斯对封建主义的分析中,虽然此前奴隶制经济衰落为小范围的农业经济为封建制准备了基础,但无疑是德意志人对前罗马领地的入侵导致了封建制的成长。在上面这些情况下,外在的(偶然的)因素似乎为欧洲社会形式的演进提供了充分的条件。

承认上面这些问题,就揭示出马克思主义在理论与历史之间存在着一个相当大的裂缝:尽管马克思有关历史理论的公式化论述提出了历史

---

① 马克思致恩格斯的信(1868年3月14日),参见 Hobsbawm, *Pre-capitalist Economic Formations*(《前资本主义经济方式》), p. 139。

发展内在普遍性的建议,然而同时马克思显然也相当清醒地认识到,从一种社会形式到另一种社会形式的历史变革是有诸多因素作用于其中的,而并不是所有的因素都可以归于社会经济的内在必然性。而且,这一裂缝就其性质而言,对于马克思主义的历史理论和革命理论均有严重的影响。承认欧洲社会并不必然经历这一系列演进阶段,等于就是挑战社会发展的内在普遍性,进而也就是挑战阶级斗争在历史变革中的中心作用。尽管马克思在《政治经济学批判导论》序言中关于历史发展的动力的论述并没有提及阶级,但是正如雷蒙·阿隆所言:"我们仅仅需要设想一下,在革命时期——生产力和生产关系发生矛盾的时期里,一个阶级是与已经成为生产力发展障碍的生产关系联系在一起的,而另一个阶级则相反,它代表着进步的、崭新的生产关系,它不但不是生产力发展道路上的障碍,反而是最大限度地有助于生产力的发展。"① 很少有人能否认阶级斗争是生产关系的根本内容。否认生产力和生产关系的矛盾在历史发展中的中心作用,将意味着需要对马克思"现存及此前的所有社会的历史都是阶级斗争的历史"这一理论前提进行严格的限定。

所以,对一个马克思主义者而言,很难轻描淡写地否认历史发展的必然性,因为否认必然性就意味着质疑马克思革命理论的基本前提。马克思主义者已经认识到了这一危机,这反映在50年代早期有关欧洲资本主义起源问题上的一场争论中。这场争论是由保罗·斯威齐(Paul Sweezy)对莫里斯·多布(Maurice Dobb)的《资本主义发展研究》一书中有关资本主义起源的解释提出批评而引发的。斯威齐批评多布忽视了外在因素(国际贸易)在资本主义产生中的作用,斯威齐质疑:仅仅从封建制度的内在矛盾(多布认为这提供了贸易的动机),是否能够解释从封建社会到资本主义社会的转变。为了支持其论点,斯威齐指出:在封建

---

① R. Aron(雷蒙·阿隆), *Main Currents in Sociological Thought*, vol. 1(《社会学主要思潮》第1卷)(New York: Anchor Books, 1968), p. 157.

制度衰落和资本主义兴起之间的两个世纪(15 和 16 世纪)表明,资本主义并非直接产生自封建社会,而是在一个过渡时期逐渐发展出来的。在这一过渡时期,一个混合的既非封建的亦非资本主义的阶级结构主导着西欧社会。①

由这一批评所引发的争论牵涉诸多理论及历史论据问题,在此我们感兴趣的是一些牵涉于其中的马克思主义者对于斯威齐的回应。用多布的话说:

> 于是,最后看来,这两个世纪显然是被遗弃、非常不舒服地悬浮在天堂与尘世之间的半空中。在历史发展的进程中,它们不得不被归为无家可归的混杂(homeless hybrids)。尽管纯粹从演进的观点、通过连续的系统或阶段来看历史发展,这些答案也许是足够恰当的;然而我想表明的是:从革命的观点,暨视历史为一个连续的阶级斗争的系统,视社会革命(在权力从一个阶级向另一个阶级的转化的意义上)为最为重要的历史发展机制的观点来看,它们却并不是恰当的。②

斯威齐的另一个反对者罗德尼·希尔顿(Rodney Hilton)更直率地表达了对斯威齐的反感:"认为'封建主义没有首要推动力'暨没有内在的辩证法的看法在事实上就是非马克思主义的。"③

如果说否定历史发展是经过一系列连续的阶级制度这一观点会导致对马克思主义革命观的颠覆,那么同样的危险也存在于对这些阶级制度的普遍性的否认。这正是亚细亚生产方式这一概念所产生的问题。马克思,以及其后的普列汉诺夫,从地理环境来解释亚细亚生产方式,这再次否认

---

① P. Sweezy(斯威齐),"A Critique"(《评论》), in *The Transition from Feudalism to Capitalism: A Symposium*(《从封建主义到资本主义的过渡:研讨会》) (New York: Science and Sciety, 1954), pp. 1—20.
② Dobb(多布),"A Reply"(《答复》),同上书,页 25。
③ Hilton(希尔顿),"Comment"(《意见》),同上书,页 65。

了社会的内在发展动力的意义。在这种情形下,通过政治权力和社会组织(专制主义和社会的公共组织,或是私有财产的缺失)的形式的创造,使得阶级和阶级矛盾不相关了,外在的力量得以决定社会的历史演进,主要矛盾是在国家与社会之间。马克思、恩格斯均提及亚细亚生产方式存在一个"统治阶级",但它是一个政治意义上的阶级,其权力源于执行最基本的社会经济功能,而并不代表一个经济上的阶级。① 在这样一个社会中,它的意义主要是处理导致社会经济基础停滞不前的"外在"原因,或是指导反抗国家权力压迫,而非任何一个特定的阶级压迫的斗争。事实上,这也正是那些中国亚细亚生产方式的提倡者的主要论旨。然而,这种对革命目标的定义,正如陶希圣对过渡社会中的士大夫"阶级"的定义一样,对于革命者而言都是不可接受的——因为,两者都会导致取消经济上对立阶级之间的斗争的需要。

所以,中国马克思主义史学中有关历史普遍性和历史特殊性的问题,不能与它们的政治涵义割裂开来看。革命者或是那些持革命观点的人,坚持阶级斗争的中心地位,从而也就坚持马克思主义关于历史发展的必然性和普遍性,正如前面所言,这提出了与世界上其他地区的马克思主义者近似的问题。而那些充分顾及历史发展的多元性和偶然性的历史唯物主义阐释者,无论是中国的还是欧洲的,则倾向于取消阶级斗争在历史发展中的中心地位,转而强调社会的总体结构,在其中阶级仅构成了历史的一个基本的而非中心的层面。②

政治考虑对于历史唯物主义阐释的干扰,产生了这样一个问题——无论从理论和革命的角度而言是多么的正当,这种干扰对于马克思主义

---

① Lichtheim, *The Concept of Ideology and Other essays*(《"意识形态"之概念和其他论文》), p. 90—93.

② Hobsbawm, "Karl Marx's Contribution to History"(《马克思的史学贡献》), in R. Blackburn (ed.)(布莱克本编), *Ideology in Social Science*(《社会科学中的意识形态》)(New York: Norton, 1965), pp. 278—279.

史学是否有益？答案应该是否定的。在政治考虑的导引下，中国马克思主义者将"普世的"模式强加于中国历史，结果是对理论概念和中国历史解释的双重简化。

首先，对于政治问题的专注妨碍了中国马克思主义者对于历史的多元阐释的相关优点进行充分考虑——这本可以使他们对中国历史有一个更为通盘的理解，改进他们的历史解释。实际上，当时有一种以政治标准而非以解释本身的优点来衡量历史解释有效性的趋向。莱夫（Leff）指出"对于马克思而言，实践是检验真理的唯一标准"。① 很明显，中国的马克思主义者把更多的时间用来争论真理或是革命的纯洁性，而不是马克思主义理论引入中国历史所产生的具体问题。出于同样的理由，他们不是充分考量马克思主义理论在解释中国历史上的有效性，而是将经典的概念强加于历史，或至多是把理论所提供的概念简单化，以至于这些概念在解释历史时已经基本没有什么用处了。

其次，由于马克思主义史学家在中国历史中看到的只是普世的历史发展进程的又一表现，他们的历史解释在说明中国社会发展的复杂性上，能力仍是有限的。我们已经详细地讨论过不同的解释的优劣之处，在此只需指出这些不同解释的要旨就够了。显然，最少简化史学概念，相反，为中国历史现象提供最详尽解释的，是那些为理论探索目的而使用阶级分析法，并在中国历史的总体结构内为阶级分析法进行修正保留了足够余地的史学家，如周谷城和陶希圣。他们在解释中国历史时赋予阶级的角色是有限的，因而能够考虑中国社会中"上层建筑"的元素如政治权力和意识形态，以及外部力量如中外关系在历史解释中的作用。具有讽刺意味的是，正是一个史学家（如陶希圣）"反革命"的动机，使他对于中国历史的复杂性有更为清醒的认识。

在另一方面，那些相信中国复制了欧洲历史上的"阶级制度"的革命

---

① Leff（莱夫），*The Tyranny of Concepts*（《观念的专制》）(Univ. of Alabama Press, 1969)，p. 12.

史学家们,最终既简化了马克思主义的理论概念,又简化了中国的历史。那些相信普世模式适用于中国的人——即使是其中最优秀的史学家,也以将历史概念如奴隶制和封建制简化为一些最低限度的要素(如自给自足或高剥削率)的代价(这使得我们在这些有关前资本主义社会形式的概念之间几乎很难作出区分),来捍卫其历史发展普遍性的要旨。① 由于未能发现足够的证据来表明中国确实经历过这些社会阶段,他们最终将具有强烈宣传鼓动倾向的解释强加于自己所发现的历史资料,而无视一些至关重要的史实,如中国国家权力的意义,甚至轻视基本的社会经济现象,如贸易和帝国时代中国社会的土地私人所有制(相对于封建的土地所有制而言)。不过,这并不是说他们对于中国史学、对于马克思主义毫无重要贡献,反之亦然。

像郭沫若这样的史学家的贡献总体上已经被研究早期中国历史的专家们认识到了。而且,这些贡献不应罔顾,而是应归于他从马克思主义发展阶段的角度对于中国历史的洞察。如前所述,由于马克思主义视历史分期不仅为一种组织历史资料的方便之道,而且是一种对基本的社会经济作用的表达,所以它要求史学家深入地挖掘社会最根本的层面。② 最优秀的马克思主义史学家,无论他们的历史分期方法多么机械,亦是为他们寻求中国历史进程的社会经济分界线的理论预设所驱使。在探索的过程中,他们阐明了那些被早前的史学家所忽视或低估的中国历史的重要方面的意义。尽管如此,他们关于历史发展进程的先入之见,还是妨害了他们对其所发现的历史资料的解释,最终阻碍了中国马克思主义历史研究的深入发展。

---

① 这类定义的简化论,在朱佩我、共产党的发言人以及学院派的马克思主义者中间几乎没有什么分别。参见翦伯赞《关于"封建主义破灭论"之批判》,载于《中山文化教育馆季刊》4卷1期(1937年春),页130;以及吕振羽,《史前期中国社会研究》(北京,1934),页19、51—52。
② E. Balibar(巴厘巴),"On the Basic Concepts of Historical Materialism"(《论历史唯物主义的基本概念》),in *Reading Capital*(《解读资本论》),pp. 205—206。

中国马克思主义史学家之间的分野，与萨明（T. Shamin）在关于马克思主义历史分析的最新趋向的讨论中所指出的马克思主义内部可容许的两种分析类型——"系统分析"和"阶级分析"是相符的。按萨明所言，"系统分析聚焦于劳动和特定的政治经济、生产方式和社会结构的设计分析"；而阶级分析则"主要致力于政治经济学以及表现于历史集团对抗中的利益冲突和集团意识的发展"。① 萨明认为，这两种分析类型对于历史得出了不同的结论，乃是因为"它们追求不同所以关注也不同"。②最后这一论述可能适用于所有的历史著作，但是马克思主义史学在这一点上的确更具问题性，因为许多马克思主义者都倾向于历史的一元论解释。

萨明的区分指出了两种塑造马克思主义历史分析的社会类型，不过，它们均为马克思本人所应用。马克思的关注点摇摆于革命与历史之间：一个阶级对抗决定所有成分的排列并为历史变革提供终极推动力的"两极性模式"（bipolar model），一个视社会为一个动态地相互关联的成分构成的复杂系统的"构造性模式"（structural model）。显然，两极性模式最适于革命的情势下——此时社会底层的（在此以前也是抽象的）阶级裂缝凸显而出，在社会的、政治的和意识形态的层面推动社会的忠诚的整合（the articulation of loyalties in society）。而构造性模式，则更能说明"正常的"（normal）历史状态——此时不仅是政治的、意识形态的甚至是社会的、经济的关系都表现出更大的复杂性。如前所述，马克思本人在他更为"纯粹的"社会历史分析特别是《资本论》中运用构造性模式③；而在从迫在眉睫的革命的视角来观察历史时，则更为强调阶级对抗的两极性模式——在这

---

① T. Shamin（萨明），"The Third Stage: Marxist Social Theory and the Origins of Our Time"（《第三期：马克思主义社会理论和我们时代的源流》），in *Journal of Contemporary Asia*（《当代亚洲研究》），6.3 (1976): 305.
② 同上。
③ B. Ollman（奥尔曼），"Marxism and Political Science: Prolegomena to a Debate on Marx's Method"（《马克思主义和政治科学：关于马克思方法论辩的前言》），*Politics and Society*（《政治和社会》），3.4 (Summer 1973): 491—510.

个革命性大变革的时刻,社会在其内在矛盾运动(辅以革命实践)的作用下,复杂的社会系统就像即将分解为两大敌对的阵营。马克思这一看法最为经典的表达,无疑是见诸《共产党宣言》中关于历史的论述。

总体而言,那些坚持认为阶级斗争是历史发展原动力的马克思主义者,从革命形势下的范式来理解历史,更倾向于社会发展的两极性模式。对于那些坚信社会两极分歧决定了中国历史的性质和道路、阶级分立是中国历史"最根本的"史实的中国马克思主义者,情形就是如此。这些史学家的兴趣主要在于揭露中国历史上的阶级压迫。当没有什么目标应受谴责,而他们又试图从社会经济压迫的单一因素来解释历史的所有方面时,就导致了一个过分简化(和单纯化)的中国历史观。这种观点为他们声称自己对于历史具有真正的革命立场提供了辩护,也导致了他们否认阶级关系之外的所有其他因素对于中国历史发展的意义。

这一结论并不十分令人吃惊。晚近的马克思主义研究表明,不将社会作为一个由经济关系所决定的刻板的系统,而是作为一个彼此关系及其与整体关系均未决的各个部分组成的构造进行处理,这时马克思主义的历史分析是最有效力的。否认这些关系的未决性,而辩称一个社会的生产方式产生了特定的生产(阶级)关系并反过来塑造了整个社会结构,从而将历史唯物主义简化为一套普世的社会发展形式,这不啻是取消马克思主义历史理论自身及其有效性,使其简化为一种无用的初级的历史方法。更进一步,如果从马克思关于欧洲社会演变的观察可以预测任何一个社会的形式和进程,那么也许除了为这些社会形式配上一个具体的时间表(这也的确是大多数中国马克思主义者为自己设定的主要任务),历史研究就几乎无所事事了。

马克思自己承认,①他对历史最重要的贡献不是发现了阶级,而是将

---

① Marx to J. Weydemeyer, March 5, 1852(《马克思致约·魏德迈(1852年3月5日)》), in *Marx, Karl and F. Engels Selected Works*, vol. 1(《马克思恩格斯著作选》第一卷)(Moscow: Progress Publishers, 1973), p. 528.

其置于动态发展的社会结构背景下。这些社会结构的决定性特征归于他们所包含的特定阶级关系,但是结构反过来也制约着这些阶级关系以及它们在历史上的作用。马克思主义的社会历史分析——

> 将社会视为人们相互之间的关系的系统,马克思认为首要的是这些关系为了生产和再生产的目的而成为社会不可分割的一部分。这也意味着对这些系统的结构和功能分析,就是在外在环境(人类的以及非人类的)和它们内在的相互关系中维持它们自身的实体。尽管马克思主义决非唯一的关于社会的结构功能理论,但是它确实是第一个结构功能理论,而且它与其他绝大多数的结构功能理论在以下两方面有所不同。首先,它坚持社会现象的分层结构(例如"经济基础"和"上层建筑"的区分);其次它坚持任何社会都存在内部的张力("矛盾"),这和系统试图维持其自身的趋向是互为反作用的。
>
> 马克思主义这些特色的重要性是体现在历史领域,因为正是这些特色使得它(不同于其他的结构功能理论)可以解释社会自身为什么会产生变化和变革、怎样变;换句话说,它可以解释社会的演进的事实。马克思学说的强大力量总是在于他既坚持社会结构的存在又坚持其历史性,换言之,坚持历史变革是由其内在因素推动的。今天,当社会系统的存在虽被总体接受,但却是以非历史(即便不是反历史)的分析为代价的时候,马克思关于历史的必然性这一向度的强调显得比以前任何时候都重要。①

霍布斯鲍姆无疑是当代最杰出的马克思主义史学家之一,之所以长篇引述他的这一论断,是因为它触及了马克思主义史学理论的一些根本点。最核心的是他强调社会是"人类相互之间关系的系统"。马克思历史观中最革命的方面之一是他坚持历史并不是高于或外在于人类的,在

---

① Hobsbawm,"Karl Marx's Contribution to History", pp. 273—274.

评论黑格尔主义者的历史观时他指出:"历史不过是人类为了追求自身的目标而进行的活动。"①按照马克思的说法,黑格尔式对于历史的实体化(hypostatization),清楚地反映了"人存在所以历史存在,历史存在所以真理得以被揭示"的理论假定。② 同样,我们可以补充,马克思主义者将史学从属于意识形态的目标,也使历史实体化了,又一次剥夺了它的生命力。马克思本人并不总是坚持现实的人当是历史研究的主题这一前提,但是他的哲学观要比社会的"自然的历史"这样的简洁表述所要求的多得多。对于一个真正从革命视角来看待历史的人,马克思主义中"融合社会科学和自然科学、人类科学与非人类科学"的实证主义趋向是必须抵制的。③

其次,霍布斯鲍姆强调了马克思主义理论的结构—功能主义的性质——可能是担心导致对马克思主义认同感及革命的力量的消解,这种对马克思主义的阐释过去常常被马克思主义者所忽视。看来这样做是不合理的,因为霍布斯鲍姆已经在马克思主义和社会科学的结构—功能主义理论(它在理论上以及灵感上颇多受益于马克思主义)之间作出了非常有力的区分。④ 虽然在这样的解释中阶级确实失去了其在历史上的中心性(尽管不是首要性),但是这与马克思关于在历史分析中更有效地运用概念的看法并不矛盾。马克思认为,他的历史观就在于:"从生活的朴素的物质生产出发来考察现实的生产过程,并理解与该生产方式相联系的、它所产生的交往形式……从这点出发,阐明各种不同的理论产物和意识形式,如宗教、哲学、伦理等等,并在这个基础上追溯他们产生的

---

① 马克思,《神圣家族》,引自 Bottomore(ed.)(巴特摩尔编), *Karl Marx: Select Writing in sociocogy and sociac philosophy*(《马克思社会学和社会哲学文选》),p. 63。
② 同上书,页 57—58。
③ Hobsbawm,"Karl Marx's Contribution to History"(《马克思的史学贡献》), p. 273。
④ 当然,马克思与现代社会科学的关系具有激烈的争议性。巴特摩尔在其所编的《马克思社会学和社会哲学文选》一书的导言中对马克思对 19、20 世纪社会学的影响作出了令人信服的深入讨论,可以参考。

过程,这样做当然就能够完整地描述全部过程(**因而也就能够描述这个过程的各个不同方面之间的相互作用了**)。"①(按:黑体为德里克所加)

那些认为马克思主义只关注生产方式和阶级,而视社会的其他部分仅仅是一种被动的"上层建筑"、忽视社会发展整体的意义的观点,是对马克思历史观的极大的简化。②如汤普森(E. P. Thompson)所指出:"阶级本身也是一种关系而不只是一个东西。"③当阶级关系参与社会诸多方面的塑造时,这些阶级关系本身也受到它们所存在的社会总体结构的制约。实际上,细读马克思的著作,我们发现,社会的诸多层面(经济、社会、政治—法律、意识形态)之间的区分并不是实存的而只是分析的,因为在实际的历史环境下,每一层面在其构成中都表现出一些其他层面的特征。④所以,将阶级置于社会的总体结构中,并不是要社会科学家倾向于否认其存在或重要性,而是要认识它的复杂性。如果阶级确曾以纯粹的形式存在,那么它要么是抽象的,要么就是在某种理想化的革命条件下,这两者表达的其实是同一个意思。如马克思本人在其史学分析中承认,⑤在历史中不可能找到一个由特定的生产方式所要求的、截然划分为两大阶级阵营的、纯粹的阶级或阶级关系的社会。事实上,在马克思看来,新的生产方式及生产关系是在此前的生产方式和生产关系的"母

---

① 马克思,《德意志意识形态》,引自 Bottomore(ed.)(巴特摩尔编),*Karl Marx: Select Writing in sociocogy and sociac philosophy*(《马克思社会学和社会哲学文选》),p. 54.
② 参见恩格斯致布洛赫的信(1890 年 9 月 21 日),引自 *Marx, Karl and F. Engels Selected Works*, vol. 3(《马克思恩格斯著作选》第三卷)(Moscow: Progress Publishers, 1973), p. 487。
③ E. P. Thompson(汤普森), *The Making of the English Working Class*(《英国工人阶级的形成》)(New York: Rondom House Vintage, 1963), p. 11.
④ 对于这一问题的深入讨论,参见 H. Lefebvre(勒菲弗尔), *The sociology of Marx*(《马克思的社会学》)(New York: Random House Vintage, 1969)第 4 章。相似的看法还可以参考 Althusser and Balibar(阿尔瑟和巴厘巴), *Reading Capital*(《解读资本论》), pp. 99—105 和 Hobsbawm, "Karl Marx's Contribution to History"(《马克思的史学贡献》)。
⑤ 可以参考马克思在 *The 18th. Brumaire of Louis Bonaparte*(《路易·波拿巴的雾月十八日》)(New York: International Publishers, 1967)一书中对于法国阶级关系的复杂性的讨论。

体"(womb)中逐渐孕育而成的,因而任何历史都是复杂的,都是过渡性的。如果有的话,那也只是在政治—法律的层面,从一种占支配地位的社会经济关系到另一种之间的转变中最容易观察得到。

历史唯物主义并不是历史现实的复制而是对其的一种抽象和提炼。所以,它必须像其他任何一种理论一样接受经验调查的"约束",否则,它就很容易沦为一种与历史没有多少关系的玄想的(speculative)抽象观念。一些中国马克思主义者的史学研究就是这样——他们对于中国历史的讨论是极其理论化的,以至于仅需对适当的专有名词做一些改动,就足以使他们的历史分析适用于世界上任何其他社会的历史发展。出于对经验主义(它确实是忽略了可被经验地论述的之外的所有东西,无论这些东西对于历史理解有多重要)的蔑视,许多马克思主义者在其理论分析中倾向于将史实放在次要的地位上来考虑。然而,"历史研究必须是普遍性和特殊性的辩证统一,必须是学者们创造出来排列整理具体事实的思想观念,和一个学者通过浸淫于特殊的历史环境下而获知的细节之间的辩证统一。"① 除非甘冒将理论简化为意识形态,以致对理解历史和社会毫无助益的风险,中国,或是世界上任何地方的马克思主义者,都不能无视历史的证据。

也许有人会提出异议:将马克思主义简化为一种学术理论等于放弃了作为马克思历史唯物主义论述基础的革命目标。然而,正如卢卡奇所指出,将理论作为"一种战争的工具"来使用,显然也剥夺了理论对马克思主义革命目标作出贡献的潜力。当革命成为衡量史学有效性的标准时,历史与革命之间的关系不可避免地沦为一种同义反复——特定的革命目标决定了历史的阐释,而后者又反过来使隐含于这些革命目标之中的革命行动的具体过程合法化。这种同义反复在革命的形势下尚不很明显,因

---

① Levenson, *China: An Interpretive History*(《中国:一个阐释性的历史》)(Berkeley and Los Angeles: University of California Press, 1971), p. 37.

为此时理论的预期与历史的现实几乎同时出现——这种同义反复在预言无产阶级革命即将来临时的马克思身上就不明显。① 但是当革命态势并不存在时,革命与历史之间的辩证关系就很容易沦为一种同义反复。革命的马克思主义者,包括马克思,认为革命实践"既是改变历史的工具又是评价历史的准则"。② 然而,他们通常都忽视了马克思关于历史与革命行动相关性的另一面。用阿维内里(Avineri)的话说:"对于世界的革命化依赖于对它的准确理解,这就是要用毕生的时间来理解《资本论》的原因。"③

1927年,经历了革命的失败的中国马克思主义者转向历史研究,试图以此证明自己的革命出发点是正确的。结果是,史学能够证明所有不同的革命策略的合理性。事后看来,他们显然掉进了自己设置的同义反复的陷阱;结果对于历史研究有害,对于革命事业也鲜有帮助。一套成功的革命策略的设计,需要的是比认可诸如封建主义和资本主义这样的抽象概念(尤其是以马克思主义史学家们简化了的形式)精确得多的对于中国的社会、政治关系的洞察。最终,像毛泽东这样的革命者,坚持不受实体化的(hypostatized)历史模式和观念的影响,证明了自己更能够把握中国社会的错综复杂,并在这种对于中国的深刻理解之上建立了一整套革命策略——它并没有从历史中获益多少,毛泽东却用它走向了胜利。④

马克思主义者可以坚持阶级分析法对于历史研究的唯一有效性,但是代价就是使得马克思主义理论与历史的理解几乎毫不相关,⑤1949年

---

① S. Avineri(阿维内里), *The Social and Political Thought of Karl Marx*(《马克思的社会和政治思想》)(Cambridge: At the Univ. Press, 1971), p. 144.
② 同上书,页138。
③ 同上书,页137。
④ 一些马克思主义者在这一点上走得更远,甚至否认历史与实践的革命分析(他们恰当地认为革命分析应主要致力于当下的革命背景中各方面力量结构的研究)之间的相关性。参见Hirst和Hindess一书的结论部分。
⑤ 有关这一点可以参考我的论文"The Problem of Class Viewpoint versus Historicism in Chinese Historiography"(《中国史学中的"阶级观点—历史主义"问题》), *Modern China*(《现代中国》), 3.3 (October 1977)。

以来中国马克思主义史学的情况就是如此。在过去30年间,中国史学家在30年代史学研究的基础上所增加的有意义的研究寥寥无几,却陷入了历史分期讨论的泥沼。一个可能的原因是构造性模式与反对阶级斗争立场之间的紧密关系,使得它很难在中国人心目中成为一种历史解释的范式。然而,有证据表明,即使是五阶段论的历史观已经作为官方正统论而被采用之后,表面上支持这一模式的中国史学家们并不全对这一模式带给历史解释的制约感到满意。50年代有关中国"资本主义萌芽"的讨论证明了他们仍然在寻找更能说明中国历史复杂性的史学解释。一些史学家甚至表达了对于一种复杂的、多元的历史解释的赞美。①这些趋向在1958年革命又一次被提上中国社会的议事日程之后被打断了。决非偶然的是,早期马克思主义者如陶希圣的观点再次受到猛烈的攻击——这次他大概被视为那些主张中国历史复杂性与特殊性,因此模糊了阶级意识的要求的史学家的代表。② 60年代,"文化大革命"将整个中国社会革命化,主张中国历史复杂性的观点遭到了彻底的抛弃。有趣的是,当70年代中国社会又一次从阶级斗争中摆脱出来的时候,已经有迹象表明60年代的观点将受到摒弃——尽管现在预言它对中国史学的未来意味着什么还为时尚早。③

---

① 如翦伯赞。转引自 Cliff Edmunds(克里夫·埃德蒙),"Politics and Historiography after the Great Leap: The Case of Chien Po-tsan"(《大跃进之后的中国政治和史学:以翦伯赞为例》)(paper prepared for the Mid-Atlantic Region Association for Asian Studies, Fifth Annual Meeting, October 30—31, 1976), p. 8.
② 参见吕振羽《第二次国内革命战争时期马克思主义和伪马克思主义在历史和哲学上的斗争》,载于《中国历史和哲学研究》1卷2期(1967—1968年,冬季),页46—80。亦可参见孙长江等《批判陶希圣"前资本主义社会论"的反动观点》,载于《历史研究》1958年第12期,页63—72。
③ 参见吴江《法家学说的历史研究》,载于《历史研究》1976年第6期,页50—71。

第八章　结论：历史和社会变革

乔治·利茨姆(George Lichtheim)曾这样写道:"历史问题是意识的问题。"①也许应该加上一句：意识的问题是社会存在的问题。20世纪中国人的历史意识在与中国社会的革命化进程的辩证关系中逐步发展。世纪之交，由新的政治需要产生了一种新的对于社会的意识，进而开始了寻求"新史学"的进程。历史唯物主义的采用，标志着中国人在这一进程中踏入了一个全新的阶段。到20世纪20年代中期，社会和社会变革已经逐渐在关于政治变革的思想中占据中心的地位。历史唯物主义，使中国人清楚地表达出了伴随着中国政治思想变革的崭新的历史意识。

这种崭新的历史观的明朗化、具体化，主要归因于20年代日益显著的激进社会变革。但从事后来看，有一点是清楚的——社会作为历史材料的核心重要性的思想，甚至是历史的社会学概念——它们介入中国史学思想的主要原因很难说是马克思主义，其起源应该上溯至19、20世纪之交。勒菲弗尔(H. Lefebvre)曾指出："革命……揭露了社会是一个整

---

① Lichtheim(利茨姆)，*The Concept of Ideology and Other essays*(《"意识形态"之概念和其他论文》)，p. 43.

体。"① 在中国，对于社会的意识的深化根本上是20世纪初开始的革命变革的产物。尽管对于传统儒家史学观的不满的表露，乃是源于儒家思想的内在紧张，在时间上也要早于20世纪；但是直到20世纪，对传统历史观的批评才开始确认社会在历史中的重要作用。②

变革的需要驱使中国知识分子质疑传统政治理论的前提和史学概念，这一点并不让人感到奇怪。从一开始，政治变革的倡导者们就转向史学，视其为合法性的票据交换所（Clearing House）：制度变革的倡导者，新国民性、新民、新文化、新个人以及社会革命的支持者们，都将史学作为证明其变革要求合法性的资源。特别重要的是伴随着新政治思想而出现的国族（nation，又译为"民族国家"——译者注）意识。如列文森雄辩地指出，当国族取代文明进入中国人的自我形象，传统的统治基础动摇，传统的史学观念也随之而动摇。③ 对于国族生存或是富强的考虑导致了以下的结论：对于理想政治而言，统治者的品德并不如组成国族的人民的团结重要；国族的强盛之路是进步而非对于永恒准则的忠诚；历史学对于达到国族富强的目标发挥着至关重要的作用。梁启超是中国第一个呼唤"新史学"的思想家，1902年，他在一篇题为《新史学》的论文中，将以上这些考虑结合在一起，这并非偶然。

梁启超是第一个认识到需要一个新社会作为国族政治（nationalist politics）基础的中国思想家。他也最先明确认识到：新社会的实现需要创造一种新的中国人，一种"新民"。④ 在撰作政治论文《新民说》的同一年，梁启超写了《新史学》。在文中，他谴责中国因国族意识的缺乏而导致的国力疲弱，而国族意识的缺乏又是由传统史学的缺陷而导致的。他

---

① Lefebvre（勒菲弗尔），*Sociology of Marx*（《马克思的社会学》），p. 53.
② 关于梁启超在这些问题上的思想演化，张灏有出色的探讨。参见张灏《梁启超与中国思想的过渡，1890—1907》（堪布里奇：哈佛大学出版社，1971）。
③ 列文森，《儒教中国及其近代命运》，第1卷。
④ 关于这一概念的探讨，参见张灏《梁启超与中国思想的过渡，1890—1907》以及黄宗智，《梁启超和现代中国自由主义》（西雅图：华盛顿大学出版社，1972），页62—67。

认为,中国的史学一直局限于"圣王与英雄"的故事,而将人民排除在外,导致中国人无法发展自己的国族意识。他在文中呼唤一种书写人民历史的"新史学";又提出了一种达尔文主义的历史观,指出缺乏国族意识的国家将最终面临被淘汰的命运。①

在 20 世纪之初的中国,这种忧虑决不仅限于梁启超,其他一些重要的思想家(如章炳麟)也肯定史学对于国族意识的重要性,呼吁重写中国历史。这些呼吁在历史写作中更加重视社会的作用的主张,汇合成了一种对普遍的、整体的历史(通史)的强调。中国思想家们相信,与帝国的王朝历史相比,通史将给中国人提供一种更好的历史感。② 1921 年,梁启超在《中国历史研究法》这篇更为史学化的论文中阐发了这些思想;1927 年,他又在该文的增订本中加入了一份重写中国历史的详尽计划。③

当中国的变革道路获得新的向度,特别是新文化运动之后,对于"新史学"的寻求变得更为复杂。作为新文化运动反传统思潮的一个部分,20 年代早期史学中最显著的趋向是转向考察传统史学观基本假定的有效性。胡适"整理国故"的号召,在"古史辨"派史学家的挑战传统史学的最核心假定的考据研究中,达到了顶峰。胡适认为"整理"的工作既有积极的一面也有消极的一面:一方面,通过对于史料的科学分析挑战传统史学;另一方面,运用科学的方法重写中国历史。最终,"整理"中消极的一面盖过了积极的一面:它能够"抓鬼"和"打鬼",却不足以重写历史。④

然而,与此同时,20 年代初,中国人对于社会学和社会科学的兴趣也在迅速增长——这既与史学有关,也与它们自身有关。自由派思想家,出于社会历史分析的方法论,在这一趋向中扮演着重要的角色。这一时

---

① 梁启超,《新史学》,收入《饮冰室文集》卷四(台北:中华书局,1960),页 1—32。
② 有关中国思想家对于通史的兴趣讨论,参见金毓黻《中国史学史》(1944 年初版,台湾 1968 年重印),页 296—326。
③ 梁启超,《中国历史研究法(增订本)》(台北:中华书局,1968)。
④ Eber, Irene(艾琳・埃伯),"Hu Shih and Chinese History: the Problem of Cheng-li-kuo-ku"(《胡适和中国历史:"整理国故"》),*Monumenta Serica*, 27 (1968), p. 179.

期社会史的首要倡导者是在美国接受教育的历史学家何炳松。他把鲁滨逊的名著《新史学》译为中文,将其时美国学界对社会史的兴趣传送到了中国。他还将法国史学家塞诺波(Seignobos)所著之《应用于社会科学上之历史研究法》改写为《通史新义》,他在这本书的序言中指出:新的通史与传统中国普通历史的不同之处在于它建立在社会学的基础之上。①何炳松的译著,再加上这些年中迅速传播的其他一些史学通论性著作表明,从社会学的观点看待历史的观点日益在 20 年代的中国扎下根来。更为重要的是,像何炳松翻译的这些西方著作,也是当时最流行的西方史学思想的产物,它们受到了马克思的社会经济史观的很大影响。事实上,中国人接触历史唯物主义的思想,并不只有通过马克思主义著作这一条路。

但是,20 年代的这些发展主要是学术的。像顾颉刚这样的史学家坚持将当代社会的问题排除在史学之外。不管怎样,他们的史学观反映了这一时期关于变革的主导思想。新文化运动本质上是非历史的,甚至是反历史的。在新文化运动思想家们对传统的批评中,他们将理性与科学设定为永恒的准则,用以批判他们认为对中国发展迟滞负有历史责任的中国传统文化的价值。他们的目标是创造科学观念驱动下的自由的个体,以彻底变革中国。不过不管怎样,他们的立场还是提高了全社会对于社会变革问题的关注。首先,他们将旧社会的价值与其社会结构联系在一起,这暗示着(他们并没有进一步推下去)要清除这些旧思想就必须变革旧的社会。新文化运动思想家将他们的重点放在教育问题上,视其为变革社会的手段。类似地,他们批评旧的社会阻断了作为现代社会根本要素的社会意识的成长,并从批判像家族这样的旧社会制度对传统势力的支持来思考和寻求个人的解放。事实上,如本书第二章所指出的,在 20 年代早期,马克思主义本身也是借助

---

① 何炳松,《通史新义》(1928),参考序言部分(我在此根据的是 1965 年的台湾版)。

于这些思想开始对中国社会产生作用的。无论如何,比起20世纪最初10年的前辈们,新文化运动的思想家更多地指向社会,视其为中国诸多问题的源头。

20年代的社会动员,使得对旧社会势力的关注转化为中国政治的一个迫切问题。1927年革命运动的失败显示了社会问题的重要性。在1927年,许多中国激进主义者都应该会同意马克思的以下论断:"人们自己创造自己的历史,但是他并不是随心所欲地创造,并不是在他们自己选定的条件下创造,而是在直接碰到的、既定的、从过去承继下来的条件下创造。"①正是认识到这一点,使得中国知识分子转向探索并力图发现这些从过去承继下来的条件。马克思主义在20年代的中国思想界一直占有优势,但是在1927年之前是具有民族主义涵义的、列宁化的马克思主义给中国知识分子留下了最深刻的印象。直到他们在革命运动中遭遇到作为一个整体的社会,他们才充分认识到马克思主义社会学作为一种社会的整体理论的全部意义;他们也随之认识到革命要求对社会结构进行变革。即便早期的中国思想家曾经意识到社会的重要性,但是直到这时中国社会的革命潮流才开始转向作为政治变革与思想变革的最终基础的社会变革。在这种新的观念下,政治成为社会结构的一种延伸,思想成为反映社会利益的意识形态。历史唯物主义受益于这种观念的传播,而它反过来也使这种观念得到了更清晰的表达。

郭湛波在其1935年的著作中认为社会史论战能够促成中国社会和历史问题的阐明。② 甚至非马克思主义和反马克思主义知识分子也被唤起,他们通过挑战马克思主义史学家对于中国历史的解释,而加入了社会史的大讨论。

以社会史讨论作为媒介,马克思主义的历史观在中国知识分子中迅

---

① 马克思,《路易·波拿巴的雾月十八日》,页15。中译本《马克思恩格斯选集》第一卷,页603。
② 郭湛波,《近五十年中国思想史》(香港,1965;初版于1935年),页338。

速传播。冯友兰在其1935年评论现代中国史学的讲演中,根据对中国传统的态度的基本差异,认定有三个前后相继的史学趋向。① 冯对这三种趋向的描述是抽象的,并没有把类型的划分与特定的集团对号入座,但是其间的关系还是十分明显的。第一种趋向,"信古",指的是那些视古代传统为历史真理的人。它代表了传统主义者的典型态度,无论是"古文学派"还是"今文学派",他们都在历史解释中依赖于古代传统的权威。冯友兰认为30年代提倡读经的一些人就是这一遗产的继承者。第二种趋向,"疑古",冯友兰是指那些认为"古书所载,多非可信"的人,这很显然是指那些"后五四"的特别是参与"古史辨"运动的史学家们;其中的代表人物之一钱玄同竟然用"疑古"作为个人的自号。依照黑格尔的历史哲学,冯友兰认为第一种趋向是"正"题,第二种趋向是"反"题,它们的"合"题就是主导30年代史学观的最新趋势——"释古":"'释古'一派,不如'信古'一派之尽信古书,亦非如'疑古'一派之全然推翻古代传说。以为古代传说,虽不可尽信。然吾人颇可因之窥见古代社会一部分之真相。"②

应当对历史进行解释而非简单地相信或不相信,这正是马克思主义史学家历史观的特征。最重要的马克思主义史学家之一陶希圣,清楚地将社会史论战的历史观描述为"解释历史"。③ 李季和梁园东,另外两位著名的马克思主义史学家,批评"古史辨"派无法超越史料而触及产生这些史料的社会历史背景。④ 当然,在他们自己的工作中,马克思主义史学家们努力从社会经济基础的角度解释历史上的所有现象。

"解释历史"这一称呼含蓄地意味着从社会结构对历史进行解释,因而,"历史的社会解释"传达了新史学观的基本要旨。在30年代,这一观

---

① 冯友兰,《中国近年研究史学之新趋势》,演讲的初稿见郭湛波《近五十年中国思想史》,页221—224。
② 冯友兰,《中国近年研究史学之新趋势》,页222。
③ 陶希圣,《疑古与释古》,载于《食货》半月刊3卷1期(1935年12月1日),页1。
④ 李季,《对于中国社会史论战的贡献与批评》,载于《读书杂志》2卷2—3期(1932年3月)以及梁园东,《"古史辨"的史学方法商榷》,载于《东方杂志》27卷22、24期(1930年11、12月)。

念超出了马克思主义史学家的圈子,而直指中国史学思想的重新定位。这一趋向在顾颉刚身上再明显不过了。顾是"古史辩"派的精神领袖,其史学著作延及1919年之后的20年间。劳伦斯·施奈德(Laurence Schneider)在其所著的颇富洞察力的顾颉刚思想传记中指出:这一时期顾颉刚的研究重心"从文献批评转向了社会批评",说得更精确些,从对史料真实性的关注转向了研究导致那些对于史料的歪曲的决定性的社会动因。① 尽管没有直接的证据表明顾颉刚的这一转变是否是由马克思主义史学家的示范而引起的,但是在30年代他的史学方法与当时流行的史学方法是一致的,这至少表明,顾颉刚是在往马克思主义者建议的方向转变。

要充分地认识历史唯物主义的意义,就必须跳出马克思主义史学之外来考察塑造它的观念。在社会背景下的整体历史观不仅从根本上背离了传统的史学观,而且也背离了为马克思主义的接受准备了基础的现代中国思想中的社会学潮流。30年代以后,在总体的解释的创造性与意义上,马克思主义史学家们较其前辈没有多少增益。而在另一方面,马克思主义史学观的影响力超出了知识分子阶层,而延及中国的普罗大众。至六七十年代,中国的领导人已经可以为这样的画面而骄傲不已了——中国农民们就在他们赖以为生的土地上,讨论马克思主义对于中国历史的解释。

这并不是说唯物主义观念与中国人历史观的结合,已经使得中国人的历史意识发生了全盘的转变。如列文森所指出的,马克思主义对于过去的历史化并没有导致一种对于过去的心安理得的抛弃,事实甚至证明了,中国的马克思主义史学家对于以下的想法并不自在——由于传统社会的特定价值与特定的社会结构相符合,它们就该被认为是与现实毫不相干。②

---

① L. Schneider(施奈德), *Ku Chieh-kang and China's new history: nationalism and the quest for alternative traditions*. (《顾颉刚和中国新史学》) (Berkeley: University of California Press, 1971), chap. 6.
② M. Goodman(梅里·戈德曼), "The Role of History in Party Struggle, 1962—1964"(《史学在中共党内斗争中之角色,1962—1964》), *China Quarterly*(《中国季刊》), 51 (July-Sept. 1972): 500—519.

对于历史唯物主义提供的这类解释的偏向,涉及的不仅仅是中西方碰撞所产生的思想和价值问题。历史唯物主义对于中国历史意识的贡献是使中国人意识到:思想与价值不是超历史的永恒存在,而是特定的社会经济存在的产物。这的确是历史主义观念的一个基本特征;但是这并不必然要否认思想与价值在特定社会条件之外的有效性——即使马克思主义,包括当代中国的官方马克思主义,鼓励将思想和价值为阶级利益的简单延伸。然而,对于思想和价值历史性的意识,通过使个人被迫接受社会、政治对于思想选择的意义,确实使存在问题复杂化了。在中国,正是激进的社会变革带给了知识分子这一种意识,特别是在社会冲突迫使他们在意识形态领域里表露对社会的忠诚之时。对这一问题的痛苦的意识,中国人提供了充分的例证:马克思主义使这一意识清楚地表达了出来;而中国马克思主义的内在矛盾与冲突,也为由革命巨变与马克思主义社会理论的相互作用而产生的张力提供了例证。

20世纪中国史学的历程在其他经历了革命巨变的社会中也可以找到相似之处,包括西方自启蒙运动以来的经历(特别是19世纪早期社会变革和社会动员将一种对于社会和历史的新的意识加诸西方知识分子以来的经历)。① 马克思主义是对19世纪欧洲问题的最有意义的解释之一,而且是其中最明确地将社会的所有问题根植于社会的经济基础的学说。当中国社会根本性的大变革使中国知识分子直面这些相似的问题时,他们转向历史唯物主义并不让人奇怪。60年代中国的情况,非常清楚地证明了马克思主义对于中国传统的历史化并没有使历史解释的问题在中国沉寂下来——当中国社会的革命化进程面临曲折和迂回时,历史问题也一次又一次地死灰复燃。我们可以相当肯定地预言,只要革命的问题继续,历史的问题也仍将继续下去。

---

① Karl J. Weintraub(卡尔·温特劳布),"Toward the History of the Common Man"(《走向平民的历史》),in R. Herr and H. Parker(赫尔和帕克),*Ideas in History*(《历史上的思想》)(Durham: Duke Univ. Press, 1965), pp. 39—64.

参考书目

(本书目仅包括那些在本研究中被广泛引用的论著)

译者说明:原书"参考书目"未将中外文文献分列,一律依拉丁字母顺序排列。现为中文读者查索方便考虑,将中外文文献分列,中文部分按首字汉语拼音顺序排列,外文部分仍按拉丁字母顺序排列。

一、中文期刊

《布尔什维克》
《大中》
《当代之声》
《东方杂志》
《动力》
《读书评论》
《读书杂志》
《读者》
《光明之路》
《建设》
《历史科学》
《历史研究》
《前锋》

《前进》
《社会科学》
《社会学刊》
《食货》
《双十月刊》
《文化批判》
《文史》
《文学年报》
《新潮》
《新青年》
《新青年》
《新生命》
《学艺》
《燕京社会科学》
《中国农民》
《中国文化教育馆季刊》
《中山文化教育馆季刊》

二、中文著作与论文

白英,《中国经济问题之商榷》,载于《读书杂志》2卷7—8期(1932年8月),页1—29。

蔡毓璁,《中国社会学发展史上的四个时期》,载于《社会学刊》2卷3期(1931年4月),页1—33。

陈邦国,《"关于社会发展分期"并评李季》,载于《读书杂志》2卷7—8期(1932年8月),页1—30。

陈邦国,《中国历史发展的道路》,载于《读书杂志》1卷4—5期(1931年8月),页1—20。

陈伯达,《研究中国社会方法论的几个先决问题》,载于《文史》1卷3期(1934年8月),页13—29。

陈伯达,《中国社会停滞状态的基础》,载于《文史》1卷4期(1934年12月),页1—21。

陈独秀,《中国国民革命与社会各阶级》,载于《前锋》1卷2期(1923年12月),页1—9。

陈公博,《农民运动在国民革命中之地位》,载于《中国农民》6—7期(1926年7月)。

程憬,《郭沫若的中国古代社会研究》,载于《图书评论》1卷2期(1932年10月)。
戴季陶,《从经济上观察中国底乱源》,载于《建设》1卷2期(1919年9月1日),页1—19。
戴行铞,《中国官僚政治之没落》,载于《读书杂志》1卷4—5期(1931年8月),页1—39。
戴行铞,《中国商业的发展》,载于《新生命》月刊3卷12期(1930年12月),页1—19。
戴行铞,《中国政治的进化》,载于《新生命》月刊3卷9期(1930年9月),页1—13。
丁道谦,《商业资本主义与专制主义的透析》,载于《食货》半月刊3卷11期(1936年5月1日),页10—15。
丁道谦,《再论商业资本主义及其他》,载于《食货》半月刊4卷10期(1936年10月16日),页1—4。
丁道谦,《中国果真没有存在过奴隶社会吗?》,载于《食货》半月刊5卷7期(1937年4月1日),页1—9。
丁迪豪,《中国奴隶社会的批判》,载于《历史科学》1卷5期(1933年9月)。
杜畏之,《古代中国研究批判引论》,载于《读书杂志》2卷2—3期(1932年3月),页1—35。
范文澜,《中国通史简编》,上海,1947。
范振兴,《商业资本主义社会质疑》,载于《食货》半月刊5卷9期(1937年5月1日),页1—9和5卷10期(1937年5月16日),页1—7。
方峻峰(陶希圣的匿名),《托洛茨基派之中国社会论》,载于《新生命》月刊3卷5期(1930年5月)。
方岳(陶希圣的匿名),《封建制度之消灭》,载于《新生命》月刊2卷3—5期(1929年3—5月)。
非顿(音),《中国国民革命的立场与之必然的出路》,载于《双十》半月刊1卷1期,1928年6月3日。
非斯,《中国社会史之分析之商榷》,载于《食货》半月刊2卷11期(1935年11月1日),页1—13。
傅安华,《关于奴隶社会理论的几个问题》,载于《食货》半月刊5卷6期(1937年3月16日),页11—27。
傅安华,《商业资本主义社会商榷》,载于《食货》半月刊3卷11期(1936年5月1日),页1—9。
高一涵,《唯物史观底解释》,载于《社会科学》季刊2卷4期(1924年7—9月),页473—487。
顾颉刚,《当代中国史学》,香港,1964(初版,1947)。

郭沫若，《答马伯乐》，载于《文学年报》2 期(1936 年 4 月 25 日)。

郭沫若，《革命春秋》，上海，1951。

郭沫若，《古代研究的自我批判》，收入《十批判书》，《沫若文集》卷 15，北京，1961。

郭沫若，《论古代社会》，收入《沫若文集》卷 12，北京，1959。

郭沫若，《奴隶制时代》，北京，1972。

郭沫若，《屈原时代》，收入《沫若文集》卷 11，北京，1959。

郭沫若，《社会发展阶段之再认识》，收入《沫若文集》卷 11，北京，1959(初版，1936)。

郭沫若，《中国古代社会研究》，上海，1930。

郭沫若，《中国古代史的分期问题》，载于《红旗》，1972 年 7 月 1 日。

郭湛波，《近五十年中国思想史》，香港，1965(初版，1935)。

何干之，《中国社会史问题论战》，上海，1937。

何干之，《中国社会性质问题论战》，上海，1937。

何思源，《中国在世界经济的地位和中国的危机》，载于《新生命》月刊 2 卷 5 期(1929 年 5 月)，页 1—4。

河上肇，《见于资本论的唯物史观》，载于《建设》2 卷 6 期(1920 年 8 月 1 日)，页 1151—1171。

河上肇，《经济学批评序中之唯物史观》，载于《学艺》4 卷 1 期(1922 年 7 月)。

河上肇，《唯物史观中所谓"生产"、"生产力"、"生产关系"的问题》，载于《学艺》4 卷 3 期(1922 年 9 月 1 日)，页 1—18。

胡汉民，《从经济的基础观察家族制度》，载于《建设》2 卷 4 期(1920 年 5 月 1 日)，页 731—777。

胡汉民，《唯物史观与伦理的研究》，上海，1925。

胡汉民，《中国哲学之唯物的研究》，载于《建设》1 卷 3 期(1919 年 10 月 1 日)，页 513—543 和 1 卷 4 期(1919 年 11 月 1 日)，页 655—691。

胡且(音)，《中国社会之历史的发展阶段》，载于《光明之路》1 卷 7 期(1931 年)。

胡秋原，《亚细亚生产方式与专制主义》，载于《读书杂志》2 卷 7—8 期(1932 年 8 月)，页 1—23。

胡秋原，《胡秋原自记》，载于《读书杂志》3 卷 1 期(1933 年 1 月)。

胡秋原，《略覆孙倬章君并略论中国社会之性质》，载于《读书杂志》2 卷 2—3 期(1932 年 3 月)，页 1—47。

胡秋原，《我对于文艺理论研究的一片段》，载于《读书杂志》3 卷 1 期(1933 年 1 月)，页 1—38。

胡秋原，《亚细亚生产方式与专制主义》，载于《读书杂志》2 卷 7—8 期，页 1—7。

胡秋原，《中国社会——文化发展草书》，载于《读书杂志》3 卷 3—4 期(1933 年 4

月),页1—96。

胡秋原,《专制主义——专制主义论与中国专制主义之事实》,载于《读书杂志》2卷11—12期(1932年12月)。

胡适等,《井田制度有无之研究》,载于《建设》2卷1期(1920年2月1日),页149—176;2卷2期(1920年3月1日),页241—250;2卷5期(1920年6月1日),页877—914。

季雷,《马克思的社会形式论》,载于《读书杂志》3卷3—4期(1933年4月),页1—71。

季子(李季的化名),《中国古代社会史的研究》,载于《中山文化教育馆季刊》1卷1期(1934年8月)。

翦伯赞,《关于"封建主义破灭论"之批判》,载于《中山文化教育馆季刊》4卷1期(1937年春)。

翦伯赞,《历史哲学教程》,上海,1947,第三版。

蒋光赤,《经济形式与社会关系的变迁》,载于《新青年》季刊第2期(1923年12月20日),页。

蒋侠僧,《唯物史观对于人类社会历史发展的解释》,载于《新青年》季刊第3期(1924年8月1日),页356—372。

金毓黻,《中国史学史》,1944年初版,台北,1968年重印。

镜园(刘镜园的化名),《评两本论中国社会史的著作》,载于《读书杂志》1卷4—5期(1931年8月)。

康生,《国民革命的对象及其主力军的检讨》,载于《新生命》月刊1卷8期(1928年8月)。

康生,《中国社会的蠡测》,载于《新生命》月刊1卷12期(1928年12月)。

拉德克著,克仁译,《中国历史之理论的分析》,上海,1933。

李大钊,《唯物史观在现代史学上的价值》,载于《新青年》8卷4期,页515—520。

李大钊,《由经济上解释中国近代思想变动之原因》,载于《新青年》7卷2期(1920年1月1日)。

李季,《对于中国社会史论战的贡献与批评》,载于《读书杂志》2卷2—3期(1932年3月),页1—150;2卷7—8期(1932年8月),页1—62;3卷3—4期(1933年4月),页1—86。

李季,《胡适中国哲学史大纲批判》,上海,1931。

李季,《中国社会史论战批判》,上海,1936(初版,1933)。

李立三,《中国革命之根本问题》,载于《布尔什维克》3卷2—3期(1930年3月15日)。

李立中,《关于商业资本主义问题》,载于《食货》半月刊4卷4期(1936年7月16日),页3—10。

李立中,《商业资本主义社会》,载于《食货》半月刊3卷5期(1936年2月1日),页3—21。

李立中,《商业资本主义社会的生产形态》,载于《食货》半月刊5卷2期(1937年1月16日),页1—11。

李立中,《试谈谈中国社会史上的一个"谜"》,载于《食货》2卷11期(1935年11月1日),页14—16。

李麦麦,《评郭沫若的"中国古代社会研究"》,载于《读书杂志》2卷6期(1932年6月),页1—30。

李麦麦,《中国封建制度之崩溃与专制主义之成熟》,载于《读书杂志》2卷11—12期(1932年12月)。

李平范(音),《土地问题研究》,载于《双十月刊》1卷3期(1928年8月10日),页41—60。

梁启超,《新史学》,收入《饮冰室文集》卷四(台北:中华书局,1960),页1—31。此文初版于1902年。

梁启超,《中国历史研究法》,台北,中华书局编,1968。

梁任公(启超),《社会学在中国方面的几个重要问题研究举例》,《社会学界》第1期(1927年6月),页1—20。

梁园东,《"古史辩"的史学方法商榷》,载于《东方杂志》27卷22期(1930年11月),页65—73;24期(1930年12月),页77—90。

梁园东,《中国经济史研究方法之诸问题》,载于《食货》半月刊2卷2期(1935年7月16日),页1—2。

梁园东,《中国社会的基础》,载于《新生命》月刊2卷6期(1929年6月),页1—20;8期(1929年8月),页1—9;9期(1929年9月),页1—14。

梁园东,《中国社会各阶段的讨论》,载于《读书杂志》2卷7—8期,页1—24。

林民,《资本主义社会之研究》,载于《新生命》3卷12期(1930年12月),页1—11。

刘光宇,《评陶希圣所谓"流寇之发展及其前途"》,载于《动力》1卷2期(1930年9月30日),页1—20。

刘镜园,《中国经济的分析及其前途之预测》,载于《读书杂志》2卷2—3期(1932年3月),页1—47。

刘梦云,《中国经济之性质问题研究》,载于《读书杂志》1卷4—5期(1931年8月),页1—81。

刘宁,《一个工人的公状》,收入《一个工人的公状及其他》,1938。

刘苏华,《唯物辩证法与严灵峰》,载于《读书杂志》3卷3—4期(1933年4月),页1—15。

刘兴唐,《奴隶社会的症结》,载于《食货》半月刊5卷11期(1937年6月1日),

页6—9。

刘兴唐,《疑古与释古的申说》,载于《食货》半月刊3卷5期(1936年2月1日),页1—2。

刘兴唐,《中国社会发展形势之探险》,载于《食货》2卷9期(1935年10月1日),页7—27。

刘兴唐,《中国社会史上诸问题之清算》,载于《文化批判》1卷2期(1934年6月),页1—40。

吕振羽,《第二次国内革命战争时期历史哲学战线上的马克思主义和伪马克思主义的斗争》,载于《哲学研究》第5期,(1959)。

吕振羽,《史前期中国社会研究》,北京,1934。

吕振羽,《中国经济史实的发展阶段》,载于《文史》1卷1期(1934年5月),1—24。

马伯乐(H. Maspero),《评郭沫若近著两种》,载于《文学年报》,1936年4月,页61—71。

马迪亚(L. Madgyar),《中国的农业经济》,载于《新生命》月刊2卷8期(1929年8月),页1—17。

马扎尔(L. Madgyar),《中国农村经济之特性》,颂华译,上海,1930。

梅思平,《中国社会变迁之概略》,载于《新生命》1卷11期(1928年11月),页1—12。

梅亚(音),《封建势力与中国》,载于《双十月刊》1卷3期(1928年8月10日),页91—108。

潘东周,《中国国民经济的改造问题》,载于《社会科学讲座》第1卷(上海,1930),页246—251。

齐陈(音),《中国社会史研究方法的商榷》,载于《文史》1卷2期(1934年4月),页1—20。

齐思和,《近百年来中国史学的发展》,载于《燕京社会科学》2期(1949年10月)。

齐思和,《现代中国史学评论》,载于《大众》1卷1期(1946年1月),页33—38。

瞿秋白,《社会科学概论》,上海,1949(初版,1924)。

任曙,《论中国政治经济问题中的毒素》,载于《读书杂志》3卷2期(1933年2月),页1—27。

任曙,《怎样切实开始研究中国经济问题的商榷》,载于《读书杂志》2卷7—8期(1932年8月),页1—64。

任曙,《中国经济研究绪论》,上海,1932。

桑木严翼(Kushido Tamizo),《唯物史观在马克思学上底地位》,施存统译,载于《东方杂志》19卷11期(1922年6月10日),页33—46。

山川均,《从科学的社会主义到行动的社会主义》,载于《新青年》9卷1期(1921

年5月1日),页7—10。

师哲(音),《奴隶贸易史的研究》,载于《历史科学》1卷5期(1933年9月),页1—26。

实君,《中国农民问题及其对策》,载于《新生命月刊》2卷7期(1929年7月),页1—10。

思云,《中国经济的性质是什么》,载于《读者》1卷1期(1931年7月15日),页29—50。

孙家翔等,《批判陶希圣"前资本主义社会论"的反动观点》,载于《历史研究》(1958年12月),页86—72。

孙愈(顾孟余的化名),《中国经济之路》,收于陶希圣编,《中国问题之回顾与展望》,上海,1930。

孙倬章,《秋原君也懂马克思主义吗?》,载于《读书杂志》2卷2—3期(1932年3月),页1—8。

孙倬章,《中国经济的分析》,载于《读书杂志》1卷4—5期(1931年8月),页1—87。

孙倬章,《中国土地问题》,载于《读书杂志》2卷1期(1932年1月),页1—87。

陶希圣,《辩士与游侠》,上海,1931。

陶希圣,《潮流与点滴》,台北,1964。

陶希圣,《革命论之基础知识》,上海,1930。

陶希圣,《民族问题与民族主义》,载于《新生命》2卷7期(1929年7月)。

陶希圣,《疑古与释古》,载于《食货》半月刊3卷1期(1935年12月1日)。

陶希圣,《战国至清代社会史略论》,载于《食货》2卷11期(1935年11月1日),页17—19。

陶希圣,《中国封建社会史》,上海,1929。

陶希圣,《中国社会史》,重庆,1944。

陶希圣,《中国社会形式发达过程的新估定》,载于《读书杂志》2卷7—8期(1932年8月),页1—9。

陶希圣,《中国社会与中国革命》,上海,1931。

陶希圣,《中国社会之史的分析》,上海,1929。

陶希圣,《中国政治思想史》第4卷,台北,1964(初版,1937)。

陶希圣,《中国之商人资本及地土与农民》,载于《新生命》3卷2期(1930年2月)。

陶希圣编,《中国问题之回顾与展望》,上海,1930。

田中忠夫,《中国社会史研究上之若干理论问题》,载于《读书杂志》2卷2—3期(1932年3月),页1—29。

瓦尔加(Varga Eugene),《中国革命之诸根本问题》,收于樊仲云编,《东西学者之中国革命论》(上海,1929),页1—48。

王伯平,《易经时代中国社会的结构》,载于《读书杂志》3卷3—4期(1933年4月),页1—26。

王伯平,《中国古代社会研究之发轫》,载于《读书杂志》2卷7—8期(1932年8月),页1—28。

王礼锡,《古代的中国社会》,载于《读书杂志》3卷3—4期(1933年4月),页1—30。

王礼锡,《王礼锡小传》,载于《读书杂志》3卷1期(1933年1月)。

王礼锡,《中国社会史论战序幕》,载于《读书杂志》第1卷4—5期(1931年8月)。

王礼锡,《中国社会形态发展史中之谜的时代》,载于《读书杂志》2卷7—8期(1932年8月),页1—39。

王荀(音),《关于中国古代史研究》,载于《读者》1卷1期(1931年7月15日),页55—66。

王亚南,《封建制度论》,载于《读书杂志》1卷4—5期(1931年8月),页1—47。

王宜昌,《封建论》,载于《文化批判》2卷2—3期(1933年1月10日)。

王宜昌,《为奴隶社会辩护》,《世界日报》每周社会科学副刊(1934年2月21日)。

王宜昌,《再为奴隶社会辩护》,载于《文化批判》1卷4—5期(1934年9月15日)。

王宜昌,《中国封建社会史》,载于《读书杂志》3卷3—4期(1933年4月)。

王宜昌,《中国奴隶社会和封建社会之比较研究》,载于《文化批判》1卷6期(1934年10月15日)。

王宜昌,《中国奴隶社会史——附论》,载于《读书杂志》2卷7—8期,页1—78。

王宜昌,《中国社会史短论》,载于《读书杂志》1卷4—5期(1931年8月)。

王宜昌,《中国社会史论史》,载于《读书杂志》2卷2—3期(1932年3月)。

王英,《研究中国经济史的大纲与方法》,载于《食货》半月刊2卷4期(1935年7月16日),页1—14;5期(1935年8月1日),页12—31。

王志澄,《中国革命与农业问题》,载于《新生命》月刊2卷10期(1929年10月)。

维特福格尔,《中国阶级之史的考察》,载于《新生命》2卷8期(1929年8月)。

吴明,《中国社会史论战之检讨》,载于《中山文化教育馆季刊》2卷1期(1935年1月),页169—190。

新青年社编,《社会主义讨论集》,1922。

熊得山,《中国农民问题之史的叙述》,载于《读书杂志》1卷4—5期(1931年8月),页1—27和3卷3—4期(1933年4月),页1—44。

徐文珊,《中国史学概论》,台北,1967。

学稼(郑学稼的化名),《资本主义发展之中国农村》,载于《读书杂志》2卷7—8

期(1932年8月),页1—52。

严灵峰,《关于任曙、朱新繁及其他》,载于《读书杂志》2卷7—8期(1932年8月),页1—19。

严灵峰,《我与社会科学》,载于《读书杂志》3卷1期(1933年1月),页1—44。

严灵峰,《在"战场"上所发见的"行尸走肉"》,载于《读书杂志》1卷4—5期(1931年8月),页1—5。

严灵峰,《中国经济问题研究》,上海,1931。

叶非英,《中国的封建势力》,载于《新生命》月刊2卷7期(1929年7月),页1—9。

一艾(音),《官僚与革命的建设》,载于《前进》1卷4期(1928年7月),页1—4。

余沈,《经验主义的,观念主义的和马克思主义的中国经济论》,载于《读书杂志》3卷3—4期(1933年4月),页1—50。

愈之(顾孟余的化名),《农民与土地问题》,收入陶希圣编,《中国问题之回顾与展望》,上海,1930。

张横,《评陶希圣的历史方法论》,载于《读书杂志》2卷2—3期(1932年3月),页1—21。

张静庐,《中国出版史料(补编)》,北京,1957。

郑学稼,《社会史论战的起因和内容》,台北,1965。

钟恭,《刘镜园的中国经济新论》,载于《读书杂志》2卷7—8期(1932年8月),页1—11。

周佛海,《生产发展的历史观察》,载于《新青年》季刊第3期(1924年8月1日)。

周谷城,《现代中国经济变迁概论》,载于《读书杂志》2卷7—8期(1932年8月),页1—69。

周谷城,《中国社会的结构》,上海,1930。

周谷城,《中国通史》,上海,1939。

周绍臻,《对于"诗书时代的社会变革及其思想的反映"的质疑》,载于《读书杂志》1卷4—5期(1931年8月),页1—31。

朱伯康,《现代中国经济的剖析》,载于《读书杂志》1卷4—5期(1931年8月),页1—26。

朱伯康,《中国社会之分析》,载于《读书杂志》1卷2期(1931年6月),页1—30。

朱伯康,《中国社会之封建的考察》,载于《新生命》月刊3卷10、11、12期(1930年10—12月)。

朱佩我,《中国农村经济现状的分析》,载于《新生命》月刊2卷11期(1929年11月),页1—10。

朱其华(朱佩我的化名),《中国社会的经济结构》,上海,1932(初版,1931),页277。

朱其华,《动力派的中国社会观批判》,载于《读书杂志》2卷2—3期(1932年3月),页1—55。

朱其华,《关于中国的封建制度》,载于《读书杂志》1卷1期(1931年2月),页1—4。

朱新繁(朱佩我的化名),《中国资本主义发展的前途》,载于《新生命》月刊2卷10期(1929年10月),页1—15。

朱新繁,《关于中国社会之封建性的讨论》,载于《读书杂志》1卷4—5期(1931年8月),页1—54。

朱一新,《帝国主义与中国农村经济》,载于《新生命》月刊3卷9期(1930年9月),页1—14。

朱一新,《关于中国社会之封建性的讨论》,载于《新生命》月刊2卷10期(1929年10月),页1—10。

佐久达雄,《亚细亚生产方法论》,刘刚译,载于《文化批判》1卷4—5期(1934年9月15日)。

三、外文著作与论文

L. Althusser and E. Balibar(阿尔瑟和巴厘巴). *Reading Capital*(《资本论解读》),London：NLB,1979。

Aron, Raymond(雷蒙·阿隆). *Main Currents in Sociological Thought*(《社会学主要思潮》),vol. 1. New York：Anchor Books,1968.

Avineri, Shlomo（阿维内里）, ed. *Karl Marx on Colonialism and Modernization*(《马克思论殖民主义和现代化》),New York：Anchor Books,1969.

Avineri, Shlomo(阿维内里). *The Social and Political Thought of Karl Marx*(《马克思的社会和政治思想》),Cambridge：At the Univ. Press,1971.

Baron, Samuel H(塞谬尔·巴伦). "Marx's *Crundrisse* and the Asiatic Mode of Production"(《马克思的亚细亚生产方式》),*Survey*(《观察》),1-2（winter-spring 1975）.

Baron, Samuel H(塞谬尔·巴伦). "Plekhanov, Trostsky, and Development of Soviet Historiography"(《普列汉诺夫、托洛茨基和苏联历史编撰学的发展》),*Soviet Studies*(《苏联研究》),24.3（July 1974）.

W. G. Beasley and E. G. Pulleyback(比斯利和普利布兰克). *Historian of China and Japan*(《中国和日本的历史学家》),London：Oxford Univ. Press,1971.

Black Cyril E(西里尔·布莱克). *Rewriting Russian History*(《重写俄国史》),New York：Vintage Books,1973.

Blackburn Robin(布莱克本), ed. *Ideology in Social Science*(《意识形态和社会

科学》),New York: Norton,1965.

Bober, Martin(马丁·鲍伯). *Karl Marx's interpretation of History*(《马克思对于历史的阐释》),New York: Norton,1965.

Bottomore, Tom B(汤姆·巴特摩尔). *Karl Marx: Select Writing in Sociology and Social Philosophy*(《马克思社会学和社会哲学文选》),New York: Mcgraw-Hill,1964.

Bramson, Leon(利昂·布拉姆森). *The Political Context of Sociology*(《社会学的政治背景》),Princeton, N. J.: Princeton University Press,1961.

C. Brandt,B. Schwartz and J. K. Fairbank, eds(布兰特、史华慈和费正清编). *A Documentary History of Chinese Communism*(《中国共产主义历史文献》),New York: Atheneum,1967.

Briere, O.(布里埃). *Fifty Years of Chinese Philosophy*,1898—1948(《五十年来的中国哲学,1898—1948》),Tr. by L. G. Thompson(汤普森译), ed. by D. J. Doolin(杜林编),New York: Frederick A. Praeger,1965.

Bukharin, Nikolai(布哈林). *Historical Materialism*(《历史唯物主义》),Translation from the third edition. New York: Russell and Russell,1965.

Carr(卡尔). *What is History*(《历史是什么》)? New York: Alfred A. Knopf,1964.

Chang, Hao(张灏). *Liang Ch'i-ch'ao and intellectual transition in China, 1890-1907*(《梁启超和中国思想的过渡,1890—1907》). Cambridge, Mass.: Harvard University Press,1971.

Cheng Hsueh-chia(郑学稼). "A Brief Account of the Introduction of Karl Marx's Works in to China"(《马克思著作在中国传介之简况》), *Issues and Studies*(《问题和研究》),4.2 (November 1967):6—16.

Chow Tse-tsung(周策纵). *The May fourth movement: intellectual revolution in modern China*(《五四运动:现代中国的思想革命》),Cambridge, Mass.: Harvard University Press,1960.

Dirlik, Arif(阿里夫·德里克). "National Development and Social Revolution in Early Chinese Marxist Thought"(《中国早期马克思主义思想中之国家发展和社会革命论》),*China Quarterly*(《中国季刊》),58 (April—June 1974):286—309.

Dirlik, Arif(阿里夫·德里克). "T'ao Hsi-sheng:The Social Limits of Change"(《陶希圣:变革的社会限制》),in *The Limits of Change*(《变革的限制》), ed. Charlotte Furth(费侠莉编),Cambridge, Mass.: Harvard University Press,1976.

Dirlik, Arif(阿里夫·德里克). "Mass Movement and Left Kuomindang"(国民党左派和群众运动),*Modern China*(《现代中国》),1.1 (Jan. 1975).

Dirlik, Arif(阿里夫·德里克). "Mirror to Revolution: Early Marxist Images of

Chinese History"(革命之镜:中国早期马克思主义者之中国历史观),*Journal of Asian Studies*(《亚洲研究》),33.2(Feb. 1974):193—223.

Dobb, Maurice(莫里斯·多布). *Studies in the Development of Capitalism*(《资本主义发展研究》),New York:International Publishers,1963.

Eastman, Lloyd(易劳逸). *The Abortive Revolution*(《流产的革命》),Cambridge:Harvard Univ. Press,1974.

Eber, Irene(艾琳·埃伯). "Hu Shih and Chinese History: the Problem of Cheng-li-kuo-ku"(《胡适和中国历史:"整理国故"》),*Monumenta Serica*,27(1968).

Eberhard, Wolfram(沃尔弗来姆·埃伯哈德). *Conquerors and Rulers*(《征服者和统治者》),Leiden:E. J. Brill,1952.

Engels, Friedrich(恩格斯). *Socialism: Utopian and Scientific*(《社会主义从空想到科学的发展》),Tr. by E. Aveling(埃夫林译),New York:International Publishers,1935.

Engels, Friedrich(恩格斯). *The Origins of the Family, Private Property and the State*(《家庭、私有制和国家的起源》),Moscow:Progress Publishers,1960.

Feuerwerker, Albert and Cheng S.[费维恺和程(音)],*Chinese Communist Studies of Modern Chinese History*(《中国共产主义者对现代中国史之研究》),Cambridge:Harvard University Press,1963.

Feuerwerker, Albert(费维恺). *History in Communist China*(《共产主义中国的历史学》),Cambridge:M. I. T. Press,1969.

Gardner, Charles S(查尔斯·加德纳). *Chinese Traditional Historiography*(《中国传统编史学》),Cambridge:Harvard University Press,1961.

Goodman, M(梅里·戈德曼). "The Role of History in Party Struggle,1962—1964"(《史学在中共党内斗争中之角色,1962—1964》),*China Quarterly*(《中国季刊》),51(July-Sept. 1972):500—519.

Greel, Herlee G(顾立雅). *The Origins of Statecraft in China*,vol. 1(《中国治术的起源》第1卷),Chicago:Univ. of Chicago Press,1970.

Greel, Herlee G(顾立雅). *The Birth of China*(《中国的诞生》),New York:Reynal and Hitchcock,1937.

Grieder Jerome B(格里德). *Hu Shih and the Chinese Renaissance*(《胡适与中国的文艺复兴》),Cambridge:Harvard University Press,1970.

Harrison, James P(詹姆士·哈里森). *The Communists and Chinese Peasant Rebellions*(《中国共产主义和农民叛乱》),New York:Atheneum,1969.

Harrison, James P(詹姆士·哈里森). *The Long March to Power*(《通向权力之长征》),New York:Praeger,1971.

Hindess,Barry and P. Q. Hirst(巴里·欣德斯和保罗·赫斯特). *Pre-*

Capitalist Mode of Production(《前资本主义生产方式》), Boston: Routledge and Kegain Paul, 1975.

Hsu Cho-yun(许倬云). Ancient China in Transition(《变动中的古代中国》), Standford: Standford Univ. Press, 1965.

Kiang Wen-han(江文涵[音]). The Chinese Student Movement(《中国学生运动》), New York: King's Crown Press, 1948.

Krader, S(克拉德). The Ethnological Notebooks of Karl Marx(《马克思民族学笔记》), Assen Nertherlands: Van Gorcum, 1972.

Kuhn, Thomas(托马斯·库恩). The Structure of Scientific Revolutions 2nded(《科学革命的结构(第2版)》), Chicago: University of Chicago Press, 1970.

Kwok, D. W. Y(郭颖颐). Scientism in Chinese thought, 1900-1950(《中国现代思想中的唯科学主义,1900—1950》), New York: Biblo and Tannen, 1971.

Lee, Leo Ou-fan(李欧梵). The romantic generation of modern Chinese writers(《现代中国作家中浪漫的一代》), Cambridge, Mass.: Harvard University Press,1973.

Lefebvre, Henri(亨利·勒菲弗尔). The Sociology of Marx(《马克思的社会学》), New York: Doubleday, Anchor, 1971.

Leff, Gordon(戈登·莱夫). History and Social Theory(《历史学和社会理论》), New York: Doubleday Anchor, 1971.

Leff, Gordon(戈登·莱夫). The Tyranny of Concepts(《观念的专制》), Univ. of Alabama Press, 1969.

Lenin, V. I(列宁). Imperialism, the Highest Stage of Capitalism(《帝国主义:资本主义发展的最高阶段》), Peking: Foreign Languages Press, 1969.

Lenin, V. I(列宁). Lenin on the National and Colonial Questions(《列宁论民族和殖民地问题》). Peking: Foreign Languages Press, 1967.

Lenin, V. I(列宁). Lenin on the National Liberation Movement(《列宁论民族解放运动》), Peking: Foreign Languages Press, 1960.

Lenin, V. I(列宁). The Development of Capitalism in Russia(《俄国资本主义的发展》), Collected Works, vol. 3. Moscow: Progress Publishers, 1964.

Levenson, Joseph R(列文森). China: An Interpretive History(《中国:一个阐释性的历史》). Berkeley and Los Angeles: University of California Press, 1971.

Levenson, Joseph R(列文森). Confucian China and Its Modern Fate(《儒教中国及其近代命运》), Berkeley and Los Angeles: University of California Press, 1968.

Li Yu-ning(李又宁). The Introduction of Socialism into China(《社会主义之传入中国》), New York: Columbia Univ. Press, 1971.

Lichtheim, George(乔治·利茨姆). The Concept of Ideology and Other essays

(《"意识形态"之概念及其他论文》),New York：Random House, 1967.

Lukacs, George(乔治·卢卡奇). *History and Class Consciousness*(《历史和阶级意识》),Cambridge：M. I. T. Press, 1972.

Mannheim, Karl（卡尔·曼海姆). "Historicism"(《历史主义》), in K. Mannheim, *Essays on the Sociology of Knowledge*(《知识社会学论文集》), New York：Oxford Univ. Press, 1952.

Marx, Karl(马克思). *A Contribution to the Critique of Political Economy*(《政治经济学批判导论》), Tr. from the 2nd Jeiman edition by N. I. Stone, Chicago：Charles H. Kerr, 1904.

Marx, Karl(马克思) and F. Engels(恩格斯). *Selected Works*. 3 vols(《选集》3卷本), Moscow：Progress Publishers, 1973.

Marx, Karl(马克思). *Capital*, vol. 1, 3(《资本论》第1、3卷), New York：International Publishers, 1970.

Marx, Karl(马克思). *Pre-capitalist Economic Formations*(《前资本主义经济方式》), ed. with an introduction by E. Hobsbawm(霍布斯鲍姆编、序), New York：International Publishers, 1965.

Marx, Karl(马克思). *The Eighteenth Brumaire of Louis Bonaparte*(《路易·波拿巴的雾月十八日》), New York：International Publishers, 1967.

Marx, Karl(马克思). *The German Ideology*(《德意志意识形态》), New York：International Publishers, 1969.

Marx, Karl(马克思). *The Poverty of Philosophy*(《哲学的贫困》), New York：International Publishers, 1969.

Meisner, Maurice(莫里斯·迈斯纳). "The Despotism of Concepts：Wittofogel and Marx on China"(《专制主义：维特福格尔和马克思论中国》), *China Quarterly* (《中国季刊》), 16 (Oct.-Dec. 1963)：99-111.

Meisner, Maurice(莫里斯·迈斯纳). *Li Ta-chao and the origins of Chinese Marxism*(《李大钊和中国马克思主义的起源》), Cambridge, Mass.：Harvard University Press, 1967.

Morgan, Lewis H(路易斯·摩尔根). *Ancient Society*(《古代社会》), New York：Herry Holt, 1907.

Nisbet, Robert A(罗勃特·尼斯贝特). *Social Change and History*(《社会变迁和历史学》), New York：Oxford Univ. Press, 1969.

Nivison, David S(大卫·尼维森). *The Life and Thought of Chang Hsueh-ch'eng*(《章学诚的生平和思想》), Stanford：Stanford University Press, 1966.

Ollman, Bertell(伯特尔·奥尔曼). "Marxism and Political Science：Prolegomena to a Debate on Marx's Method"(《马克思主义和政治科学：关于马克思方法论辩的前

言》),*Politics and Society*(《政治和社会》),3. 4 (Summer 1973):491—510.

Oppenhermer, Feanz(弗兰兹·奥本海). *The State: Its History and Development Viewed Sociologically*(《论国家》),Tr. by J. M. Gitterman(吉特曼). Indianapolis:Bobbs‐Merrill,1914.

Plekhanov, Georgi(普列汉诺夫). *Fundamental Problems of Marxism*(《马克思主义的基本问题》),New York:International Publishers,1909.

Plekhanov, Georgi(普列汉诺夫). *The Monist View of History*(《历史一元论》),New York:International Publishers,1972.

Pokora, Timoteus(波克拉). "Modern and Contemporary Chinese Historiography"(《现当代中国史学》),*Revue de Sud-est asiatique*(Brussels),2 (1967):191‐201.

Pokrovsky, Mikhail N(波可罗夫斯基). *Russia in World history*(《世界历史上的俄国》),ed. By R. Szporluk(舒波卢克编),Ann Arbor:Univ. of Michigan Press,1970.

Scalapino, Robert A. and George T. Yu(罗伯特·斯卡拉皮诺和于子桥). *The Chinese Anarchist Movement*(《中国无政府主义运动》),Berkeley:Univ. of California Center for Chinese Studies. 1961.

Scalapino, Robert A. and Harold Schiffrin(罗伯特·斯卡拉皮诺和史扶邻). "Early Socialist Currents in the Chinese Revolution Movement"(《中国革命运动早期的社会主义思潮》),*Journal of Aisan Studies*(《亚洲研究》),16 (1957).

Schneider, Laurence(劳伦斯·施奈德). *Ku Chieh-kang and China's new history:nationalism and the quest for alternative traditions*(《顾颉刚和中国新史学》),Berkeley:University of California Press,1971.

Schwartz, Benjamin I(史华慈),"A Marxist Controversy in China"(《中国的一次马克思主义争论》),*Far Eastern Quarterly*(《远东季刊》),13. 2 (Feb. 1954).

Schwartz, Benjamin I(史华慈). "Some Stereotypes on the Preordination of Chinese History"(《关于中国史学预定论的一些陈式》),*Philosophical Forum*(《哲学论坛》),1. 2 (Winter 1968):219‐230.

Schwartz, Benjamin I(史华慈). *Chinese communism and the rise of Mao*(《中国共产主义和毛泽东的崛起》),New York:Harper & Row, 1967.

Schwartz, Benjamin I(史华慈). *In search of wealth and power:Yen Fu and the West*(《寻求富强:严复与西方》),Cambridge, Mass.:Harvard University Press,1964.

Schwartz, Benjamin I, eds. (史华慈编)*Reflections on the May Fourth Movement*(《五四运动反思》),Cambridge, Mass.:Harvard University Press,1972.

Seligman, Edwin R. A.(塞利格曼),*The Economic Interpretation of History*(《历史的经济解释》),New York:Columbia Univ. Press,1924. First Published in 1902.

Shamin, Theodore(西奥多·萨明). "The Third Stage: Marxist Social Theory and the Origins of Our Time"(《第三期:马克思主义社会理论和我们时代的源流》), *Journal of Contemporary Asia*(《当代亚洲研究》), 6. 3 (1976): 289-308.

Shteppa, K(斯特帕). *Russian Historian and the Soviet State*(《俄国史学家和苏联》), New Brunswick: Rutgers University Press, 1962.

Spellman, Douglas G(道格拉斯·斯佩尔曼). "Ch'in to Ch'ing in the Debates on Social History"(《社会史辩论:自秦至清》), Harvard University, 1968.

Stalin, Joseph(斯大林). *Selections from V. I. Lenin and J. V. Stalin on the National Colonial Question*(《列宁和斯大林论民族和殖民地问题》), Calcutta, 1970.

Sun and J. DeFrancis, eds.(孙和德弗朗斯编). *Chinese Social History*(《中国社会史》), Washington, D. C.: American Council of Learned Societies, 1956.

Sung Shee(宋). "Development in Historical Studies in Mainland China"(《中国大陆史学研究的发展》), *Issues and Studies*(《问题和研究》), 5. 7（April 1969）: 18-28 and 5. 8（May 1969）: 24-33.

Sweezy, Paul. Et al(保罗·斯威齐). The Transition from Feudalism to Capitalism: A Symposium(《封建主义到资本主义的过渡:研讨会》), in *Science and Sciety*(《科学和社会》), 1950-1953.

Teng Ssu-yu(邓嗣禹). "Chinese Historiography in the Last Fifty Years"(《五十年来的中国编史学》), *Far Eastern Quarterly*(《远东季刊》), 8. 2 (Feb. 1949).

Terray, Emmanuel(伊曼纽尔·特里). *Marxism and "Primitive" Societies*(《马克思主义和"原始"社会》), New York: Monthly Review Press, 1972.

Trotsky, Leon(托洛茨基). *Problems of Chinese Revolution*(《中国革命问题》), Tr. by Max Shachman. Ann Arbor: Univ. of Michigan Press, 1967.

Wang Yu-ch'uan(王毓铨). "The Development of Modern Science in China"(《现代科学在中国的发展》), *Pacific Affairs*(《太平洋事务》), 11 (1938): 345-362.

Wittfogel, Karl(魏特夫). "The Marxist View of China"(《马克思主义的中国观》), *China Quarterly*(《中国季刊》), 11 (July-September 1962): 1-20, and 12 (October-December 1962): 154-169.

Wittfogel, Karl(魏特夫). *Oriental Despotism: A Comparative Study of Total Power*(《东方专制主义》), New Haven: Yale University Press, 1957.

Wu. Y. T(吴). "Movements among Chinese Students"(《中国学生中之运动》), in *China Christian Year Book*(《中国基督教年书》), 17. Shanghai, 1931.

Yang, Lien-sheng(杨联陞). "Great Families of Eastern Han"(《东汉豪族》), in E-tu C. Sun and J. DeFrancis eds. (孙和德弗朗斯编), *Chinese Social History*(《中国社会史》), Washington, D. C.: American Council of Learned Societies, 1956.

译后记

本书之译,起于我在北大读硕士期间,当时正在从事关于20世纪二三十年代中国社会性质问题论战的初步研究;自2000年到香港科大跟张灏师读博士以来,自己的研究重点已经逐渐离开了这一领域,不过,我还是断续利用了一些假期时间,完成了本书的翻译及初校工作。如今,科大的博士学业已经进入了第五个年头,自己的论文研究仍在艰苦的跋涉之中,这本旧日的译作却要出版了,欣慰之余,略叙几笔,或能为读者提供一些有用的信息。

正如德里克教授在"中译本序"中所指出的,我们最终放弃了对本书进行修订的考虑,现在大家看到的这本书,就是1978年加州大学出版社初版的中译本。不过,我在翻译的过程中,对于原书个别较为明显的错误进行了改正。特别需要指出的是,英文原书第7页的第10—12行有严重的错漏,我请德里克教授进行了改写,并在此基础上重译。另外,像陶希圣(1899—1988)、胡秋原(1910—2004)这些论者的卒年在1978年原著出版时均属未知,我则予以补上。关于中文人名的还原问题,我尽量查索原始的书刊予以落实;不过,由于资料的局限,仍然有少量人名无从确考,我只能根据注音进行还原,并在译名后以"(音)"注明。

译事之苦,学界同仁每每申及,我亲身经历之后,乃有更深切的体会。除上述一些技术性问题琐碎劳神之外,更为关切的还是翻译本身的问题。"信""达""雅",始终是"信"字为先;而且真正进入翻译的状态时,译者常常会不由自主地跟着西文句式的牵引,译出"信"味十足的西式中文来。我几乎每隔一段时间回看这些文字,总能在其中发觉出一些毛病。这次利用出版前通校的机会,我又对译文作了一些校改,除了补正少量明显的错漏外,主要是在"达"和"雅"上面做文章——在不破坏"信"的前提下,我尽力把自己放在读者的位置上,将一些较为生硬的翻译改得更为符合汉语的语言习惯。不过,个人水平有限,错漏在所难免,恳请方家、读者不吝批评指正。

最后,感谢我在北大的老友郭霁博士、秦春华博士,他们先后两次帮我复印及寄送相关材料;感谢江苏人民出版社的周文彬先生,非常负责与专业地为本书的出版事宜把关;感谢刘东教授将本书收入其主编的"海外中国研究丛书",这套丛书曾滋养我在求学的道路上成长,如今自己的译作被收入其中,快慰自是不言而喻;最应该感谢的,当然是本书的作者德里克教授,自译书之始,几年来我们电子通信不断,我所感受到的,不仅是他严谨的学术态度、敏锐的思想洞识,更有他对于革命、对于历史、对于中国,那份挥之不去的真挚情怀。斯人斯著,我想,"老德"现在一定比我更为期待着中文读者对于本书进行严肃的讨论和批评。

翁贺凯
2004 年 11 月于香港清水湾

重印附言

  拙译出版半年来,收到了一些指正意见。我的朋友潘光哲先生,帮助我落实了两个中文人名的翻译还原问题;刘东教授转来一位读者的来函,指出"金毓黻"误为"金毓黼"。现在此书重印,俱已做出修正。在此谨向这些朋友致以诚挚的谢意!

翁贺凯
2005 年 6 月

"海外中国研究丛书"书目

1. 中国的现代化　[美]吉尔伯特·罗兹曼 主编　国家社会科学基金"比较现代化"课题组 译　沈宗美 校
2. 寻求富强:严复与西方　[美]本杰明·史华兹 著　叶凤美 译
3. 中国现代思想中的唯科学主义(1900—1950)　[美]郭颖颐 著　雷颐 译
4. 台湾:走向工业化社会　[美]吴元黎 著
5. 中国思想传统的现代诠释　余英时 著
6. 胡适与中国的文艺复兴:中国革命中的自由主义,1917—1937　[美]格里德 著　鲁奇 译
7. 德国思想家论中国　[德]夏瑞春 编　陈爱政 等译
8. 摆脱困境:新儒学与中国政治文化的演进　[美]墨子刻 著　颜世安 高华 黄东兰 译
9. 儒家思想新论:创造性转换的自我　[美]杜维明 著　曹幼华 单丁 译　周文彰 等校
10. 洪业:清朝开国史　[美]魏斐德 著　陈苏镇 薄小莹 包伟民 陈晓燕 牛朴 谭天星 译　阎步克 等校
11. 走向21世纪:中国经济的现状、问题和前景　[美]D. H. 帕金斯 著　陈志标 编译
12. 中国:传统与变革　[美]费正清 赖肖尔 主编　陈仲丹 潘兴明 庞朝阳 译　吴世民 张子清 洪邮生 校
13. 中华帝国的法律　[美]D. 布朗 C. 莫里斯 著　朱勇 译　梁治平 校
14. 梁启超与中国思想的过渡(1890—1907)　[美]张灏 著　崔志海 葛夫平 译
15. 儒教与道教　[德]马克斯·韦伯 著　洪天富 译
16. 中国政治　[美]詹姆斯·R. 汤森 布兰特利·沃马克 著　顾速 董方 译
17. 文化、权力与国家:1900—1942年的华北农村　[美]杜赞奇 著　王福明 译
18. 义和团运动的起源　[美]周锡瑞 著　张俊义 王栋 译
19. 在传统与现代性之间:王韬与晚清革命　[美]柯文 著　雷颐 罗检秋 译
20. 最后的儒家:梁漱溟与中国现代化的两难　[美]艾恺 著　王宗昱 冀建中 译
21. 蒙元入侵前夜的中国日常生活　[法]谢和耐 著　刘东 译
22. 东亚之锋　[美]小R. 霍夫亨兹 K. E. 柯德尔 著　黎鸣 译
23. 中国社会史　[法]谢和耐 著　黄建华 黄迅余 译
24. 从理学到朴学:中华帝国晚期思想与社会变化面面观　[美]艾尔曼 著　赵刚 译
25. 孔子哲学思微　[美]郝大维 安乐哲 著　蒋弋为 李志林 译
26. 北美中国古典文学研究名家十年文选乐黛云　陈珏 编选
27. 东亚文明:五个阶段的对话　[美]狄百瑞 著　何兆武 何冰 译
28. 五四运动:现代中国的思想革命　[美]周策纵 著　周子平 等译
29. 近代中国与新世界:康有为变法与大同思想研究　[美]萧公权 著　汪荣祖 译
30. 功利主义儒家:陈亮对朱熹的挑战　[美]田浩 著　姜长苏 译
31. 莱布尼兹和儒学　[美]孟德卫 著　张学智 译
32. 佛教征服中国:佛教在中国中古早期的传播与适应　[荷兰]许理和 著　李四龙 裴勇 等译
33. 新政革命与日本:中国,1898—1912　[美]任达 著　李仲贤 译
34. 经学、政治和宗族:中华帝国晚期常州今文学派研究　[美]艾尔曼 著　赵刚 译
35. 中国制度史研究　[美]杨联陞 著　彭刚 程钢 译

36. 汉代农业:早期中国农业经济的形成　[美]许倬云 著　程农 张鸣 译　邓正来 校
37. 转变的中国:历史变迁与欧洲经验的局限　[美]王国斌 著　李伯重 连玲玲 译
38. 欧洲中国古典文学研究名家十年文选乐黛云　陈珏 龚刚 编选
39. 中国农民经济:河北和山东的农民发展,1890—1949　[美]马若孟 史建云 译
40. 汉哲学思维的文化探源　[美]郝大维 安乐哲 著　施忠连 译
41. 近代中国之种族观念　[英]冯客 著　杨立华 译
42. 血路:革命中国中的沈定一(玄庐)传奇　[美]萧邦奇 著　周武彪 译
43. 历史三调:作为事件、经历和神话的义和团　[美]柯文 著　杜继东 译
44. 斯文:唐宋思想的转型　[美]包弼德 刘宁 译
45. 宋代江南经济史研究　[日]斯波义信 著　方健 何忠礼 译
46. 一个中国村庄:山东台头　杨懋春 著　张雄 沈炜 秦美珠 译
47. 现实主义的限制:革命时代的中国小说　[美]安敏成 著　姜涛 译
48. 上海罢工:中国工人政治研究　[美]裴宜理 著　刘平 译
49. 中国转向内在:两宋之际的文化转向　[美]刘子健 著　赵冬梅 译
50. 孔子:即凡而圣　[美]赫伯特·芬格莱特 著　彭国翔 张华 译
51. 18世纪中国的官僚制度与荒政　[法]魏丕信 著　徐建青 译
52. 他山的石头记:宇文所安自选集　[美]宇文所安 著　田晓菲 编译
53. 危险的愉悦:20世纪上海的娼妓问题与现代性　[美]贺萧 著　韩敏中 盛宁 译
54. 中国食物　[美]尤金·N. 安德森 著　马孆　刘东 译　刘东 审校
55. 大分流:欧洲、中国及现代世界经济的发展　[美]彭慕兰 著　史建云 译
56. 古代中国的思想世界　[美]本杰明·史华兹 著　程钢 译　刘东 校
57. 内闱:宋代的婚姻和妇女生活　[美]伊沛霞 著　胡志宏 译
58. 中国北方村落的社会性别与权力　[加]朱爱岚 著　胡玉坤 译
59. 先贤的民主:杜威、孔子与中国民主之希望　[美]郝大维 安乐哲 著　何刚强 译
60. 向往心灵转化的庄子:内篇分析　[美]爱莲心 著　周炽成 译
61. 中国人的幸福观　[德]鲍吾刚 著　严蓓雯 韩雪临 吴德祖 译
62. 闺塾师:明末清初江南的才女文化　[美]高彦颐 著　李志生 译
63. 缀珍录:十八世纪及其前后的中国妇女　[美]曼素恩 著　定宜庄 颜宜葳 译
64. 革命与历史:中国马克思主义历史学的起源,1919—1937　[美]德里克 著　翁贺凯 译
65. 竞争的话语:明清小说中的正统性、本真性及所生成之意义　[美]艾梅兰 著　罗琳 译
66. 中国妇女与农村发展:云南禄村六十年的变迁　[加]宝森 著　胡玉坤 译
67. 中国近代思维的挫折　[日]岛田虔次 著　甘万萍 译
68. 中国的亚洲内陆边疆　[美]拉铁摩尔 著　唐晓峰 译
69. 为权力祈祷:佛教与晚明中国士绅社会的形成　[加]卜正民 著　张华 译
70. 天潢贵胄:宋代宗室史　[美]贾志扬 著　赵冬梅 译
71. 儒家之道:中国哲学之探讨　[美]倪德卫 著　[美]万白安 编　周炽成 译
72. 都市里的农家女:性别、流动与社会变迁　[澳]杰华 著　吴小英 译
73. 另类的现代性:改革开放时代中国性别化的渴望　[美]罗丽莎 著　黄新 译
74. 近代中国的知识分子与文明　[日]佐藤慎一 著　刘岳兵 译
75. 繁盛之阴:中国医学史中的性(960—1665)　[美]费侠莉 著　甄橙 主译　吴朝霞 主校
76. 中国大众宗教　[美]韦思谛 编 陈仲丹 译
77. 中国诗画语言研究　[法]程抱一 著　涂卫群 译
78. 中国的思维世界　[日]沟口雄三 小岛毅 著　孙歌 等译

79. 德国与中华民国　[美]柯伟林 著　陈谦平 陈红民 武菁 申晓云 译　钱乘旦 校
80. 中国近代经济史研究:清末海关财政与通商口岸市场圈　[日]滨下武志 著　高淑娟 孙彬 译
81. 回应革命与改革:皖北李村的社会变迁与延续 韩敏 著　陆益龙 徐新玉 译
82. 中国现代文学与电影中的城市:空间、时间与性别构形　[美]张英进 著　秦立彦 译
83. 现代的诱惑:书写半殖民地中国的现代主义(1917—1937)　[美]史书美 著　何恬 译
84. 开放的帝国:1600年前的中国历史　[美]芮乐伟·韩森 著　梁侃 邹劲风 译
85. 改良与革命:辛亥革命在两湖　[美]周锡瑞 著　杨慎之 译
86. 章学诚的生平及其思想　[美]倪德卫 著　杨立华 译
87. 卫生的现代性:中国通商口岸卫生与疾病的含义　[美]罗芙芸 著　向磊 译
88. 道与庶道:宋代以来的道教、民间信仰和神灵模式　[美]韩明士 著　皮庆生 译
89. 间谍王:戴笠与中国特工　[美]魏斐德 著　梁禾 译
90. 中国的女性与性相:1949年以来的性别话语　[英]艾华 著　施施 译
91. 近代中国的犯罪、惩罚与监狱　[荷]冯客 著　徐有威 等译　潘兴明 校
92. 帝国的隐喻:中国民间宗教　[英]王斯福 著　赵旭东 译
93. 王弼《老子注》研究　[德]瓦格纳 著　杨立华 译
94. 寻求正义:1905—1906年的抵制美货运动　[美]王冠华 著　刘甜甜 译
95. 传统中国日常生活中的协商:中古契约研究　[美]韩森 著　鲁西奇 译
96. 从民族国家拯救历史:民族主义话语与中国现代史研究　[美]杜赞奇 著　王宪明 高继美 李海燕 李点 译
97. 欧几里得在中国:汉译《几何原本》的源流与影响　[荷]安国风 著　纪志刚 郑诚 郑方磊 译
98. 十八世纪中国社会　[美]韩书瑞 罗友枝 著　陈仲丹 译
99. 中国与达尔文　[美]浦嘉珉 著　钟永强 译
100. 私人领域的变形:唐宋诗词中的园林与玩好　[美]杨晓山 著　文韬 译
101. 理解农民中国:社会科学哲学的案例研究　[美]李丹 著　张天虹 张洪云 张胜波 译
102. 山东叛乱:1774年的王伦起义　[美]韩书瑞 著　刘平 唐雁超 译
103. 毁灭的种子:战争与革命中的国民党中国(1937—1949)　[美]易劳逸 著　王建朗 王贤知 贾维 译
104. 缠足:"金莲崇拜"盛极而衰的演变　[美]高彦颐 著　苗延威 译
105. 饕餮之欲:当代中国的食与色　[美]冯珠娣 著　郭乙瑶 马磊 江素侠 译
106. 翻译的传说:中国新女性的形成(1898—1918)　胡缨 著　龙瑜宬 彭珊珊 译
107. 中国的经济革命:二十世纪的乡村工业　[日]顾琳 著　王玉茹 张玮 李进霞 译
108. 礼物、关系学与国家:中国人际关系与主体性建构　杨美慧 著　赵旭东 孙珉 译　张跃宏 译校
109. 朱熹的思维世界　[美]田浩 著
110. 皇帝和祖宗:华南的国家与宗族　[英]科大卫 著　卜永坚 译
111. 明清时代东亚海域的文化交流　[日]松浦章 著　郑洁西 等译
112. 中国美学问题　[美]苏源熙 著　卞东波 译　张强强 朱霞欢 校
113. 清代内河水运史研究　[日]松浦章 著　董科 译
114. 大萧条时期的中国:市场、国家与世界经济　[日]城山智子 著　孟凡礼 尚国敏 译　唐磊 校
115. 美国的中国形象(1931—1949)　[美]T.克里斯托弗·杰斯普森 著　姜智芹 译
116. 技术与性别:晚期帝制中国的权力经纬　[英]白馥兰 著　江湄 邓京力 译

117. 中国善书研究　[日]酒井忠夫 著　刘岳兵 何英莺 孙雪梅 译
118. 千年末世之乱:1813年八卦教起义　[美]韩书瑞 著　陈仲丹 译
119. 西学东渐与中国事情　[日]增田涉 著　由其民 周启乾 译
120. 六朝精神史研究　[日]吉川忠夫 著　王启发 译
121. 矢志不渝:明清时期的贞女现象　[美]卢苇菁 著　秦立彦 译
122. 明代乡村纠纷与秩序:以徽州文书为中心　[日]中岛乐章 著　郭万平 高飞 译
123. 中华帝国晚期的欲望与小说叙述　[美]黄卫总 著　张蕴爽 译
124. 虎、米、丝、泥:帝制晚期华南的环境与经济　[美]马立博 著　王玉茹 关永强 译
125. 一江黑水:中国未来的环境挑战　[美]易明 著　姜智芹 译
126. 《诗经》原意研究　[日]家井真 著　陆越 译
127. 施剑翘复仇案:民国时期公众同情的兴起与影响　[美]林郁沁 著　陈湘静 译
128. 华北的暴力和恐慌:义和团运动前夕基督教传播和社会冲突　[德]狄德满 著　崔华杰 译
129. 铁泪图:19世纪中国对于饥馑的文化反应　[美]艾志端 著　曹曦 译
130. 饶家驹安全区:战时上海的难民　[美]阮玛霞 著　白华山 译
131. 危险的边疆:游牧帝国与中国　[美]巴菲尔德 著　袁剑 译
132. 工程国家:民国时期(1927—1937)的淮河治理及国家建设　[美]戴维·艾伦·佩兹 著　姜智芹 译
133. 历史宝筏:过去、西方与中国妇女问题　[美]季家珍 著　杨可 译
134. 姐妹们与陌生人:上海棉纱厂女工,1919—1949　[美]韩起澜 著　韩慈 译
135. 银线:19世纪的世界与中国　林满红 著　詹庆华 林满红 译
136. 寻求中国民主　[澳]冯兆基 著　刘悦斌 徐硙 译
137. 墨梅　[美]毕嘉珍 著　陆敏珍 译
138. 清代上海沙船航运业史研究　[日]松浦章 著　杨蕾 王亦诤 董科 译
139. 男性特质论:中国的社会与性别　[澳]雷金庆 著　[澳]刘婷 译
140. 重读中国女性生命故事　游鉴明 胡缨 季家珍 主编
141. 跨太平洋位移:20世纪美国文学中的民族志、翻译和文本间旅行　黄运特 著　陈倩 译
142. 认知诸形式:反思人类精神的统一性与多样性　[英]G.E.R.劳埃德 著　池志培 译
143. 中国乡村的基督教:1860—1900 江西省的冲突与适应　[美]史维东 著　吴薇 译
144. 假想的"满大人":同情、现代性与中国疼痛　[美]韩瑞 著　袁剑 译
145. 中国的捐纳制度与社会　伍跃 著
146. 文书行政的汉帝国　[日]富谷至 著　刘恒武 孔子波 译
147. 城市里的陌生人:中国流动人口的空间、权力与社会网络的重构　[美]张骊 著　袁长庚 译
148. 性别、政治与民主:近代中国的妇女参政　[澳]李木兰 著　方小平 译
149. 近代日本的中国认识　[日]野村浩一 著　张学锋 译
150. 狮龙共舞:一个英国人笔下的威海卫与中国传统文化　[英]庄士敦 著　刘本森 译　威海市博物馆 郭大松 校
151. 人物、角色与心灵:《牡丹亭》与《桃花扇》中的身份认同　[美]吕立亭 著　白华山 译
152. 中国社会中的宗教与仪式　[美]武雅士 著　彭泽安 邵铁峰 译　郭潇威 校
153. 自贡商人:近代早期中国的企业家　[美]曾小萍 著　董建中 译
154. 大象的退却:一部中国环境史　[英]伊懋可 著　梅雪芹 毛利霞 王玉山 译
155. 明代江南土地制度研究　[日]森正夫 著　伍跃 张学锋 等译　范金民 夏维中 审校
156. 儒学与女性　[美]罗莎莉 著　丁佳伟 曹秀娟 译

157. 行善的艺术:晚明中国的慈善事业　[美]韩德林 著　吴士勇 王桐 史枕豪 译
158. 近代中国的渔业战争和环境变化　[美]穆盛博 著　胡文亮 译
159. 权力关系:宋代中国的家族、地位与国家　[美]柏文莉 著　刘云军 译
160. 权力源自地位:北京大学、知识分子与中国政治文化,1898—1929　[美]魏定熙 著　张蒙 译
161. 工开万物:17世纪中国的知识与技术　[德]薛凤 著　吴秀杰 白岚玲 译
162. 忠贞不贰:辽代的越境之举　[英]史怀梅 著　曹流 译
163. 内藤湖南:政治与汉学(1866—1934)　[美]傅佛果 著　陶德民 何英莺 译
164. 他者中的华人:中国近现代移民史　[美]孔飞力 著　李明欢 译　黄鸣奋 校
165. 古代中国的动物与灵异　[英]胡司德 著　蓝旭 译
166. 两访中国茶乡　[英]罗伯特·福琼 著　敖雪岗 译
167. 缔造选本:《花间集》的文化语境与诗学实践　[美]田安 著　马强才 译
168. 扬州评话探讨　[丹麦]易德波 著　米锋 易德波 李今芸 校译
169. 《左传》的书写与解读　李惠仪 著　文韬 许明德 译
170. 以竹为生:一个四川手工造纸村的20世纪社会史　[德]艾约博 著　韩巍 译　吴秀杰 校
171. 东方之旅:1579—1724耶稣会传教团在中国　[美]柏理安 著　毛瑞方 译
172. "地域社会"视野下的明清史研究:以江南和福建为中心　[日]森正夫 著　于志嘉 马一虹 黄东兰 阿风 等译
173. 技术、性别、历史:重新审视帝制中国的大转型　[英]白馥兰 著　吴秀杰 白岚玲 译
174. 中国小说戏曲史　[日]狩野直喜 张真 译
175. 历史上的黑暗一页:英国外交文件与英美海军档案中的南京大屠杀　[美]陆束屏 编著/翻译
176. 罗马与中国:比较视野下的古代世界帝国　[奥]沃尔特·施德尔 主编　李平 译
177. 矛与盾的共存:明清时期江西社会研究　[韩]吴金成 著　崔荣根 译　薛戈 校译
178. 唯一的希望:在中国独生子女政策下成年　[美]冯文 著　常姝 译
179. 国之枭雄:曹操传　[澳]张磊夫 著　方笑天 译
180. 汉帝国的日常生活　[英]鲁惟一 著　刘洁 余霄 译
181. 大分流之外:中国和欧洲经济变迁的政治　[美]王国斌 罗森塔尔 著　周琳 译　王国斌 张萌 审校
182. 中正之笔:颜真卿书法与宋代文人政治　[美]倪雅梅 著　杨简茹 译　祝帅 校译
183. 江南三角洲市镇研究　[日]森正夫 编　丁韵 胡婧 等译　范金民 审校
184. 忍辱负重的使命:美国外交官记载的南京大屠杀与劫后的社会状况　[美]陆束屏 编著/翻译
185. 修仙:古代中国的修行与社会记忆　[美]康儒博 著　顾漩 译
186. 烧钱:中国人生活世界中的物质精神　[美]柏桦 著　袁剑 刘玺鸿 译
187. 话语的长城:文化中国历险记　[美]苏源熙 著　盛珂 译
188. 诸葛武侯　[日]内藤湖南 著　张真 译
189. 盟友背信:一战中的中国　[英]吴芳思 克里斯托弗·阿南德尔 著　张宇扬 译
190. 亚里士多德在中国:语言、范畴和翻译　[英]罗伯特·沃迪 著　韩小强 译
191. 马背上的朝廷:巡幸与清representative统治的建构,1680—1785　[美]张勉治 著　董建中 译
192. 申不害:公元前四世纪中国的政治哲学家　[美]顾立雅 著　马腾 译
193. 晋武帝司马炎　[日]福原启郎 著　陆帅 译
194. 唐人如何吟诗:带你走进汉语音韵学　[日]大岛正二 著　柳悦 译

195. 古代中国的宇宙论　[日]浅野裕一 著　吴昊阳 译
196. 中国思想的道家之论：一种哲学解释　[美]陈汉生 著　周景松 谢尔逊 等译　张丰乾 校译
197. 诗歌之力：袁枚女弟子屈秉筠(1767—1810)　[加]孟留喜 著　吴夏平 译
198. 中国逻辑的发现　[德]顾有信 著　陈志伟 译
199. 高丽时代宋商往来研究　[韩]李镇汉 著　李廷青 戴琳剑 译　楼正豪 校
200. 中国近世财政史研究　[日]岩井茂树 著　付勇 译　范金民 审校
201. 魏晋政治社会史研究　[日]福原启郎 著　陆帅 刘萃峰 张紫毫 译
202. 宋帝国的危机与维系：信息、领土与人际网络　[比利时]魏希德 著　刘云军 译
203. 中国精英与政治变迁：20世纪初的浙江　[美]萧邦奇 著　徐立望 杨涛羽 译　李齐 校
204. 北京的人力车夫：1920年代的市民与政治　[美]史谦德 著　周书垚 袁剑 译　周育民 校
205. 1901—1909年的门户开放政策：西奥多·罗斯福与中国　[美]格雷戈里·摩尔 著　赵嘉玉 译
206. 清帝国之乱：义和团运动与八国联军之役　[美]明恩溥 著　郭大松 刘本森 译
207. 宋代文人的精神生活(960—1279)　[美]何复平 著　叶树勋 单虹泽 译
208. 梅兰芳与20世纪国际舞台：中国戏剧的定位与置换　[美]田民 著　何恬 译
209. 郭店楚简《老子》新研究　[日]池田知久 著　曹峰 孙佩霞 译
210. 德与礼——亚洲人对领导能力与公众利益的理想　[美]狄培理 著　闵锐武 闵月 译
211. 棘闱：宋代科举与社会　[美]贾志扬 著
212. 通过儒家现代性而思　[法]毕游塞 著　白欲晓 译
213. 阳明学的位相　[日]荒木见悟 著　焦堃 陈晓杰 廖明飞 申绪璐 译
214. 明清的戏曲——江南宗族社会的表象　[日]田仲一成 著　云贵彬 王文勋 译
215. 日本近代中国学的形成：汉学革新与文化交涉　陶德民 著　辜承尧 译
216. 声色：永明时代的宫廷文学与文化　[新加坡]吴妙慧 著　朱梦雯 译
217. 神秘体验与唐代世俗社会：戴孚《广异记》解读　[英]杜德桥 著　杨为刚 查屏球 译　吴晨 审校
218. 清代中国的法与审判　[日]滋贺秀三 著　熊远报 译
219. 铁路与中国转型　[德]柯丽莎 著　金毅 译
220. 生命之道：中医的物、思维与行动　[美]冯珠娣 著　刘小朦 申琛 译
221. 中国古代北疆史的考古学研究　[日]宫本一夫 著　黄建秋 译
222. 异史氏：蒲松龄与中国文言小说　[美]蔡九迪 著　任增强 译　陈嘉艺 审校
223. 中国江南六朝考古学研究　[日]藤井康隆 著　张学锋 刘可维 译